文化艺术经济学译丛

文化遗产的观念

The Idea of Cultural Heritage

Derek Gillman　[英] 德瑞克·吉尔曼　著　　　　唐璐璐　向勇　译

东北财经大学出版社　大连
Dongbei University of Finance & Economics Press

辽宁省版权局著作权合同登记号：06-2018-280

The Idea of Cultural Heritage

图书在版编目（CIP）数据

文化遗产的观念 /（英）德瑞克·吉尔曼（Derek Gillman）著；唐璐璐，向勇译. 一大连：东北财经大学出版社，2018.6（2022.10重印）
（文化艺术经济学译丛）
ISBN 978 - 7 - 5654 - 3167 - 8

Ⅰ.文… Ⅱ.①德… ②唐… ③向… Ⅲ.文化遗产-研究 Ⅳ.G112

中国版本图书馆CIP数据核字（2018）第104327号

东北财经大学出版社出版发行
　　大连市黑石礁尖山街217号　邮政编码　116025
　　网　　址：http：//www.dufep.cn
　　读者信箱：dufep @ dufe.edu.cn
大连图腾彩色印刷有限公司印刷

幅面尺寸：170mm×240mm　字数：186千字　印张：17
2018年6月第1版　　　　　　　2022年10月第2次印刷
责任编辑：李　季　吉　扬　　　责任校对：吉　扬
封面设计：张智波　　　　　　　版式设计：钟福建
定价：63.00元

教学支持　售后服务　　联系电话：（0411）84710309
版权所有　侵权必究　　举报电话：（0411）84710523
如有印装质量问题，请联系营销部：（0411）84710711

本书的出版得到2017年度国家社会科学基金重大项目"丝绸之路经济带沿线国家文化产业合作共赢模式及路径研究"（课题编号17ZDA043）资助。

译者序

　　文化遗产是人们共同记忆的精神载体，包括有形文化遗产和无形文化遗产，具有长远价值的社会效益和经济效益。自 20 世纪 30 年代以来，联合国教科文组织（UNESCO）、国际古迹遗址理事会（ICOMOS）等国际组织先后颁布多项与文化遗产有关的国际公约或宪章，让文化遗产成为全球关注的重点议题之一。如果说联合国教科文组织的《武装冲突情况下保护文化财产公约》（海牙公约）（1954 年）与《关于禁止和防止非法进出口文化财产和非法转让其所有权的方法的公约》（1970 年）是国际组织在紧急状况下的应急措施，那《保护世界文化和自然遗产公约》（1972 年）、《保护水下文化遗产公约》（2001 年）与《保护非物质文化遗产公约》（2003 年）则是对文化遗产的常态保护与管理。1976 年，联合国教科文组织建立世界遗产名录，通过世界级的名录制度让各个国家和地区的文化遗产得到全世界的关注与重视，有力地推动了文化遗产的综合保护和永续利用。

　　国际社会对文化遗产的高度重视，在于它的历史、艺术和科学价值及其稀缺性，在于它对个人、团体与群体生命的独特意义。"我们成为我们，正因为我们曾是我们。"基于自然法和自然权利，文化遗产的审美价值和知识价值甚至构成了英国牛津大学教授约翰·菲尼斯（John Finnis）所提出的基本价值序列。但与此同时，有关文化遗产的主权和治权、保护与开发、文化与商业等议题，也始终争议不断。文化遗产究竟属于全人类还是某个特定群体？这也是本书作者德瑞克·吉尔曼（Derek Gillman）要重点讨论的问题。

文化遗产能否让战争走开？近年来发生在中东地区持续的战乱，给当地文化遗产带来致命的损毁。激战和蓄意的炮击使得在这片土地已经矗立千年的世界文化遗产成为废墟，甚至荡然无存；曾经被珍藏的文物、档案流离失所。这些人类文明的丰碑没有被自然摧毁，却终结于人类的战争。这种令人痛心疾首的局面，加深了我们对文化遗产的关切。随着现代化浪潮波及全球，乡土被城市替代，承载我们记忆的众多非物质文化遗产，同样因为"不合时宜"而面临生存危机；由社区、群体和个人传承的非物质文化遗产在国际层面也往往沦为国家资源参与国家利益角逐的工具。文化遗产的当代处境，激起我们对"遗产何为"的良心拷问。

吉尔曼在此书中从"文化遗产的观念"入手，进行历史溯源和理论梳理，向我们描述何为遗产，如何建构遗产，又如何理解遗产。

吉尔曼的论证逻辑清晰且生动有趣。他围绕有关文化遗产的两起重要论争，即文化国际主义者与文化民族主义者之间的论争、自由派与不同论调的社群主义思想家之间的论争，展开全书的理论铺陈和观点辨析。全书分为三大部分，共六章，层层深入，层层递进。在第一部分和第二部分中，他对文化遗产的意涵、修辞与建构进行了详尽的介绍，为第三部分理解文化遗产的规章与权利打下了基础。吉尔曼的论辩天赋在书中最后一章有关一场假象的"情理"与"叛国"间的论证中达到高潮。他以一种极富画面感的形式，呈现了文化遗产论争的突出矛盾。支持自由贸易的世界主义者被看成"叛国"

的一方，而特殊主义者被看成是合乎"情理"的一方。"叛国"一方赞成文化遗产为全人类服务，权利自由应胜于国家干涉，不关乎公共利益；而"情理"一方则认为人民的精神品格与这些文化物件息息相关，它们表达了一种特定的文化，应被视为国家资源。吉尔曼随之将这场论争映射到社群主义者、自由派和自由意志论者之间的当代论争之中，意图达成一种既合乎道德要求又能保证国家与地区政府管理合理的和解之道。

吉尔曼熟练地将严肃的学理论证置于鲜活的案例分析，使得阅读本书的体验鲜有枯燥。他旁征博引，视野开阔，案例丰富。他不仅追溯到爱蒙德·伯克的论述，也援引了罗纳德·德沃金、威尔·金里卡、约瑟夫·拉兹、约翰·梅利曼等人的重要表述。在案例的选取上，他引入了在全球范围内影响重大的争议案例进行讨论。第一部分以《格尔尼卡》的流转，帕特农/埃尔金大理石雕的归属，蓝斯多恩肖像画等问题呈现关于文化遗产主张的不同声音；第二部分以巴德明顿柜，以及两幅中国绘画作品《临流涤衣》和《钟馗出游图》的命运，阐述不同时期、不同国家的遗产建构；第三部分以霍尔汉姆宫的绘画作品，《梦花园》和《戴安娜的沐浴》等作品的争议为例，聚焦于有着稳固私权制度的普通法国家英国、美国和澳大利亚，展现个人与集体的紧张关系。这些"焦灼"的案例让置身当代文化遗产争论的我们充满好奇，并激发我们与其一起探求解决之道。

值得一提的是，吉尔曼的论述自觉地融合了东西方的理论和案例。他不仅讨论了欧洲和美国的案例，还呈现了亚洲的案例。他从包弼德的"斯文"概念出发，关注了中世纪时期（唐宋时期）的中国。他曾经于1977—1981年间担任佳士得中国艺术专家。这种东方视野自然与他本人的研究兴趣、职业经历和学术专长不无关系。

本书的译者之一在2015年开始启动翻译工作之初，曾通过电子邮件与吉尔曼先生取得联络。他对中文版既兴奋又充满期待。他允诺在剑桥大学召集的一次有关文化遗产主题的小型研讨会上，与译者之一以面谈的形式讨论书中所提及的一些关键问题。当时刚被委任为美国佳士得印象派与现代艺术部高级副总裁的吉尔曼先生，最终因为临时公务，错过了在剑桥的演讲。但他邀请到蒂莫西·奥哈根（Timothy O'Hagan）教授代为其出席研讨会，奥哈根教授也发表了题为《文化财产观念再探》的精彩演讲。而奥哈根教授正是吉尔曼在书中提到的第一个引导他去平行探讨文化遗产与当代政治哲学领域之间诸种纷争的引路人。

在本书翻译过程中，吉尔曼先生本人对翻译工作的进度保持密切关注，对我们遇到的翻译问题常常热心赐教，我们在此深表谢意。本书的译文如有疏漏之处，敬请学界同仁不吝批评指正。

译 者

2018 年 5 月

照片 1 蒂莫西·奥哈根教授在剑桥演讲

照片 2 蒂莫西·奥哈根教授与年轻人合影

致　谢

对于本书的首次出版，要诚挚感谢艺术与法律研究所（Institute of Art and Law）的诺曼·帕尔默（Norman Palmer）和露丝·雷蒙德-库珀（Ruth Redmond-Cooper）。他们在推动艺术与法律关系的学术研究中扮演了重要的角色，而露丝的聪明才智和对本书首次出版的细致监督更是令我感激不尽。在此，我还要特别感谢剑桥大学出版社的碧翠斯·雷尔（Beatrice Rehl）对本书修订版的支持；也同样感谢詹姆斯·邓恩（James Dunn），以及肯恩·卡宾斯基（Ken Karpinski）的编辑工作。

本书写作的直接缘由是我在东英吉利大学工作期间撰写了一篇论文，并得到了塞恩斯伯里视觉艺术中心加雷斯·米勒（Gareth Miller）的悉心指导与大卫·珀尔（David Pearl）的大力支持。已故的马丁·霍利斯（Martin Hollis）向我提出了具有代表性的深刻建议，并巧妙激励我思考更广泛的社会实践。我要特别感谢他的同事，哲学家蒂莫西·奥哈根（Timothy O'Hagan），是他第一个指引我去平行探讨文化遗产与当代政治哲学领域之间的诸种纷争。在从论文写作到专著付梓的全过程中，他一直给予我无私的友谊和宝贵的建议；他在其 1998 年发表的文章《文化祖产的观念》（*The Idea of Cultural Patrimony*）中将这一主题的探讨设定了高标准。斯蒂芬·尤赖斯（Stephen Urice）和斯坦·卡兹（Stan Katz），还有已故的斯蒂芬·威尔（Stephen Weil），也一直支持我的研究。这些年来，还有其他同仁慷慨地贡献了他们的想法，包括马克斯·安德森（Max Anderson）、亚历克斯·鲍尔（Alex Bauer）、伊丽莎白·德比耶夫尔（Elisabeth de Bièvre）、唐·考德威尔（Don Caldwell）、霍华德·嘉吉（Howard Caygill）、克雷格·克卢纳斯（Craig Clunas）、迈克尔·康佛提（Michael Conforti）、丹尼斯·唐纳利（Dennis Donnelly）、艾伦·弗恩（Alan Fern）、伊芙琳·弗里德兰德（Evelyn Friedlander）、约翰·赫林（John Herring）、玛莎·赫特（Martha Hurt）、伊恩·詹金斯（Ian Jenkins）、乔·乔斯林（Jo Joslyn）、黛博拉·克里姆伯格－萨尔特（Deborah Klimburg-Salter）、菲利普·诺伦（Philip Nowlen）、约翰·奥涅斯（John Onians）、蒂莫西·波茨（Timothy Potts）、杰西卡·罗森（Jessica Rawson）、小赫伯特·瑞班德（Herbert Riband Jr）、格雷沙姆·莱利（Gresham Riley）、希欧多尔·罗杰斯（Theodore Rogers）、金姆·萨杰特（Kim Sajet）、查尔斯·索马里兹·史密斯（Charles Saumarez Smith）、彼得·赛勒（Peter Saylor）、维罗妮卡·思库勒斯（Veronica Sekules）和黛安·谢尔（Diane BernoffSher）。感谢大卫·巴里（David Barrie）、理查德·霍奇斯（Richard Hodges）、西蒙·杰维斯（Simon Jervis）、芭芭拉·卡图斯（Barbara Katus）、谢乐尔·克斯勒（Sheryl Kessler）、约翰·卡夫特纳（Johann Kräftner）、谢丽尔·雷伯德（Cheryl Leibold）、黛博拉·莱纳特（Deborah Lenert）、杰里米·沃伦（Jeremy Warren）、艾莉森·怀廷（Alison Whiting）、维丽娜·韦多恩（VerenaWidorn）和乔纳森·齐斯（Jonathan Ziss）为我提供原始资料和图像；还有约翰·加蒂（John Gatti）、玛莎·露西（Martha Lucy）、詹妮弗·莫斯兹尼斯基（Jennifer Moszczynski）和奥德丽·波普拉维斯基（Audrey Poplawski）以他们对第4章中龚开画作的理解来帮助我。还要感谢《墨尔本艺术杂志》（*Melbourne Art Journal*），以及斯特林和弗郎辛·克拉克中心（Sterling and Francine Clark Institute）极其友善地同意我在《艺术文物与法律》（*Art Antiquity and Law*）期刊上发表论文，这些论文大都已编入本书。包弼德（Peter Bol）关于中世纪中国研究的著作则为本书第4章提供了主题。

关系是本书的主题之一，正是基于这样的思考，我要感谢已故的父母，他们一直是我灵感的源泉。我要感谢我的兄弟和我的孩子们对我长期的容忍和给予我的友爱。最后，我对妻子耶尔（Yael）的感激更是无以言表。在本书两版的编撰过程中，她历久不渝的陪伴和持续的鼓励让成书变为可能。

在过去的20年里，文化遗产已成为许多国家当代文化景观的重要特征。人们常常认为，如果他们的遗产难以界定，那就是独一无二的。人们以历史为荣并热衷于利用过往，在各种旅游文本中充满了对国家、地区和城市遗产的铺陈介绍。正如尼古拉斯·古迪森（Nicholas Goodison）在对英国博物馆接受补助资金的观点中提到："最近的调查显示，近30%的游客被我们的遗产所吸引，博物馆和乡间民居占据了其中的重要部分。旅游是我们国家最大的收入来源之一。"①文化遗产为政府的规章辩护，而且现在又为有关私有权、共同所有权和公共福利的讨论提供重要的背景框架。然而，文化遗产的观念并非无法追溯，先不论前文提到的经济利益，我们可以合理地追溯它的起源，以及究竟应该将遗产的观念看得有多么重要。

　　近几十年里，基于对遗产公共政策的尊重，存在两个平行的争论点。第

---

① Sir Nicholas Goodison, *Goodison Review: Securing the Best for our Museum: Private Giving and Government Support* (London: HMSO, 2004), 7.

一个争论点涉及文化官员、博物馆管理人员、考古学家、人类学家、收藏家和律师。来自斯坦福大学的法学家约翰·梅利曼（John Merryman）将其界定为"关于文化遗产的两种思考角度"，分别对应文化国际主义者和文化民族主义者。前者力争推行"全人类的遗产"这一概念，而后者认为艺术、建筑、戏剧、音乐和食物是某一群体特有遗产的一部分。梅利曼指出，这两种思考角度被分别记录于自1954年到1970年联合国教科文组织两份公约的序言中。当然，这些定位不同的版本也被看作保护和管理文化遗迹及文物的案例。第二个争论点则发生在政治哲学家之间，尤其是自由派和各种论调的社群主义思想家之间，他们争论的问题包括人类的能动性以及个人或团体是否在政治舞台上具有优越性。本书将把这两个争论点联系在一起探讨。

本书分为三部分，每部分包括两章，希冀处理由上述争论引出的问题。第一部分涉及我们应如何讲述和描写遗产；第二部分是我们如何建构遗产；第三部分涉及私有权与共同所有权意识之间的紧张关系，以及我们该如何理解遗产的观念。全书的篇章之所以以这样的顺序呈现，是因为我相信，通过对遗产意涵、修辞和建构的了解，在第三部分关于权利和有价值的实践的讨论将更易被理解。

第一部分致力于阐述关于文物和建筑物的主张，以及它们对集体和个人生活显而易见的重要性。这引出了贯穿全书的一个主题，即地方所有权以及归属感与文物和习俗紧密联系。这并非易事。因此，第1章提供了著名的三个"国家珍宝"的案例，分别是巴勃罗·毕加索（Pablo Picasso）的《格尔尼卡》（Guernica）、帕特农/埃尔金大理石雕，以及吉尔伯特·斯图亚特（Gilbert Stuart）的乔治·华盛顿（George Washington）蓝斯多恩肖像画（Lansdowne Portrait）。其中，人们都以遗产的名义提出了不同的诉求。关于《格尔尼卡》部分的讨论是以源于约翰·罗尔斯（John Rawls）和约翰·菲尼斯（John Finnis）关于基本价值的思考为结尾的，对于后者提供的内在价值的名录，我在全书中都有所参考。

最强烈的道德诉求——可能以修辞的、外交的或者法律的形式出现——提出，正因为他们的联合，某些文化财产（艺术作品、其他手工艺品和部分建筑环境）才对特定群体的所有者的个人福祉至关重要。因此他们有集体权利，例如希腊政府 1983 年正式宣布，对 19 世纪初从帕特农神庙移走并被埃尔金伯爵（Lord Elgin）运至英国的大理石雕拥有权利。第 2 章回顾了约翰·梅利曼对文化遗产争论颇有影响的评定。他的"两种思考角度"分别是：对文化遗产提出强烈的道德要求，认为它们在某种程度上属于个人的保守主义视角，以及为集体主义诉求辩护的国际主义视角（包括他自己）。① 我在这里概述的"两种角度"其实最初源于 18 世纪关于特殊主义和国际主义各自功过的争论。对于这一点，我将在最后一章提及。

如果对"国家珍宝"的诉求是基于"国家遗产"，那么需要考虑的是，我们采用这一术语为何意，以及这一概念如何变得重要。第二部分阐述了在不同时期、不同地点关于国家遗产的建构。显而易见的是，存在跨文化的共通性，其中一点就是文化叙事对个人和集体生命的重要性。遗产同我们讲述自己的故事有着深刻的联系，而这些故事通常会提升我们的成就。我们给自己分配了最佳的角色，与此同时，排斥他人。由于叙事、意识形态和身份之间的关系是一个宏大的命题，因此，我将讨论的焦点局限于英国和中世纪的

---

① 存在大量关于文化财产和遗产的争辩，本书并不一一讨论。例如，除了第 5 章有所涉及，本书未覆盖一般而言的出口管制，没有讨论保护考古遗址远离非法掠夺的法律设计，也未涉及在普通法和民法下通过有效所有权的要求。现有的法律将会在斯蒂芬·尤赖斯（Stephen Urice）和亚历山大·鲍尔（Alexander Bauer）即将面市的《文化遗产的法律与政策》（*Cultural Heritage Law & Policy*）一书中被全部覆盖。同样可参见 Barbara T. Hoffman, ed, *Art and Cultural Heritage: Law, Policy and Practice* (Cambridge: Cambridge University Press, 2005).

中国。本书第3章以华美的美第奇（Medici）橱柜①的两次交易为开端，该橱柜在18世纪早期由博福特公爵（Duke of Beaufort）订购，然后阐述了新教叙事中的角色和英国遗产建构中的习惯法。我认为，爱尔兰政治思想家埃德蒙·伯克在塑造关于国家遗产的当前概念方面具有重要的影响力，现如今这些概念具有远超英国疆界的通用性。最后，我考虑到了阿拉斯代尔·麦金泰尔（Alasdair MacIntyre）关于叙事与个人身份的社群主义的论点。虽然它支持国家遗产的概念，但也会引起自由派的担心，因为这可能支持某些限制公民机会的政府实践。

　　第4章将继续遗产建构这一主题，并尽量剔除已经涵盖的内容。在这里，我聚焦文化叙事的激烈竞争，并关注中世纪晚期的中国。当时新儒家奉行一种"斯文"②的特殊文本，并竭尽全力推行本土习俗的价值以反对外来佛教信仰、神像与宗教实践。这一现象引发了对价值如何设定，以及它与改变社会习俗和期望如何发生联系的讨论。然后，我联想到了美国的国家藏品中两幅著名的中国绘画。这提醒我们，实践与价值可以跨越文化的界限并且不损失其完整性。这恰使国家遗产的问题与究竟什么属于任何特殊人群的问题更加复杂化。

　　第三部分回归到个人与集体的紧张关系，以及在第1章和第3章的案例中提出的诉求和权利。文物究竟是否有集体权利？在多大程度上，民主选举的国家和地区政府有可能管理私人所有的文物和建筑？对于文化意义上的重

---

　　① 　美第奇家族是意大利佛罗伦萨在13至17世纪拥有强大势力的著名家族。在文艺复兴中起到巨大促进作用，对于艺术和建筑有重要贡献。这里的橱柜指的是巴德明顿柜（Badminton Cabinet）。——译者注

　　② 　出自美国汉学家包弼德著作《斯文：唐宋思想的转型》（*This Culture of Ours: Intellectual Transitions in Tang and Sung China*）中的核心概念"斯文"（Our Culture）。——译者注

要物件和建筑物的私人所有者来说，他们更容易在道德要求与已确立的产权发生冲突时，发出强烈的抗议。在第5章中，我聚焦三个普通法国家（英国、美国和澳大利亚）的管理制度，这些国家有着稳固的私权制度。例如，我们假设自由钟（the Liberty Bell）以费城家族私人财产而定论，那现在谁可以决定将它出售给日本的新自由博物馆（Museum of Liberty）。在美国，没有阻止类似行为的出口管控，因此，他们开始担心在私权基础上捍卫国家遗产的功与过。将一件蒂芙尼（Tiffany）马赛克（mosaic）艺术品从费城转移到美国另一座城市（或许是洛杉矶），这种危险性的迁移会引发一场关于是否存在保持艺术品和建筑完整性权利的争论。

第6章试图解决前文提出的问题。为铲平道路，我铺垫了一场梅利曼国际主义视角与特殊主义立场的假想争辩。但是，其中漏掉了承认社会依赖个人的自由主义，对此我将在6.2节里进行介绍。最近的政治观念中有一个明显的特征就是，自由派不仅倾向于国际主义（同梅利曼一样），而且倾向于共同的责任意识，后者更能展现社会存在的个人。罗纳德·德沃金和威尔·金里卡强调了语言对文化群体成员的重要性，后者赞成对口语和书面语行使集体权利。但是，其他文化实践（建筑、绘画、音乐、舞蹈等）也有类似的特权吗？恐怕这就较为薄弱了。

最后，本书讨论了国家与地区政府如何证明管理私人所有的建筑物和艺术作品是具有合理性的。在这里，我借鉴了德沃金、金里卡及约瑟夫·拉兹的观点。我发现政府恰好可以这样做，因为作为个体，我们依赖于源自周围社会的福利。相较于其他争论，这将帮助我们回答自由民主的国家应该在多大程度上从公共财政方面来支持文化生活这一问题。正如德沃金所说，即使规划有争议，并且艺术看起来只让有关的小范围人群受益，我也相信自由民主的国家应该从公共财政方面来支持文化生活，这与国家可能会管理艺术品和建筑物的原因相同。在此，承认我们依赖于社会化持续实践的自由主义会比自由世界主义提供更多的资源。关于文化遗产的争论，至少应该让我们更近距离地看清个人福祉与接触广泛而重要的文化产品的机会之间的关系。

目　录

第一部分　关于遗产的主张

第二部分　叙事与习俗

第一部分

关于遗产的主张

第1章
遗产与国家珍宝

> 遗产创造了一种传承的感觉；让一些事物得到关注和珍视。这种文化表现形式是从过去传承给我们的，是祖先赠予我们的遗产。如今有一种广泛的认识，那就是我们有责任将这些遗产以当代创新的形式加以扩充，并传承给下一代。
>
> 林德尔·普罗特（Lyndel V. Prott）与帕特里克·奥基弗（Patrick J. O'Keefe）[1]

---

[1] ' "Cultural Heritage" or "Cultural Property"?' (1992) 1 *International Journal of Cultural Property*，311.

1.1　格尔尼卡

1937 年 1 月初，由建筑师约瑟夫·路易·塞特（Josep Lluis Sert）领衔的共和国代表团，邀请毕加索为原定于 5 月 24 日在巴黎召开的世界博览会西班牙馆创作一幅壁画。就在毕加索构思期间，4 月 26 日，巴斯克（Basque）小镇格尔尼卡遭到了轰炸。5 天后，毕加索依据轰炸事件完成了系列草图，并在 6 月初告知塞特其完成了壁画创作（如图 1-1 所示）。[①]

图 1-1　《格尔尼卡》

注：巴勃罗·毕加索（1881—1973），巴黎，完成于 1937 年 6 月 4 日，布面油画，349.3 cm×

[①]　官方指定 L'Exposition internationale des arts et techniques dans la vie modern。关于此画的历史故事，可从以下材料中得到：Herschel B. Chipp, *Picasso's Guernica: History, Transformations, Meanings* (Berkeley: University of California Press, 1988), 137-91, 以及 Russell Martin, *Picasso's War: The Destruction of Guernica and the Masterpiece that Changed the World* (New York: Dutton, 2002). 关于西班牙馆，参见 Marko Daniel, 'Spain: Culture at War', in Dawn Ades, Tim Benton, David Elliot and Iain Boyd White, eds., *Art and Power: Europe under the Dictators 1930-45* (London: Hayward Gallery, 1995), 63-8.

文化遗产的观念

776.6 cm，现藏于索菲亚皇后博物馆（Museo Nacional Centro de Arte Reina Sofia），马德里，西班牙。摄影者：埃利希·莱辛（Erich Lessing）。来源：*Art Resource，New York.* ©2005 *Estate of Pablo Picasso*，纽约艺术家版权协会（Artists Rights Society，ARS）。毕加索表达的愿望是，在共和政府存在的前提下，希望《格尔尼卡》永久存放于西班牙。

　　如今，作为 20 世纪最伟大的作品之一，其最广泛的认知是，《格尔尼卡》从一开始就是一份政治声明，是对令人震惊的暴行的回应。纳粹飞机无情地轰炸这个小镇及其居民，并非出于军事目的，而仅是为了震慑残余的西班牙共和军，让其投降。炮轰下的惨状被伦敦《泰晤士报》的乔治·斯蒂尔（George Steer）记录了下来，他和《每日快报》（*the Daily Express*）、路透社的记者一起，在小镇被炸后的第一时间赶到了现场：

　　　　格尔尼卡，这座巴斯克最古老的小镇，其传统文化中心，在昨天下午被汹涌的轰炸机完全摧毁。对这个远在后方的小镇的轰炸，精确地持续了 3 小时 15 分钟……容克式（Junkers）和亨克尔式（Heinkel）轰炸机以及亨克尔式战斗机……一直没有停止向小镇投放炸弹……和……燃烧弹。同时，战斗机还在小镇中心低空盘旋，扫射那些在田间避难的平民们。[1]

　　当作品被安置在展馆时，《格尔尼卡》几乎被新闻界所忽略（因为西班牙馆作为整体馆，晚了 7 周才开幕）。根据勒·柯布西耶（Le Corbusier）的说法，这是因为世博会致力于娱乐休闲，而且大部分视觉艺术家都致力于"美丽的绘画"（la belle peinture）。11 月，西班牙馆被拆除，胡安·米罗

---

[1]　Anthony Blunt, *Picasso's 'Guernica'* (Oxford: Oxford University Press, 1969), 7.

（Joan Miro）①的壁画被运回巴伦西亚（Valencia）②（再未出现），《格尔尼卡》也被交还毕加索。毕加索曾在多个场合明确表示，《格尔尼卡》最终应该被送到马德里。在当时的情境下，毫无疑问，他指的是马德里共和政府。③后来，《格尔尼卡》在英国被用于政治服务。1938年10月，为了援助西班牙救援联合委员会，它和60幅画作一起在伦敦新伯灵顿画廊（New Burlington Galleries）展出；随后在白教堂画廊（Whitechapel Art Gallery）展出，展览的票价相当于一双靴子的价格；最后，《格尔尼卡》在1939年2月被送往曼彻斯特维多利亚大街一个租来的汽车展厅展览。1939年5月1日，也就是毕加索完成此画首幅草图的两年之后，《格尔尼卡》来到了纽约。毕加索希望这幅作品继续为共和国事业，尤其是西班牙难民服务。尽管作品很有影响力，但是安排的这趟旅程最后的所得不足3 000美元，远远低于毕加索所期望的10 000美元。画家利昂·高勒布（Leon Golub）回忆起《格尔尼卡》在芝加哥艺术俱乐部（Chicago Arts Club）的展览，说道："太令人震惊了，非常强烈！就如《阿维尼翁的少女》（*Les Demoiselles d'Avignon*）一样，是一场革命性的创作。"④纽约现代艺术博物馆（the Museum of Modern Art）⑤的阿尔弗雷德·巴尔（Alfred Barr）向毕加索承诺，他将与西班牙难民救济委员会协同工作，将画作送往法国展览并补偿运费；以此为条件，他也确保11月份的毕加索大型回顾展将顺利举行。这种想法非常值得尊敬，但事与

---

① 胡安·米罗，西班牙画家、雕塑家、陶艺家、版画家，超现实主义代表人物。——译者注

② 西班牙东部城市。——译者注

③ 毕加索是普拉多（Prado）美术馆荣誉馆长，且是共和政府一员；参见 Chipp, *Picasso's Guernica*, 154.

④ Leon Golub, 'On the Day Clement Greenberg Died', in Hans-Ulrich Obrist, ed., *Leon Golub: Do Paintings Bite?* (Ostfildern: Cantz, 1997), 9.

⑤ 位于纽约曼哈顿，简称 MoMA。——译者注

愿违，展览被第二次世界大战（以下简称"二战"）干扰了。之后，除了在1953—1954年间前往米兰、圣保罗和在1955—1956年间前往巴黎、慕尼黑、科隆、汉堡、布鲁塞尔、阿姆斯特丹和斯德哥尔摩的两次海外旅程外，《格尔尼卡》一直到1981年都存放于美国。

毕加索在《格尔尼卡》中表现出的大屠杀方式并未被广泛认可。[1]不仅是这幅画作的恰当性，还有它的意义以及来源，都持续为外界所争论。画中的那些个体形象，到底是直接与卷入西班牙内战的两个党派相关联，还是与暴力斗争的普遍性理解相关联，抑或是与毕加索自身混乱的关系相关联？政治象征和个人隐喻一般都很难分离；《格尔尼卡》在二战后逐渐被看作最后一幅伟大的历史作品。尽管它也可以被看作20世纪艺术的一个标志，也可能是数以百计的其他主要绘画、雕像和物件的标志，但作为西班牙共和事业、西班牙自由和民主希望的标志，它是独一无二的。纽约现代艺术博物馆（MoMA）回顾展中的一段评论，包含了对这种赞誉的观察：

> 他不是在工作室，也不是在塑料研究的实验室，而是在和他的祖国——西班牙的人民联系在一起时，找到了灵魂。在《格尔尼卡》中，他不仅是西班牙的子孙，也是民主世界的公民。[2]

这种形象深刻而中肯。灵魂的寻找，不是借由个人拒绝罪恶，而是在公共秩序的语境中，通过文化财产争论来不断得到回应。

为了马德里的新当代艺术博物馆，西班牙元首（对这类艺术持蔑视态

---

① 例如，安瑟尼·布朗特（Anthony Blunt），当时将它评论为对于危急的人们来说毫无意义的"深奥的累赘表达"，言下之意就是，世界上数以百计的剧变并没有以被容易理解的方式清晰地表达出来；参见 Chipp, *Picasso's Guernica*, 158-9.

② Elizabeth McCausland, *Springfield Republican*, 19 November 1939, 同上, 163.

度）亲自发起了重新获得《格尔尼卡》的运动，而这一回归运动也因巴塞罗那沙巴特斯基金会（Fondacion Sabartes）（现为毕加索博物馆，the Museu Picasso）的建设而被向前推进。只是，这一运动突显了《格尔尼卡》在佛朗哥政权下进入西班牙是荒谬的。1969年10月，西班牙美术总干事宣称，"杰纳勒尔·佛朗哥政府认为，马德里应该是存放毕加索杰作《格尔尼卡》的最佳地点"，亲佛朗哥政权的报纸《塞戈维亚城堡》（El Alcázar）支持这一观点，"《格尔尼卡》是毕加索贡献给西班牙人民的，是当地人民文化遗产的一部分，应该在西班牙展览。"①引用毕加索的律师罗兰·杜马（Roland Dumas）所言："当共和政体在西班牙重建的那一天，这幅作品将被转交给西班牙共和政府。"在1970年11月的一封致MoMA的信中，毕加索将附加条款调整为"当公共自由被重建之时"。但就在1971年4月，他再一次宣布，《格尔尼卡》及其相关研究"注定属于西班牙共和政府"。

毕加索于1973年4月离世，但直到两年半后佛朗哥去世，将画作移交给西班牙的工作才得以被认真地执行。从那时起，MoMA的威廉·鲁宾（William Rubin）就为毕加索的明确意图和关于"共和"适当的解释担忧。由于毕加索的遗产被授予其遗孀杰奎琳（Jacqueline）与7个孩子，所以移交工作变得更加复杂化，而继承人可以获得遗产的份额取决于他们是否嫡生。意识到自己在道德上的权利，好几位继承人对《格尔尼卡》归还国家的性质设定了苛刻的条件。直到1980年西班牙前驻巴黎大使——路易斯·阿拉基斯塔因（Luis Araquistain）的档案中的部分文档被修复后，这个难题才被部分解开，这些文档证明了画作真正的拥有者是西班牙共和政府。因此，虽然自20世纪30年代起并没有这样的实体存在，但杜马相信，现在的西班牙政府

①　Martin, *Picasso's War*, 192-3.

照片3 西班牙普拉多美术馆老师正在给学生讲解《宫娥》

可以对《格尔尼卡》提出最合理的要求，并认为画作是时候离开纽约了。[①] 1981年10月24日，在毕加索诞辰百年的前一天，画作终于在翻修过的普拉多美术馆分馆（Cason del Buen）即普拉多美术馆（The Prado）的附馆亮相。《格尔尼卡》的移交，非常清晰地说明了一些关于当代西班牙社会自由性质的公共问题。画作现藏于马德里现代艺术博物馆——索菲亚王后国家艺术中心（Reina Sofia）。

《格尔尼卡》在历史绘画的传统中孕育而生，被看作欧洲各流派的巅峰之作。它的主题包含了一种传承，而这种传承从圭多·雷尼（Guido Reni）的《虐杀婴儿》（*Massacre of the Innocents*）和尼古拉斯·普桑（Nicholas Poussin）的《遭劫掠的萨宾女人》（*the Abduction of the Sabine Women*）一直延续到大卫（J. L. David）1799年的《萨宾女人的调停》（*Intervention of the Sabine Women*），后两幅作品现被收藏于卢浮宫，跟大卫一并承载着与《格尔尼卡》的传承关系。毕加索似乎支持将大卫的作品解读为一种民众从压迫和专政中争取解放的表现。[②]虽然《格尔尼卡》具有塑造伟大毕加索的个体价值，但它同样也拥有巨大的政治价值，是西班牙共和国与法西斯主义抗争以及国家自治与外来干预的象征。这种象征价值对西班牙人、巴斯克人、民主主义者和自由主义者都大有裨益，指示着个人自由的价值。

当独立自主与文化遗产联系起来时，自由显然是可以发挥作用的价值之

照片4 西班牙普拉多美术馆里的美术课

---

① 最重要的文献是一封写于1953年前首相J. A. 德尔瓦（J. A. del Vayo）致阿拉基斯塔因的信，德尔瓦告知对方他有一张由毕加索签名的总数为150 000法郎的收据，来"用于支付毕加索在创作《格尔尼卡》期间的费用，而这幅作品被赠予了西班牙共和政府"，Martin, Picasso's War, 177。

② 安妮塔·布鲁克纳（Anita Brookner）指出，作为调解罗慕路斯（Romulus）和塔提奥斯（Tatius）的关键人物，大卫在展现赫西莉亚（Hersilia）的过程中，试图说明在巴黎后革命时期将各交战派别汇聚在一起的愿望。参见其文 *Jacques-Louis David* (New York: Thames and Hudson, 1980), 137–40.

一。因此，请让我在此介绍一些关于价值的观点。对于约翰·罗尔斯而言，自由存在于公民所要求的不受限制的基本善①中，以设计和实现合理的生活规训，通过它，人们可以塑造和修订其他所有物的概念。②约翰·菲尼斯则认为，罗尔斯对自由、机会、财富（也即并非贫困状态）和自尊这些基本善的微弱约束，是人类美德的"彻底退化"。他认为，它们仅具有工具价值而非内在价值。菲尼斯提出了更深厚的一组基本价值，认为和其他事务相比，这些价值无法简化：生命、知识、游戏、审美经验、社交（尤其是友谊）、实践理性和宗教，每一种"都可以让我们参与其中并向前推进，以无穷无尽的诸种方式和各种重点、集结和特殊化的结合"。③在这七种价值中，并没有客观的层级结构或者优先权。然而，在我们的个体生命中，或许我们会倾向于（或者鼓励，或者被迫）将其中的某种价值置于优先位置（例如，宗教胜于审美经验，或者反之亦然）。④这种论述的一个基本元素，正如尼尔·麦考密克（Neil MacCormick）所言：

> 它包含了多元的、不能互相通约的基本善。对于要获得好的生活，或是好的生活方式的个体或群体，需要在这些基本善中取得平衡，而不

---

① 罗尔斯将由社会分配的社会价值(权利、自由、权力、机会)等称为"基本善"。——译者注

② 名录如下："对于基本权利和自由,同样也有一份清单：变动的自由以及在机会多样性背景下职业选择的自由；职责的权力和特权,以及在基本框架下的政治经济体系中,职责的定位；收入与财富；最后,自尊的社会基础。"John Rawls, *Political liberalism* (New York: Columbia University Press, 1996), 180-81. 也可参见 Will Kymlicka, 'Dworkin on Freedom and Culture', in Justine Burley, ed., *Dworkin and His Critics* (Oxford: Blackwell, 2004), 115.

③ John Finnis, *Natural Law and Natural Rights* (Oxford: Clarendon Press, 1980), 81-90, 100, 105-6. 另一种当代审慎的价值("一种通用描述")目录来自詹姆斯·葛瑞芬(James Griffin)：成就、人类存在的一员、理解、享乐和深度个人关系；参见 *Griffin's Value Judgement: Improving Our Ethical Beliefs* (Oxford: Clarendon Press, 1996), 29-30.

④ Finnis, *Natural Law and Natural Rights*, 92-3.

是单一基本善的一种简单集中。①

和菲尼斯不同，罗尔斯回避任何构建更清晰、明朗的基本善的指标的尝试，将此看成难以完成的任务。②罗尔斯自由主义的基本善的确代表着个人福祉的重要条件，但我并不认为在追寻它们和承认菲尼斯的内在价值之间存在必然的矛盾。为何这七种价值是基础？为了给此问题提供一个全面的解释，菲尼斯也为我们理解这些价值做出了重要贡献。他强调，虽然存在无数其他"善"的目标和形式，但它们都可以与以上列出的七种价值相关联。

> 我认为，这些其他善的目标和形式将会被发现，并且据分析，会成为追求（并不总是很明显）和实现（并不总是成功）七种基本善形式中的一种或其集合的方式或方式的组合。此外，当然，在我列出的七个基本面向之外，还存在大量人类自主和自我意识的面向，但这些其他的面向，例如勇气、慷慨、节制、温和等，自身都不是基础价值，可是它们是追寻基本善的方法（不是手段，而是模式），并且符合（或者是被一些个人、团体或文化视为符合）人对自身的追求。③

---

① Neil MacCormick, 'Natural Law and the Separation of Law and Morals', in Robert George, ed., *Natural Law Theory: Contemporary Essays* (Oxford: Oxford University Press, 1992), 125; 麦考密克质疑菲尼斯在这七种价值中包含的实践合理性，因为其中的紧张关系是，这既是一种基本善，也是要求去定制我们应追求的其他善的基础原则（128）。菲尼斯在其著作（*Natural Law and Natural Rights*）的第5章中承认了这一状况。见 *Engaging Reason: On the Theory of Value and Action* (Oxford: Oxford University Press, 1999), 191。约瑟夫·拉兹质疑，同做任何有价值事情的前提相比，"生命"似乎不能成为内在价值，而菲尼斯表示，"生命（拉丁语中的 vita，或英文中的 life）的每一个面向都能帮助人类在良好的状态中得到自主"; Finnis, *Natural Law and Natural Rights*, 86.

② Rawls, *Political Liberalism*, 180-1, note 8.

③ Finnis, *Natural Law and Natural Rights*, 90-1.

　　针对不同人群，艺术作品也享有这些价值的结合。例如，巴米扬大佛可以表现生命、知识、审美经验和宗教价值；《格尔尼卡》可以表现生命、知识、审美经验和友谊价值。在关于文化遗产和文化财产权利的争论中，菲尼斯基本价值中的三种——知识、审美经验和宗教，不断出现。

　　如今，也有人认为遗产本身就是一种基本善（将在第 2 章中谈到），但在我看来，这一命题大致是不足信的。我建议"遗产"应位于菲尼斯的基础价值之前，并且，对于那些重点强调自由和机会的文化，罗尔斯的价值论也是自尊的社会基础。遗产（或者文化）是一定时空范围内人们思考和谈及群体的方式，与共同经验、习俗和规范相关（将在第 3 章、第 4 章中讨论）。这些共同经验、习俗和规范以特殊的方式显示出菲尼斯的基础价值（例如知识、美感经验、游戏、友谊和宗教）。了解文化的历史在本质上是有价值的，因为知识就是一种基本善。了解我们自身和他人的文化历史也同样在本质上是有价值的。[①]实际上，本书的主题之一就是关于遗产的争论，而最终应该关乎个人福祉。

1.2　帕特农/埃尔金大理石雕

　　1981 年对于许多希腊公民，尤其是那些被剥夺权利者来说，或许是一个"奇迹年"。1981 年年初，希腊正式加入欧共体；10 月，泛希腊社会主义

---

　　①　不论是对我们自己还是对其他人，这都将协助我们参与基本善或认识工具性的自由主义的善，例如罗尔斯所提到的基本善。

照片 5　清晨从
帕特农神庙俯
瞰雅典卫城

运动党在民族自主的平台上当选执政；同月，由于《格尔尼卡》转交的国际宣传，促使人们产生了这样的想法，即将重获帕特农/埃尔金大理石雕作为一个更公平的社会的标志。①

　　帕特农神庙雕像被当作尚存的希腊早期艺术的最佳典范。自 18 世纪中叶开始，就有关于希腊雕像和罗马雕像谁更具有优越性的争论，而在这场争论的后期，这座神庙起到了显著的作用。从那时起，就有呼应普鲁塔克（Plutarch）观点的论述出现：

照片 6　夜晚远
眺雅典卫城

　　随着作品的浮现，闪现出宏伟之势并拥有形式上的独特优雅，同时伴随着工匠们努力超越彼此的工艺之美，这一结构完成的速度也是惊人的……每一幅作品都有一种蓬勃的新鲜感并呈现出未被时间侵蚀的外观，就像有一些永远鲜活的生命和永恒存在的精神被注入了这创造之中一样。②

　　虽然欧洲文艺复兴的知识结构源于希腊和罗马，但在 18 世纪后期之前，艺术家们鲜有模仿古希腊真实雕像的想法，早期开始的模仿最多也就是在罗马周边散落的帝国宏伟的遗物中寻找模型，以致现在丢失了希腊的原型。③但自 18 世纪 50 年代开始，罗马艺术是最适合激发灵感和被模仿的模式这一惯例，受到一种新思潮的挑战，即关注早期的希腊成就。先撇开审美价值不谈，伯里克利时代的雅典被推崇为一种理想的文明以及西方民主的源泉。在这种双重语境下，为何大英博物馆从埃尔金伯爵处获得大理石雕像（如图

---

①　Richard Clogg, *A Concise History of Greece* (Cambridge: Cambridge University Press, 1992), 183, 205.

②　来源于普鲁塔克的 *Life of Pericles*；参见 J. J. Pollitt, *Art and Experience in Classical Greece* (Cambridge: Cambridge University Press, 1972), 66.

③　理查德·科克（Richard Cocke）在其著作中讨论了对将古典建筑和雕塑成分融入教堂的担忧，*From Magicto High Fashion: The Classical Tradition and the Renaissance of Roman Patronage, 1420-1600* (Norwich: Mill Hill, 1993), 1-8.

1-2 和图 1-3 所示）会成为"轰动讼案"就不言而喻了。1983 年 5 月，已故的时任希腊文化部长玛丽娜·墨蔻莉（Melina Mercouri）在访问伦敦前的一次采访中对《星期日泰晤士报》（*the Sunday Times*）的记者说："这些大理石雕像是代表希腊人身份认同的历史遗迹的一部分，是希腊人最深层意识中的一部分——是我们的根，我们的延续，我们的灵魂。帕特农神庙就像我们的旗帜一样。"①

图 1-2　狄奥尼索斯雕像

　　注：来源于帕特农神庙东立面三角楣饰，雅典，希腊，约公元前 438—公元前 432 年，大理石。©大英博物馆理事会。帕特农/埃尔金雕像仍然是由另一国的民族、机构或个人追寻文物的著名案例；在这个案例中，希腊政府在 1983 年最先寻求归还。

---

　　①　与苏珊·克罗斯兰（Susan Crosland）的访谈，《星期日泰晤士报》，1983 年 5 月 22 日。墨蔻莉建议泛希腊社会主义运动党内阁发出收回帕特农大理石雕的正式声明。她曾是参加公开活动以反对军政府独裁的一员，并因此而被剥夺了国籍。她的丈夫，电影导演朱尔斯·达辛（Jules Dessin），也受到了麦卡锡主义的影响而被列入了黑名单，亲历了被右翼的压制。

图 1-3 骑士雕像

注：来源于帕特农神庙西立面浮雕带的骑士，雅典，希腊，约公元前 438—公元前 432 年，大理石。©大英博物馆理事会。

照片 7 帕特农神庙

接下来有必要简略描述一下公元前 5 世纪帕特农神庙整体的构造。公元前 490 年，希腊人在阿提克海峡东海岸战胜了波斯人，赢得了著名的马拉松之战的胜利。为了复仇，公元前 481 年薛西斯（Xerxes，波斯王）率领波斯大军在温泉关迎战斯巴达军团，随后洗劫雅典城。[①]经过 20 年的奋战，波斯对希腊的威胁才得到有效解除，雅典成为希腊城邦中的统治力量。约公元前 450 年，伯里克利劝说当时最盛行的民主集会去装饰城市的神殿和公共建筑，因为它们不仅是战胜"野蛮"的纪念碑，也是雅典获得统治地位的物质象征。于是，在公元前 448 年，一项决议被批准了，那就是在公元前 480 年被波斯人夷为平地而未完工的神庙的基础上再建一座多立克柱式神庙，以供

---

① 波希战争的转折点是公元前 480 年的萨拉米斯海战；之后，薛西斯的陆军在普拉提亚被歼灭。在两年里，希腊联军从北海岸到东海岸驱逐了波斯大军的残余部队；Pollitt, *Art and Experience in Classical Greece*, 12–14, 25.

奉雅典娜。①

在帕特农神庙的内殿中，矗立着一座巨大的由象牙和黄金制成的少女雅典娜·帕特农的战士雕像，它是城市的象征，由负责雕像工程的菲迪亚斯（Phidias）②创作。外部柱间壁的高浮雕（雕刻于约公元前440年）庆祝了文明和秩序对混乱和野蛮的胜利，通过众神与巨人之战、半人马与拉皮斯人之战、希腊与特洛伊之战以及希腊人与亚马逊人之战（分别在东、南、西、北立面）表现出来。东西两端的三角楣饰则包含了雅典娜诞生以及她和波塞冬（Poseidon）争夺雅典守护神的图景。廊柱与神庙墙面高处的浅浮雕饰板（与三角楣饰一样，雕刻于约公元前438—公元前432年）描绘了众神、骑士及马拉的战车被引导在一个祥和的队列中行进，以向雅典娜和诸神致敬的场景，按照惯例，它最初是用鲜明、生动的颜色描绘的。③

在信仰系统中，诸神、祖先的领域与人类的区隔并不十分明显，例如在古希腊，三界的连通并不仅仅是通过神谕或者萨满式的沟通，也可以通过遗迹、宗教神像和圣地。在神庙饰板所展示的公元前5世纪，节日仪式的焦点

照片8 正在被修复的帕特农神庙

照片9 帕特农神庙前希腊士兵升国旗

---

① Pollitt, *Art and Experience in Classical Greece*, 64-95.

② 古希腊著名雕刻家和建筑设计师。——译者注

③ 传统的解释是，这一饰板反映了为纪念雅典娜诞生而举办的四年一次的泛雅典娜节。约翰·褒曼（John Boardman）提出，帕特农神庙中的这一带状图景反映的并不是泛雅典娜节上的真实参与者，而是希腊获得伟大胜利的马拉松战役中被波斯人杀害的192名雅典勇士（并且，除了诸神和次级图景外，饰板中人物的数量刚好吻合）；参见 'The Parthenon Frieze Another View', in U. Höckmann and A. Krug, eds., *Festschrift für Frank Brommer* (Mainz, 1977), 39-49, cited in Paul Cartledge, 'Archaeology in Greece', in Tom Winnifrith and Penelope Murray, eds., *Greece Old and New* (London: Palgrave Macmillan, 1983), 145-8 一个较近期的说法是由琼·布雷顿·康奈利（Joan Breton Connelly）提出的，他借鉴了欧里庇得斯（Euripides）失传的戏剧《埃瑞克修斯》（*Erechtheus*）中的片段，来说明饰板描绘的是雅典王埃瑞克修斯的三个女儿向雅典娜献祭的神话；参见 'Parthenon and Parthenoi: A Mythological Interpretation of the Parthenon Frieze', (1996) 100 *American Journal of Archaeology* 53-80. 同样参见 Robert Graves, *The Greek Myths* (Harmondsworth: Pelican, 1960), 1:168-9.

照片10 雅典
伊瑞克提翁
神庙

并不是帕特农神庙中用象牙和黄金塑造的伟大的雅典娜塑像本身，而是最终安置在伊瑞克提翁神庙（Erechtheion，雅典王埃瑞克修斯之墓，建于公元前421—公元前404年，以代替被波斯人毁坏的早期建筑）的古老的橄榄木形象的雅典娜·波利亚斯（Athena Polias）①。②认为伯里克利和他的跟随者们只是出于人文和宗教目的而采取行动的观点，低估了公民秩序预示军事胜利的程度。约翰·褒曼指出："帕特农神庙绝不可能被视为一座民主与自由的丰碑，而是来纪念民众的英勇作战以及领袖的政治经济头脑和残酷。"③

实际上，对武力的崇尚与伯里克利时期的集会一样被视为早期民主的范例（虽然如约翰·罗尔斯所言，这实际上体现了35 000名男性成员对300 000人口的专制），而这一理念不仅存在于庆祝集会的斯巴达④，也存在于古希腊的哲学家中，包括苏格拉底和柏拉图。⑤虽然雅典娜·帕特农的确另有所指，代表着一个更加超越世俗的光辉世界，但帕特农神庙作为一个整体，看来已成为对神的一种伟大供奉，同时它也是城市的珍宝，而不仅仅是一座被狂热崇拜的建筑。因此，据普鲁塔克⑥记载，建造它的费用来源于伯里克利转移的一部分资金——联合起来抵抗波斯人的每一个盟友所筹集到

① 作为城邦守护神的雅典娜。——译者注
② 参见 Betty Radice, *Who's who in the Ancient World* (Harmondsworth: Penguin, 1973), 71-2; 以及 Graves, *The Greek Myths*, Section 25.
③ John Boardman, 'The Elgin Marbles: Matters of Fact and Opinion', (2000) 9 *International Journal of Cultural Property* 235.
④ 希腊南部的古代城邦。——译者注
⑤ John Rawls, *The Law of Peoples, with 'The Idea of Public Reason Revisited'* (Cambridge, MA: Harvard University Press, 1999), 28-9, note 27. 同样参考 John Onians, *Classical Art and the Cultures of Greece and Rome* (New Haven: Yale University Press, 1999), Chapter 2. 持续尊崇希腊人为西方人文价值发端的一个例子，就是在美国田纳西州首府那什维尔的帕特农神庙复制品，它是在1897年为世纪公园构思的，于1931年建成。
⑥ 罗马帝国时代的希腊传记文学家与史学家。——译者注

的资金，用以"镀金和美化我们的城市，就好似它是那些用昂贵的宝石、塑像和价值数以百万计的神庙来装饰自己的自负女子一般[原文如此]"。[1]

第一次针对被埃尔金伯爵运到英国的雕像的归还行动，发生在1982年由联合国教科文组织在墨西哥召开的各国文化部长出席的国际会议上。[2]会议达成一致意见，成员国可以将帕特农大理石雕的归还视为一项原则的应用案例。该原则是，从国家遗迹中抽离的元素应被归还至该遗迹中。第二年夏季，一位国家政府部门的高级官员向国际博物馆协会（the International Council of Museums，简称ICOM）大会做出如下陈述：

> 我们认为，将帕特农神庙和那些从伊瑞克提翁神庙掠夺的大理石雕归还希腊是正确和应当的，因为它们是在希腊被创作出的，这也是对该项原则，即"所有国家都有权利重新获取那些在殖民主义时期或被外国侵占时期失去的文化遗产中有重大意义的部分"的应用。[3]

希腊政府官方于1983年10月12日要求归还帕特农/埃尔金大理石雕，自此以后，这一情况一直考验着英国与希腊的文化沟通关系。[4]这同时也被

---

① 赛曼，'The Elgin Marbles: Matters of Fact and Opinion'，235，以及罗伯特·勃朗宁（Robert Browning），'The Parthenon in History'，见Christopher Hitchens, *Imperial Spoils, The Curious Case of the Elgin Marbles* (New York: Hill and Wang, 1987)，17. 正如威廉·圣克莱尔（William St. Clair）的注解，"对于许多5世纪的非雅典人来说，我们可以非常自信地推测，帕特农神庙并不是当代希腊文明的纪念碑，而是近期雅典人对他们所在的城市夺取霸权的一种羞耻提醒"（'Imperial Appropriations of the Parthenon'，见John Henry Merryman, ed., *Imperialism, Art and Restitution* [Cambridge: Cambridge University Press, 2006]，66）。

② 7月26日至8月6日。

③ 由文物部门负责人陈述；这次大会议程的日期为8月1—2日；参见Jeanette Greenfield, The Return of Cultural Treasures (Cambridge: Cambridge University Press, 1989)，77–8.

④ 这一要求在次年被拒绝（同上，84）。1997年1月，该要求又被再次提出；参见Theodore Vrettos, *The Elgin Affair: The Abduction of Antiquity's Greatest Treasures and the Passions It Aroused* (New York: Arcade, 1997)，212.

许多博物馆看成国际主义与特殊主义（或全球性与地区性）的一个战场。还有人将它看成殖民者与被殖民者，或艺术贫瘠与艺术富足之间的竞争。不论从何种意义来说，这大理石雕都是一种财富，但它究竟是应由某个国家独享还是应由众多国家共享呢？

　　对于主张归还大理石雕的支持者来说，他们的关注焦点是，以埃尔金命名这些大理石雕是否合适，而普通法更是不认可这样的"善意"收购。正如大卫·鲁登斯坦（David Rudenstine）所言："大部分人几乎都是以道德热情去展现这一争端——但也不仅仅如此——这取决于奥斯曼人是否将法定命名权转移给埃尔金。"[1]我将用两个理由来说明对这一问题的看法。首先，目前存在的大量相关文献表明了埃尔金获得许可运走大理石雕以及将其后续保存在英国的历史合法性。我认为你们可能会对如何评价法院的判决感兴趣。[2]如果法院判决并未授予埃尔金命名权，那么问题仍然是对处于英国法定时效

---

[1]　David Rudenstine, 'The Legality of Elgin's Taking: A Review Essay of Four Books on the Parthenon Marbles', (1999) 8 *International Journal of Cultural Property* 356-76. 鲁登斯坦指出了所有权和托管权的本质差别(同上,371)。受托的大英博物馆是一个有永久继承权和公章的法人机构,并具有遵照大英博物馆1963年法令管理藏品的职责。

[2]　参见 William St. Clair, *Lord Elgin and the Marbles* (Oxford: Oxford University Press, revised ed, 1983); B. F. Cook, *The Elgin Marbles* (London: British Museum, 1984); John Henry Merryman, 'Thinking about the Elgin Marbles', (1985) 83 *Michigan Law Review*, 1881-1923; John Henry Merryman, 'Who owns the Elgin Marbles?', (1986) 85 *ARTnews* (September) 100-9; William St. Clair, 'The Elgin Marbles: Questions of Stewardship and Accountability', (1999) 8 *International Journal of Cultural Property*, 397-521; Claire L. Lyon, 'Cleaning the Parthenon Sculptures', (2000) 9 *International Journal of Cultural Property*, 180-4; Ian Jenkins, 'The Elgin Marbles: Questions of Accuracy and Reliability', (2001) 10 *International Journal of Cultural Property* 55-69; Ian Jenkins, *Cleaning and Controversy: The Parthenon Sculptures 1811-1939* (London: British Museum Occasional Paper 146, 2001); Kate Fitz Gibbon, 'The Elgin Marbles: A Summary', in Fitz Gibbon, *Who Owns the Past?*, 108-21; Ana FilipaVrdoljak, *International Law, Museums and the Return of Cultural Objects* (Cambridge: Cambridge University Press, 2006), 30-3.

期的大理石雕，希腊的要求是否有效。①其次，我想把焦点放在道德而不是法律诉求上。如果获取的情形是并不能非常清楚地确定持有人没有合适的命名，或者相反，持有人确实有一个合适的命名，那么诉求就变成了一种道德形式：因为相比于当前其他任何个人或团体所有者，提出要求者对这一财产拥有更大的道德权利，他们的诉求可以通过政治渠道或国际法被强制执行。这种诉求有许多依据，包括弥补历史的不公平待遇，或者共存一处的整体效用要优于分开存放的效用，或者存在一种针对此财富的集体权利。

对于希腊来说，将帕特农/埃尔金大理石雕归还新博物馆（可能是卫城博物馆）所具有的政治意义，超越了其给旅游产业所带来的经济利益。②这一归还诉求的持续时间已超过 1/4 个世纪，时而得到显著关注，时而又趋于和缓。2000 年在雅典和悉尼召开的两次会议中，这个诉求被继续提请，认为这些雕像是希腊历史不可分割的一部分，本就应该属于希腊和希腊人民。③

照片 11　建于考古遗址之上的雅典新卫城博物馆

① 约翰·亨利·梅利曼（John Henry Merryman）建议希腊政府暂时撤销对命名权的申诉，现在应仅申诉大理石雕是属于雅典的。'Whither the Elgin Marbles?', in Merryman, ed., *Imperialism, Art and Restitution*, 99–100; 同样参考该书的前言 Ⅱ, 梅利曼在此指出了一条财产法的普遍原则，即如果当时的交易是合法的，即使该法律随后有调整，交易仍然合法; 参考梅利曼, 'Thinking about the Elgin Marbles', 1990。目前希腊的处境还存在不确定性，大英博物馆一位发言人表示，只要希腊政府接受博物馆的头衔，研究机构将考虑出借这些大理石雕给新的卫城博物馆（Acropolis Museum）数月。文化部长安东尼斯·萨马拉斯（Antonis Samaras）对此做出回应："承认它（租借）将使对大理石雕的掠夺合法化"; BBC 新闻, 2009 年 6 月 12 日, 以及 Michael Kimmelman, 'Elgin Marble Argument in a New Light', *The New York Times*, 24 June 2019.

② 2004 年 3 月，新当选的新民主党政府暂缓了由伯纳德·屈米（Bernard Tschumi）和迈克尔·弗彻德思（Michael Photiades）设计的卫城博物馆的工作，理由是它的结构会对考古记录产生不利影响; 博物馆在 2009 年夏天对公众开放。

③ Daniel Shapiro, 'The Restitution of the Parthenon Marbles and the European Union: A Historical-Cultural-Legal Approach', (2000) 9 *International Journal of Cultural Property*, 354–8; 同样参考 The Hon. E. G. Whitlam A. C., Q.C., *The Acropolis, The Parthenon, Elgin and the Marbles*, Seminar Paper (Sydney: Powerhouse Museum, 2000).

文化遗产的观念

约翰·莫斯塔卡斯（John Moustakas）提出建议——帕特农/埃尔金大理石雕作为恰当的案例——区别于其他专属于同一所有权的例子，表现了一个群体的特性。为了获得认可，"集体地位的性质"必须具备"相关社群大量特征的关联性"。它必须在本质上与群体认同紧密联系，并且它的存在不能包含"糟糕的对象关系（盲目崇拜）"。[1]他对塞缪尔·舍夫勒（Samuel Scheffler）呼吁的"感知的责任源于继承关系"也有强烈的共识。[2]这是一种强调对遗产给予更多思考的意识。莫斯塔卡斯将他的论点建立在对马格莱特·简·莱丁（Margaret Jane Radin）的《财产与人格》的观察的基础上，该文对可代替的（可交换的）财产与极度个人的财产进行了完全比较。[3]莱丁表示，随着时间的推移，一个个体如果没有对保持自身延续性的感知，那就不是一个完整的个体。为了维持这种延续性，个体必须同外部环境（事务与人际）保持一种不间断的联系。其中有些对象是"紧密与个性相连的，因为它们是我们将自己构建成一个延续性的个体实体存在于这个世界的方式的一部分"。[4]政府可以无偿取得可替代性的资产，正如它们通过税收可以提高全民福利一样，个体可以期望共享这些福利，但另外一些在个人端的损失可能就得不到补偿。杰里米·沃尔德伦（Jeremy Waldron）指出，这种对财产与人格的理解，正好回应了杰里米·边沁（Jeremy Bentham）的观点：

据我估计，我的财产中的每一部分，除了其内在价值，可能都包含着一

---

[1] John Moustakas, 'Group Rights in Cultural Property', (1989) 74 *Cornell Law Review*, 1184.

[2] Samuel Scheffler, *Boundaries and Allegiances: Problems of Justice and Responsibility in Liberal Thought* (Oxford: Oxford University Press, 2001), 127–8.

[3] Margaret Jane Radin, 'Property and Personhood', (1982) 34 *Stanford Law Review* 957–1015, reprinted in Margaret Jane Radin, *Reinterpreting Property* (Chicago: The University of Chicago Press, 1993), 35–71.

[4] 同上，36, 64.

种情感价值——作为来自我祖辈的一种传承，作为对我自身工作的一种回报，或者作为我的孩子们未来的一种依靠……因此，我们的财产成为我们的一部分，并且不能从我们身上剥离，以避免将我们更快地分裂。①

莱丁同样提到，"一些不完全的证据显示，在美国，集体产权如果与集体自治或联盟联系在一起，法院对其的保护程度就会加强"；她指出，联邦政府和州政府的发展方向都倾向于美国原住民的诉求。②

有了莱丁的提示，莫斯塔卡斯随后提出，群体的特性是本质上的，人们作为一个整体具备特性的方式同个人一样。他认为，"人民（the people）"是对于文化事务的合理申请人（例如"希腊人民"），将艺术和手工艺品视为群体成员与他们的祖先、继承人之间重要的联系，包含了满足基本身份认同和象征共同价值的联系：

> 代表着一种"不能替代的文化遗产"的作品的缺失，在心理上是让人难以容忍的。正如，自由女神像的毁坏，将会减弱那些共同享有对美国首次印象的移民之间的联系；或者推倒耶路撒冷哭墙，将会重创犹太人的精神世界；埃尔金伯爵运走帕特农大理石雕的举动，也会因为割裂了最伟大的希腊艺术——帕特农神庙，而深深伤害了全体希腊人民。摧毁希腊人这一最高人文希望的化身和存在分量的神力，埃尔金伯爵伤害了全体希腊人，因为这不可挽回地削弱了其"作为希腊人"而被颂扬的完整性。③

---

① 参考 Jeremy Bentham,'Security and Equality of Property',引自 *Principles of the Civil Code;* 参见 Jeremy Waldron,'Property,Honesty,and Normative Resilience',in Stephen R. Munzer,ed.,*New essays in the Legal and Political Theory of Property*（Cambridge: Cambridge University Press,2001）,27.

② Radin, Reinterpreting Property,66-7,以及注解132,在此她引用了案例 Pillar of Fire v. Denver Urban Renewal Authority,181 Colo. 411,509 P. 2d 1250 (1973).科罗拉多州立法院规定,不到迫不得已的境地,不得征收宗教派别神圣的区域。

③ Moustakas,'Group Rights in Cultural Property',1195-6.

他是正确的——人民将会被这些举动深深伤害，就像在南斯拉夫内战中莫斯塔尔桥（Mostar Bridge）被摧毁时，人民也被伤害了一样。对于这些意义重大的财产，人们本身就存在一种敬畏之心，尤其是当这些财产对人们具有特殊意义时。但是，伤害就可以证明集体权利吗？而谁又应该代表集体呢？在归还大理石雕的诉求上，这个角色看起来是国家；可是，即便国家几乎和自然人一样具有法人资格，但接下来主要还是应该把一个文化群体，或者一个族群，当作同自然人一样拥有个性（不论是比喻还是类比的说法）。《格尔尼卡》和帕特农/埃尔金大理石雕或许可以被看作被设定的国家与国家对抗，或者族群与族群对抗的案例，但它们经常被看作被设定的国家代表与民间个人或团体对抗的案例。当西班牙政府要求从纽约现代艺术博物馆索回《格尔尼卡》时，这个案例因为毕加索的身份（一个法人代表）又进一步复杂化了。虽然帕特农/埃尔金大理石雕看起来是政府与政府的争论，但这不仅关乎支持归还诉求的希腊人，同时也关乎希腊政府与大英博物馆（一个法人）。作为受托人，大英博物馆被英国议会法案所约束，而该法案禁止博物馆出售或交换藏品，除非藏品是复制品。尽管英国的内阁大臣们有能力对受托人施加政治和经济压力，但这一机构仍与政府保持距离。

1.3　蓝斯多恩肖像画

对于许多支持归还埃尔金大理石雕的倡议者来说，这些雕像已成为希腊人对政治理念贡献的重要象征。而在美国，另一个类似的象征就是乔治·华盛顿肖像画。乔治·华盛顿作为大将军以及世界上首个大规模尝试自由民主的国家元首，其肖像画持续而广泛地出现在法定纸币和其他商品上。在其早期肖像画中，最著名的是由吉尔伯特·斯图亚特作于1796年的华盛顿全身肖像画。受议员和威廉·宾汉姆夫人（Mrs. William Bingham）委托，此画是为赠予首任蓝斯多恩侯爵（Marquess of Lansdowne）（之前是谢尔本勋爵（Lord Shelburne））威廉·佩蒂（William Petty）而作的。①

1968年，当美国新成立的国家肖像馆（National Portrait Gallery）即将对外开放时，斯图亚特画作的最早版本还悬挂于苏格兰西洛锡安（West Lothian）的达尔蒙尼宅邸（Dalmeny house），是当时80多岁的第六代罗斯伯里伯爵（Earl of Rosebery）之子——普里姆罗斯勋爵（Lord Primrose）的宅邸。美国史密森学会（Smithsonian Institution）尝试接触普里姆罗斯勋爵，以考虑将之出借和出售给国家肖像馆的可能性。史密森学会最初遭到了拒绝，但出于对蒙巴顿勋爵（Lord Mountbatten）（其父曾在战争中服役）信件的回应，普里姆罗斯勋爵最终同意将蓝斯多恩肖像画出借给新博物馆，由委员会负责办理出口许可证，并颁发了6个月的临时许可证。然而，史密森学会违反规定，将这幅画作借用了超过30年。②这幅画对美国国家肖像馆有着重要意义，它反映了史密森学会究竟应该拥有什么，国家肖像馆第二任馆长

---

① 在《Carrie Rebora Barrett》一书中，艾伦·迈尔斯（Ellen Miles）对委任的状况进行了描述，还可参见 Ellen G. Miles, *Gilbert Stuart*（New York: The Metropolitan Museum of Art and Yale University Press, 2004），166.

② 更多审查委员会的细节参见5.1节。在第31次报告（1985年）中，委员会做出了如下记录："一般而言，很少有关于临时出口的问题。因此，如果罗斯伯里伯爵要将此画出售，那么我们要非常遗憾地宣告对于重新获取他的同意，让吉尔伯特·斯图亚特所作乔治·华盛顿肖像画回到这个国家的尝试，最终还是失败了。罗斯伯里伯爵在1969年被授予了一个6个月的临时出口许可证，使得这幅画能够在华盛顿的史密森学会展览，该学会自此一直保持着对该画作的不明确的租借。我们认为这是非常不符合要求的，在获得许可证后的16年，罗斯伯里伯爵应该坚持谢绝出借。"引自 Export of Works of Art 2000–2001, *Forty-seventh Report of the Reviewing Committee appointed by the Chancellor of the Exchequer in December 1952*（London: HMSO, 2002），8.

文化遗产的观念

马芬·萨迪克（Marvin Sadik）阐述道：

> 经过深思熟虑，我个人的意见是，蓝斯多恩肖像画是一幅特别的美
> 国肖像画，在国家肖像馆的藏品中，它就相当于一块无与伦比的基石。
> 我可以毫不犹豫地说，这幅画超越其他一切作品，是这个国家最希望拥
> 有的美国肖像作品。①

萨迪克指的是这幅肖像画的最早版本（如图 1-4 所示）。还存在其他
两个版本，毋庸置疑，也是出于斯图亚特之手，分别被收藏在宾夕法尼
亚美术学院（Pennsylvania Academy of the Fine Arts）和布鲁克林美术馆
（Brooklyn Museum of Art）。其中费城版本是受宾汉姆（Bingham）家族的
委托，为其在费城郊外的乡村宅邸所作。威廉·宾汉姆将其捐赠给宾夕
法尼亚美术学院，并于 1811 年被学院正式接收。第三幅布鲁克林版本，
是在爱尔兰出生的商人威廉·康斯特布尔（William Constable）为其在纽
约百老汇的新居定制的，他曾在斯图亚特的费城工作室绘制自画像时目
睹了蓝斯多恩画像。据说还有另外一个版本，自 1800 年开始就一直悬挂
于总统房间，但斯图亚特否认其是该画的作者，因此它的归属一直是一
个饱受争议的话题。②

---

① Margaret C. S. Christman, 'The story of the Landsdowne Washington', in Richard
Brookhiser, Margaret C. S. Christman and Ellen G. Miles, *George Washington: A National Trea-
sure* (Washington, D. C.: Smithsonian Institution, 2002), 72.
② 不论白宫的第四幅作品是否出自斯图亚特之手，克里斯特曼(Christman)提出，蓝斯多恩的
华盛顿画像仍然是"一项国家的固定遗产"。同样参见 Bonnie Barrett Stretch, 'If Stuart Didn't
Paint It, Who Did?' (2004) 103 *ARTnews* (October), 162-3.

图1-4　乔治·华盛顿

注：吉尔伯特·斯图亚特（1755—1828），1796年，布面油画，247.7 cm×158.8 cm。由华盛顿史密森学会美国国家画廊提供。因慷慨的唐纳德·瓦特·雷诺兹基金会（Donald W. Reynolds Foundation）给予国家赠礼而收藏（国家肖像画廊，2001，13）。蓝斯多恩画像可能是为纪念1795年英美贸易关系的恢复而作。

　　吉尔伯特·斯图亚特是美国涌现出的第一批代表性画家之一，和他的同辈一样，他得到了本杰明·韦斯特（Benjamin West）（接替乔舒亚·雷诺兹（Joshua Reynolds）成为皇家艺术学院院长的一位费城人）的很多鼓励。斯图亚特于1775年移居伦敦，直到1787年为了逃避累累债务而迁居爱尔兰。1794年他重返美国，在此成功地建立了一种为新独立的美国贵族和商人阶级绘制肖像的实践。在英国，他对肖像技艺的精通使得他获得了高度的赞扬，除了庚斯博罗（Gainsborough）①和雷诺兹（Reynolds，卒于1792年）之外，他获得了与伦敦其他画家一样的平等地位。②因此，他在1796年被委任为蓝斯多恩侯爵绘制总统肖像就不足为奇了。

　　1783年2月，蓝斯多恩在领导政府差不多六个月之后，因为与美洲殖民地居民保持和平的条款被驳回，遂辞去了首相职务。随后，他献身于一系列的公共事业，包括自由贸易的推动，这牵涉了威廉·宾汉姆的重大经济利益。③正如艾伦·迈尔斯提到的，看起来蓝斯多恩画像是为了纪念关于"友好关系、商业贸易和水运"的英美《杰伊条约》的签署而创作的。1775年6月华盛顿在面对共和党确定要持续推进与法国的关系的情况下，以微弱的优势推动条约在参议院中获得通过。那张肖像涉及华盛顿当年12月在国会山的第七次年度报告，并有1797年伦敦的一份报纸评论文章可以证明："人物站立于集会大厅。时间点是他建议建立美英之间不可侵犯的同盟关系。"④

　　安妮·威林·宾汉姆（Anne Willing Bingham）成功地说服了华盛顿为斯图亚特作画站位，从而促成了这项伟大的"谄媚"行为——赠送辉格党（Whig）要员一幅"当今世界最伟大人物"（他的原话）的画像，同雷诺兹（被斯图亚特视为近似竞争对手的画家）的画作一并悬挂于由罗伯特·亚当（Rob-

---

　　①　英国画家托马斯·庚斯博罗（Thomas Gainsborough）。——译者注

　　②　当斯图亚特抵达伦敦时，同时期的英国著名肖像画家艾伦·拉姆齐（Allan Ramsay）已经降低了其活跃程度，主要是重绘他的乔治三世（George Ⅲ）和夏洛特王后（Queen Charlotte）的加冕礼画像。

　　③　威廉·宾汉姆在法属岛屿马提尼克（Martinique）作为大陆会议（Continental Congress）代理人时，通过运输、银行业务和土地投机创造了大量的个人财富；夫妇二人在1783-1786年间居住在伦敦，并在回到费城后与蓝斯多恩一直保持通信。1796年，《杰伊条约》（Jay Treaty）使宾汉姆可以将他在缅因州（Maine）的土地出售给巴林银行家族（Baring banking family）。参见 Chrisman，'The Story of the Landsdowne *Washington*'，50-53，以及 Barratt and Miles，*Gilbert Stuart*，170-3.

　　④　同上，172。

ert Adam）①建造的风格华丽的市内宅邸中。这种以画作作为赠礼的惯例是从蓝斯多恩自己开始的，他在1787年就委托庚斯博罗为法国路易十六画像。②

虽然斯图亚特可能主要借鉴的是亚森特·里戈（Hyacinthe Rigaud）一幅雅克士-本尼金·博絮埃（Jacques-Benigne Bossuet）主教肖像的版画，但画中他将华盛顿描绘为一位共和党政治家的方式，或许是对新近政治肖像的一种模仿。1768年，查塔姆伯爵（Earl of Chatham）老威廉·皮特（William Pitt）③被费城画家查尔斯·皮尔（Charles Willson Peale）描绘成一位罗马执行官，当时画家正在伦敦受新古典主义者韦斯特的指导（如图1-5和图1-6所示）。皮尔对这位废除印花税法（Stamp Act）老人的描绘，似乎就是斯图亚特所描绘的华盛顿的前身。这幅华盛顿肖像画在蓝斯多恩过世之后的1805年出售时，创造了当时绘画作品的售价纪录（540英镑）。④1889年，这幅作品被第五代罗斯伯里伯爵收入，他因与汉娜（Hannah）（梅耶·德·罗斯柴尔德男

---

① 英国画家、建筑学家。——译者注

② 参见 William Thomas Whitley，*Thomas Gainsborough*（London：Smith，Elder & Co.，1915），272. 蓝斯多恩宅邸在1930年左右部分被拆建，它的餐厅和客厅分别被重新装设在大都会博物馆（Metropolitan Museum）和费城博物馆（客厅可能是蓝斯多恩画像最初被悬挂的地方）。

③ 与其子小威廉·皮特分别担任过英国的第9位和第14位首相。——译者注

④ 皮尔此作品是受理查德·李（Richard Lee）以及其他弗吉尼亚州的种植园主所托而创作的，现存于弗吉尼亚州蒙特罗斯（Montross）的威斯特摩兰郡博物馆（Westmoreland County Museum）；参见 Robert Hughes，*American Visions: The Epic History of Art in America*（New York：Harvill，1997），95. 跟斯图亚特的肖像画一样，这幅作品基本上参考了《观景阁的阿波罗》（*Belvedere Apollo*），位于伦敦的英国国家肖像画廊藏品中的大卫·阿伦（David Allen）的威廉·汉密尔顿（William Hamilton）肖像（1775年）也有类似的造型。里戈1723年之后的版画，被多琳达·埃文斯（Dorinda Evans）和查尔斯·亨利·哈特（Charles Henry Hart）认作是最可能的蓝斯多恩肖像的创作来源。参见 Dorinda Evans，*The Genius of Gilbert Stuart*（Princeton：Princeton University Press，1999），reproduced in Brookhiser，Christman and Miles，*George Washington*，87. 蓝斯多恩肖像首先是被传到在马萨诸塞州出生的银行家塞缪尔·威廉斯（Samuel Williams）手中，他住在伦敦芬斯伯里广场（Finsbury Square）；然后被传到路易斯家族（Lewis Family）。根据记载，在1836年之前，就有人向国会提议为国家购买这幅肖像（大约700或800基尼），但是这一提议被驳回了。

爵（Baron Meyer de Rothschild）的唯一后代）的婚姻而成为蒙特摩尔（Ment-more）收藏品的继承人。约一个世纪之后，就在1992年，第七代伯爵（之前提到的普里姆罗斯勋爵）将他的头衔传给其子达尔蒙尼勋爵（Lard Dalmeny），而达尔蒙尼勋爵在2000年10月告知美国国家肖像馆，打算将此画出售。

图1-5　威廉·皮特

注：查尔斯·威尔逊·皮尔，约1768年，铜版雕刻版画，21.7 cm×14.8 cm；宾夕法尼亚美术学院提供，费城，约翰·S.菲利普斯（John S. Phillips）收藏。老皮特是第一代查塔姆伯爵，他因1765年对印花税法的立场而受到美洲殖民地民众的尊敬。皮尔将皮特描画成一位演说家，为斯图亚特的蓝斯多恩华盛顿形象做了铺垫。

图1-6　《阅读亚历山大功绩传记时凯撒的遗憾》

注：本杰明·韦斯特，1769年，布面油画，94 cm×99.5cm；由里士满（Richmond）的弗吉尼亚美术博物馆（Virginia Museum of Fine Arts）提供。©阿道夫·D. 和威尔金斯·C. 威廉姆斯基金会（The Adolph D. and Wilkins C. Williams Fund）。新古典主义画家韦斯特影响了其他的美国移民和访客，包括皮尔和斯图亚特。他还坚决支持大英博物馆获得帕特农/埃尔金大理石雕。

虽然美国拥有许多商品的进出口控制权，但还未基于国家利益而对艺术品的流动采取约束，并且还不习惯为国家珍宝的流失而辩护。然而，看上去这幅蓝斯多恩画像"超越其他一切"的价值或许会规避其国家收藏的性质。国家肖像馆被给予购买的优先权，并拥有延长至4月1日的6个月时限。在此之后，如果肖像馆不能交付售价所要求的2 000万美元，蓝斯多恩画像将会在公开市场上出售。国家肖像馆馆长马克·帕赫特（Marc Pachter）回忆道，虽然得到现存的斯图亚特画作看起来理所当然，而实际上，史密森学会这些年一直在尝试购买它。在2000年年底和2001年年初的非公开呼吁并没有筹得足够的资金；于是，在6个月时限已过去4个月后，在华盛顿生日当天，帕赫特向全国发出呼吁，并警示人们国家珍宝流失的可能性，"这不是艺术收藏家的领域，而是爱国者的领域。还有很多爱国者并未和博物馆建立联系"。2001年，唐纳德·瓦特·雷诺基金会成为国家的捐助者，尤其是基金会主席弗雷德·史密斯（Fred Smith），鼓励他的理事会成员们"回馈美国人民"，用帕赫特的话说就是，这是"一项在爱国的紧急状况下做出的伟大决定"。史密斯回忆他们当时的决议：

> 我们有一种感觉，也确定每个美国人都会有这样的感觉，即失去这幅我们国父肖像的原作会是个悲剧……我们的捐助者——唐纳德·瓦特·雷诺相信，每一位美国人都应该对出现在我们之前的事物心存感激之情。他同样认为，我们有为后辈保留国家起源象征的义务。[①]

雷诺基金会资助国家肖像馆对这幅由斯图亚特所作的肖像进行展览及在全国巡展的相关工作，展览名为"乔治·华盛顿：国家珍宝"，在歧义中巧妙地捕捉到了画作与主题之间的相互关系。因为不管是作为美国国父的华盛顿，还是斯图亚特的蓝斯多恩画像以及这一画像的最早版本，都是国家珍宝。这一词组使人联想到埃德蒙·伯克，英语世界文化遗产用语的主要先驱之一。帕赫特对于这幅肖像对美国民众更为重大的意义进行了总结，"通过对这幅肖像的展示，我们当然可以纪念华盛顿在历史中的地位，但更为重要的是纪念他对当下我们的生活，对国家，还有对我们继承的传统的影响。这

---

① 参见 Dorinda Evans, *The Genius of Gilbert Stuart* (Princeton: Princeton University Press, 1999), reproduced in Brookhiser, Christman and Miles, *George Washington*, 74.

是一份珍贵的遗产。没有什么是理所应得的"①。

重新思考这一案例，在艺术品世界拥有丰富经验的观察者可能会认为，即使蓝斯多恩画像被拍卖，但它还是会被留在美国。在此之前的20年中，日本收藏家一直是西方绘画的狂热收购家，但在2000年和2001年，日本经济萧条，因此艺术市场缺乏重要的日本收藏家。同时，该市场也缺乏为这幅画作支付巨额资金的欧洲人，尤其在这位画家的市场主要是在美国的情况下。假定这是一幅为伦敦某处建筑所作的作品，并且一直在英格兰或苏格兰保存了近两个世纪，那么就有可能出现一部分人呼吁将该作品作为英国遗产的一部分使其回归英国。②

对于美国国家肖像馆来说，危险是双重的：这幅肖像从政府的官方肖像收藏流入一个富有的博物馆或者私人收藏家手中；或者从这个国家流失。对关心这一遗产的美国人来说，最主要的危险其实是后者。对于美国人来说，不同寻常的是，它呼吁抵制遗产的潜在流失并加强对遗产用语的使用让人们深切感受到画作流亡海外的危险。著名的华盛顿肖像画需要保存在华盛顿市，并成为国家收藏吗？这种收藏作为藏品的完整性有多重要？在国境之内，它可以被收藏在其他城市，或者成为私人收藏品吗？如果同分别收藏在

---

① 同上,9.

② 2000—2001年,审查委员会用"好的,即使很难过"来表达其对出口规则的功能演变的意见,"对于已经报道的决定,即达尔蒙尼勋爵将把可能是最伟大的肖像画——乔治·华盛顿肖像画出售给史密森学会……我们只能重申我们很遗憾第七代罗斯伯里伯爵没有遵照临时出口许可证的条件。同时,我们也被忠告,在这个紧要关头并没有可以采取的法律程序,我们很高兴将此记录下来,并作为法律变更的依据,如果现在有类似情况出现,相关人将受到刑事起诉……我们需要补充的是,卖主达尔蒙尼勋爵告诉国家部长,他对与这幅肖像画相关的临时出口的历史并不知情,并保证他是诚实的。他为所有并非故意造成的难堪表示抱歉。同我们的观点一样,部长接受了他的解释和道歉"。*Export of Works of Art 2000–2001, Forty-seventh Report of the Reviewing Committee*, 8–9, and *A Review of the Current System of Controls on the Export of Works of Art* (London: HMSO, 1991), 56.

费城和布鲁克林的其他两个版本的画像一样，那么这幅具有纪念意义的作品是否可以作为公共藏品被收藏在芝加哥艺术学院？我阐释一下萨迪克的观点——这是一幅非常重要的国家收藏——这意味着，作为最早的版本，和第二幅、第三幅相比，它对美国人有更为重大的历史意义。但是，这幅画的历史意义无论是在芝加哥还是洛杉矶，都不会改变。实际上，如果我们努力计算这三幅画作对所有美国人的整体效用，那么它们集中在东海岸半径250英里的区域所产生的效用肯定低于它们广泛分布在美国所产生的效用。国家的旅游业补偿了这一点，即使只是暂时性的。

　　显然，从功利主义的角度看，华盛顿市的人们可能会将失去这幅画视为一种损失，声称华盛顿市的艺术性将因此被削弱，但计算这样的公共效用是非常困难的。华盛顿市可以被看作一个因拥有独特的社会实践而有不寻常文化的城市吗？这仅是发生在政治讽刺上。虽然作为拥有当地习俗的地区，它的地位是不容置疑的，但华盛顿市很难代表美国另一种不同的文化。因此，如果这幅作品被转移到美国另一个公共收藏机构，它对于市民的价值将会维持，就像通常情况下的其他公共收藏一样。那么，作品的所有权归私人收藏家又会如何呢？美国有最强大的自然财产权利体制，和其他任何国家相比，它给予个体更宽泛的许可去处理私人拥有的、具有文化价值的物品，包括建筑物。成千上万的访客可以进入公共收藏机构观看藏品，然而如果藏品是在私人宅邸中，那么这就是不可能实现的。但是否美国的一所私人宅邸会比海外的公共收藏机构更为适合收藏该幅作品呢？例如，这幅作品曾被悬挂在英格兰和苏格兰的画廊中。国家艺术基金会（National Endowment for the Arts）前主席约翰·弗龙迈耶（John Frohnmayer）表示，对于美国人来说，这些都是相对较新的问题。在1991年，他描述了一个最新的公共拍卖案例，即一位特拉华州（Delaware）的商人购买了《独立宣言》同时期的副本。需要补充的是，这位买家可能来自海外。他问道，如果《独立宣言》的原始版本出现在拍卖市场上，"我们会因此紧张吗？"[1]在经历了蓝斯多恩肖像画案例之后，相信回答肯定为"是的"。

文化符号来源于人际关系、价值观念、实践活动、地点、事件、记忆、传说和物件；因此，特殊的物件也许有符号价值，但没有太大的货币价值，正如上文提到的在"水晶之夜"50周年纪念之前发现的犹太文物。一个18世纪中叶的英式铜钟，即使有激励的铭文"向全国宣布独立"，但没有任何显著的历史背景，那么它对市场的影响也相对较小。但如果自由钟自己出现在拍卖市场上，那么公共机构和私人竞买者就会因为它是民主自由的象征而踊跃竞争。从以上讨论的案例中可以明显看到，某些重要的艺术作品和建筑物对于国家有象征性的价值；或者，如罗尔斯提出的，对于人民有此价值。《格尔尼卡》、帕特农/埃尔金大理石雕和蓝斯多恩肖像画都分别是西班牙、希腊和美国人民民主和自由的象征。对于其他人来说，这些遗产也可能象征着这些国家的人民。除此之外，这些遗产也有将自身与西班牙、希腊和美国联系在一起的历史，其中后两个案例还与英国有联系。诚然，存在无数物件和建筑物与特定的文化相关，但当前的焦点都集中在最重要的——那些极具价值又引人注目的事物上。那么，需要解决的重要问题就是，对于这些重要象征的道德诉求，究竟是否存在正当理由。

照片 12　老师在博物馆给学生上美术课

----

① David McKean, *Should the United States Protect Cultural Resources?* (Washington, D. C.: Annenberg Washington Program, 1992), 13.

第2章
"两种思考角度"

在万般科学中，人类应将自己视为这个世界的公民。

本杰明·拉什（Benjamin Rush）[1]

对世界主义者保持怀疑，他们试图从书本上寻求遥不可及而在实际中不屑完成的职责。一位哲学家会爱鞑靼人（Tartars），以免关爱他的街邻。

让-雅克·卢梭（Jean-Jacques Rousseau）[2]

---

[1] To Richard Price. 参见 Thomas J. Schlereth, *The Cosmopolitan Ideal in Enlightenment Thought: Its Form and Function in the Ideas of Franklin, Hume, and Voltaire, 1694–1790* (Notre Dame: University of Notre Dame, 1977), 26.

[2] *Emile, or on Education* (1762), I : 249/39, 引自 Timothy O'Hagan, *Rousseau* (London: Routledge, 1999), 160.

2.1   遗产与国际公约

我希望从现在开始聚焦于约翰·梅利曼的论述，在过去的 20 年里，他的文章对于形成文化世界中非常重要的一部分——艺术与法律的碰撞起到了显著的作用。在"文化财产的两种思考角度"（Two Ways of Thinking about Cultural Property）中，梅利曼就文化民族主义推行强烈的世界主义立场，并认为近期普遍强调本地文化遗产的立法几乎没有任何功效。梅利曼指出，当这些文化遗产仅仅关乎宗教物件和人体遗骸时，它们才会产生功效。[①]因此，他质疑这些物件所代表的角色在遗产中的重要程度，并在艺术和手工艺品中寻找一种相对自由的贸易形式。

梅利曼反复强调，从联合国教科文组织起草的两份国际公约，即 1954年《海牙公约》（Hague Convention）（《武装冲突情况下的文化遗产保护公约》）和 1970 年公约（《关于禁止和防止非法进出口文化财产和非法转让其所有权的方法的公约》）的措辞中可以捕捉到两种角度的显著差异。梅利曼将 1954 年《海牙公约》中的序言看作将目的的高尚性具体化，同时也担任国际主义宪章的角色：

> 要确信，对属于任何人的文化遗产的破坏，都意味着对全人类文化遗产的破坏，因为每个人都对这个世界的文化有贡献。考虑到文化遗产的保护对全人类有重要意义，因此，文化遗产受到国际保护就非常重

---

① John Henry Merryman, 'Two Ways of Thinking about Cultural Property', (1986) 80 *American Journal of International Law* 831–53; 同样参见注释 56、61、62 及 93。

要。①

其中的关键词是"全人类文化遗产"、"世界的文化"以及"文化遗产"。在梅利曼看来，1954年《海牙公约》所发挥的影响远超越了施加责任，并被缔约国所接受。它是示例"文化国际主义"的一项法规，并且传达了一种在国家利益之外，对于文化财产总体利益的世界主义观念。世界主义鼓励在资源所在国之外对文化物件进行共享，以及将早期文化成果向更广泛的受众展示。然而，文化特殊主义却妨碍了它，"那些被寄予希望，想要表现出更多的世界主义，少些纯粹的民族主义的国际机构的观点……被国家的观点，即致力于文化财产的保留和遣返所取代"。梅利曼所说的另一种角度，即特殊主义方式，在1970年公约序言的主题（八项之一）中被明确表述：

> 考虑到文化财产是构成文明与国家文化的基本要素之一，只有在最大可能地涉及关于起源、历史和传统背景的信息时，它的真正价值才能被感知。

梅利曼指出，拜伦（Byron）应该为粉饰文化财产和遗产争论的浪漫民族主义负责。因此，尽管他欣赏莫斯塔卡斯对待帕特农/埃尔金大理石雕的

---

① 此公约受19世纪《利伯守则》（Lieber Code）启发，它是为一座战地剧院的军事行为而设计的。它要求古典艺术作品、图书馆、科学收藏能够抵御所有可避免的损害，确保其安全；但也允许它们被胜利方移动；在任何情况下，它们都不能被秘密征用。*Instructions for the Governance of Armies of the United States in the Field*，1863年4月24日，作为司令部第100号令，由联邦颁布；参见Richard Shelley Hartigan，*Lieber's Code and the Law of War*（Chicago: Precedent，1983）；同样参见梅利曼'Two Ways of Thinking about Cultural Property'，833–5.

方法的严肃性，梅利曼仍将其视为"实际上"是"拜伦主义的重蹈覆辙"。①
正如梅利曼所表述的，特殊主义对国家文化遗产领域的思考角度，是将世界
分为资源国和市场国，资源国通常是第二或第三世界国家，而市场国是第一
世界国家。那么，接下来就涉及文化财产从经济不发达国家净流出，因为这
些国家在之前几个世纪经常是殖民开发的对象。由于经济和历史发展不平
衡，所以产生了一系列的困扰：如何阻止对发现的考古材料进行篡改或者破
坏（经常使得之后不可考证），如何建立一种国家成就感，以及如何纠正过
往的错误。

　　然而，梅利曼指出，这一语境化的诉求，仅适用于在所有交易中被偷的
和被非法出口的文物，这虽然很重要但占比很小。如此强烈地关注物件在语
境中的优越性，鼓励文物保留者进行如下思考（伪装成一种对"保护"的关
心）：把文化艺术品当作一种对外交的伤害。这也不会必然限制非法贸
易——它仅仅取决于接下来的形式和路径。②假定众多作品现存于海外博
物馆以及被海外收藏是不妥的，那么与这一朝向"文物保留主义"的转变一
致的行动是将文物遣返原始国。然后，他指出：

---

① 　拜伦与席勒(Schiller)、济慈(Keats)都对古希腊给予极致的赞美。埃尔金伯爵将帕特农大理
石雕运出这一举动，代表了希腊这个国家当时的困境。拜伦批判埃尔金伯爵，认为他从未看到那些
"光滑的胸脯"所留存的"神圣的光晕"。查尔斯·泰勒(Charles Taylor)提出，狂飙突进时期(Stürm-
er und Dränger)认为早期希腊缺少前现代意识，更多地是靠他们自己寻找：依赖自身的独特性以及与
自然的沟通；参见 Charles Taylor, *Hegel* (Cambridge: Cambridge University Press, 1975), 26-7. 关
于莫斯塔卡斯的评论，参见 John Henry Merryman, 'Note on the Elgin Marbles', 在其 *Thinking
About the Elgin Marbles: Critical Essays on Cultural Property, Art and Law* (Alphen aan den Rijn:
Kluwer Law International, second edition, 2009), 22.

② 　彼得·卡农-布鲁克斯(Peter Cannon-Brookes)对后者的观点提出质疑，他认为美国认可
1970 年公约对贸易有着非常显著的影响，尤其是在中美洲文物方面；参见 Peter Cannon-Brookes
'The Movement, Location and Tracing of Cultural Property', (1992) 11 *Museum Management
and Curatorship* 3-18.

在当地制作的物件归属当地，或者早期艺术家创作的作品应该被保留或归还到这种文化的传承人的领土范围，或者一个国家的现政府应该具有将艺术品在历史上与人民和领土联系起来的能力，但这都并非不言自明的。①

梅利曼认为，关心那些具有象征价值物件的"流失"有点夸大其词，因为它们中的大部分已经为公众所有。②他同样相信，考古学家、民族志学家以及艺术史学家更倾向于特殊主义，因为他们强调文化语境，并且似乎要求所有输入市场国的文物应该同时具有原始国的出口允许。③虽然允许两种思考角度同时有效，但梅利曼仍然希望在冲突发生时，世界主义的观点占据优势。莎朗·威廉姆斯（Sharon Williams）也认为这种角度值得赞扬：

> 从学理的角度看，在国际法中新近出现的概念"人类的共同遗产"，为国家保护全人类的文化遗产所单独或共同采取的一整套措施提供了良好的基础……这个概念……同样可以证明具体的"国际"文化遗产的建立，它是一种新型财产，就其本身而言，归属于国际社会，由国际机构进行管理。④

让·穆赛特里（Jean Musitelli）认为，1972年联合国教科文组织的《保

---

① John Henry Merryman, 'Thinking About the Elgin Marbles', (1985) 83 *Michigan Law Review 1912.*他认为国际私法统一协会（UNIDROIT）公约的最后措辞体现了"赤裸裸的文物保留主义"，'The UNIDROIT Convention: Three Significant Departures from the Urtext', (1996) 5 *International Journal of Cultural Property* 17.

② John Henry Merryman, 'Cultural Property Ethics', (1998), 7 *International Journal of Cultural Property 28*, 以及 John Henry Merryman, 'The Nation and the Object', (1994) 3 *International Journal of Cultural Property 70.*

③ 同上, 31, 以及 John Henry Merryman, 'A Licit International Trade in Cultural Object', (1995) 4 *International Journal of Cultural Property* 32-8.

④ Sharon A. Williams, *The International and National Protection of Movable Cultural Property: A Comparative Study* (Dobbs Ferry, N.Y.: Oceana Publications, 1978), 201-2.

护世界文化和自然遗产公约》促进了世界遗产概念的形成。诚然，我认同公约对于传播这一概念非常重要，但它自身的建构源自下文将探讨的一系列的早期资源。①

在《国家与对象》(*the Nation and the Object*) 一文中，梅利曼指出，由于民众会因各种自然的和值得赞赏的原因而对文化事物尤其关心，因此，朝向民众的、以对象为中心的公共政策才会令人满意，同时也不可避免；这一政策的总体目标应该是保护、真实性和使用。②如果保护和使用发生冲突，保护优先；如果真实性和使用发生冲突，真实性优先：

> 在以对象为导向的文化财产政策中，强调的是三者概念性的分离；但实际上，应相互联系地考虑它们之间的关系：对于保护、真实性和使用来说，其重要性呈降序。最基本的应该是保护——保护物件及相关环境免于受损。接下来是对该物件及相关环境可以提供的知识、人类历史有效信息以及历史、科学、文化和审美真实性的追寻。最后，我们希望这些物件可以被学者（用于研究）和公众（用于教育和欣赏）有效利用。③

正如梅利曼在其他地方提到的，任何文化财产政策的基本要素，首先应该是在物理上保护这些文物本身，"如果我们不关心它的保护，对于我们来说，它就不是文物"。④

---

① Jean Musitelli, 'World Heritage, between Universalism and Globalization', (2002) 11 *International Journal of Cultural Property* 324.

② Merryman, 'The Nation and the Object', 64-5.

③ 同上，在优先考虑保护上，梅利曼同意保罗·巴托的观点："艺术的保护构成了我们的基本价值。"(Paul Bator, *The International Trade in Art* [Chicago: University of Chicago Press, 1983], 19-20).

④ John Henry Merryman, 'The Public Interest in Cultural Property', (1989) 77 *California Law Review* 355.

但是我认为，我们需要注意工具价值和内在价值的区别。梅利曼的政策是工具主义导向的；其中，保护和使用是为其他内在善（intrinsic goods）服务的，但"真实性"既可以是工具价值（提供协助保护的信息），也可以是内在价值（与菲尼斯的"知识"相关）。如果它们都是工具价值，那么最高价值——保护——仍服务于内在善，包括知识、审美经验和宗教信仰——这三个我们认为与文物最相关的方面。我需要陈述一个鲜明的事实，如果文物被毁坏（共享的仪式行为的一部分除外），就没有内在善可服务。因此，如果文物到了间歇性或持续危险的程度，也必定有理由给予保护优先权。即使保护超越知识作为工具价值，但它也不能超越知识成为内在价值（菲尼斯认为这仅仅能在主观上实现，而不是在客观上）。于是，对于个体来说，不论是为自己，还是作为集体或机构的一部分，这都为他们优先考虑相关知识、审美经验和宗教信仰的重要性留下了更多空间。我会在第5章借鉴约瑟夫·拉兹关于价值和尊重的思考，重提这一问题。

如果感兴趣的相关个体在被问及价值排序时，很可能发生的情况是：收藏者通常将审美价值置于知识价值之上，而考古学家相应地会关心非法挖掘，更可能将知识价值置于更重要的地位。这可以有两种理解方式：作为一种个人排序，个体会考虑对他们来说更为重要的一个或多个基本价值；或者作为一种工具性排序，例如，为了实现某一特殊目的（如保护文物免于受损），人们会认为，给予知识价值超越审美经验的优先性是更有用的。

在《文化珍宝的回归》（*The Return of Cultural Treasures*）中，珍妮特·格林菲德（Jeanette Greenfield）采取了与梅利曼相反的方式。她同样认为，伴随着非法交易（一个当代问题）和文化财产的物质回归（可能和非法交易有关，同时也是一个历史问题），保护仍是关键的和需要持续关心的问题。①
她特别关注的焦点在于公平，关注那些文化物件被武力、不平等条约、盗窃
或欺骗等方式夺走的案例中的正义举措。因为财产是所有权的主体，所以文
化财产也必须是归属于某人的。因此，"全人类的共同遗产"这一概念在归
还文物的语境中显得分量颇轻。但是，仍需要有一系列限制来确定文物归还
必须考虑到的那些事情，这可以通过一个"狭义的参照标准"达成，凭借它
可以筛选出何为真正的文化珍宝，比如例外的或是独特的地标文物。②这本
书的中心是，确信巨大的不公平被卷入了对特定群体有深意的物件的转让
中，而且这经常在战争或殖民侵占的情况下发生，应该通过法律工具进行补
救。格林菲德认为，更多历史性的而非当代的占有，应该被广泛适用的国家
立法和国际立法充分覆盖，她尤其强调道德诉求的力量。虽然文化珍宝的回
归和文化身份紧密相连，然而，接下来还要解决"原产国"的问题。她认
为，这些回归，在被单独评估的情况下，要对创作这些物件的人、他们出于
何种目的创作、创作地点以及随后获取的方式予以考虑。

　　1983年9月，在政府层面要求归还帕特农/埃尔金大理石雕的一个月前，
欧洲理事会（Council of Europe）议员大会呼吁，"成员国政府需要认识到，
欧洲的文化遗产属于整个欧洲，并确保这种遗产的多样性在每个国家都可被
轻松地获得"。格林菲德这样回应："这一（理事会的）论点忽略了另一个地
理因素，因为有时候文物或许并不都属于一处特定景观中的民众"。③更简单

---

　　①　Joanette Greenfield, *The Return of Cultural Treasures* (Cambridge: Cambridge University Press, 1989) 254-5.
　　②　同上，格林菲德希望看到，在接受国际法的前提下，这一标题没有被误认成其他三种类型的财产：(i)一个国家的历史记录或手稿，包括被肢解的艺术形式中它的历史叙事表现；(ii)从构成领土主权的国家不可移动财产的一部分中攫取的文物；(iii)人类遗迹。
　　③　同上，79-83。

地说，理事会将共性置于差异性之前：

> 大理石雕是雅典古代文物的一部分，希腊人民是雅典共和国本土的后裔和继承者。希腊文明、雅典和大理石雕之间的联系仿佛是必然的，它甚至不能承受与任何可能的联系（英国或许拥有一些古希腊石雕，从离本土千里之外的地方搬运过来）进行比较。[①]

梅利曼则用一个源自英国的诉求来达成平衡：

> 它们帮助英国定义自身，启发英国艺术，给予英国人身份和共同体，使英国人的生活更为文明和丰富，增长英国人的学识。也许有人会争辩，在这些条目中，相比于英国的诉求，希腊的诉求会更加（或没那么）有力，从相对平等的角度来看待这两方立场也并非不合理。[②]

其他作者则一直在寻求可以与环境问题相比较的讨论。1992年，林德尔·普罗特和帕特里克·奥基弗提出，"文化财产"这一术语应该被"文化遗产"取代，这不仅是因为后者具有更深远的知识性概念，还因为在此范围内的内涵会更丰富，限制也更少。[③]普罗特还呼吁一种新的法律种类——"文化遗产法"，以便与环境法平行。

> 许多问题对他们来说是同时存在的。对污染的深切关注就是其中一个例子：工业活动影响下的考古遗址退化以及文物的急剧恶化（大理石的病变就是当前尤其需要关心的）。另一个共同的问题就是在公共使用和保护之间实现适当平衡的需求，以及在城市规划和其他规划时对遗产

[①] Jeanette Greenfield, *The Return of Cultural Treasures* (Cambridge: Cambridge University Press, 1989), 79–83.

[②] Merryman, 'Who Owns the Elgin Marbles', (1986) 85 *ARTnews* (September) 107.

[③] Lyndel V. Prott and Patrick J. O'Keefe, ' "Cultural Heritage" or "Cultural Property"?' (1992) 1 *International Journal of Cultural Property* 311.

价值的适当考虑。^①

对我们大部分人来说，并不会有冲突被卷入对澳大利亚考拉（一种有吸引力的动物）这一物种的保护中。人们会认为这样做是希望为人类共同利益贡献力量。但在雨林保护者和林业之间就很有可能存在矛盾。凯伦·沃伦（Karen Warren）也提出了类似"不可再生资源"的论点，她将文化财产视为在环境中濒临灭绝的物种，是不可再生的，也不是任何人的财产，因此我们就是它们的管理人、监护人、守护者、保护者或是托管人，并且它们的保护和保存是我们所有人的集体责任。因此，我们应该称其为濒危的文化遗产、濒危的文化历史或者濒危的文化。与梅利曼一样，沃伦强调保护是最主要的，也是对历史的共同管理（虽然他们对于如何实现它的理解是不同的）。与格林菲德一样，她主张合法的文化遗产应归还至原产国。^②然而，艺术作品和文化实践既不是热带雨林也不是澳大利亚考拉，马丁·霍利斯认为人类社会生活和自然规律需要不同的应对方法。^③

当有人希望保护如同濒危物种一样的文化实践时，也有人乐意看见某些"难以忍受的"实践消失。并且，正如迈克尔·布朗（Michael Brown）所指出的，尝试保护和控制部落文化会产生无法预期的结果，这有时会紧随善意的立法而发生。他引用1997年联合国《原住民遗产保护》（Protection of the Heritage of Indigenous People）报告，即泽斯报告（Daes Report）作为例子；

---

① Lyndel V. Prott, 'Problems of Private International Law for the Protection of the Cultural Heritage', (1982) 217 Recueil des Cours de l'Académie de la Haye 310.

② 她强调价值和观点的多样性，以及为解决纠纷，非诉讼的和解和共识模型的重要性。Karen J. Warren, 'A Philosophical Perspective on the Ethics and Resolution of Cultural Property Issues', 见 Phyllis Mauch Messenger, ed., *The Ethics of Collecting Cultural Property: Whose Culture? Whose Property?* (Albuquerque: University of New Mexico Press, 1989), 1-26.

③ 参见，例如，Martin Hollis, *The Cunning of Reason* (Cambridge: Cambridge University Press, 1987)；同样参见4.2节。

该报告的作者们接受了文化完整性的概念，并提出了"遗产整体性保护"的概念，在这个概念里，一个社会被认为应拥有自己的遗产，即"那些属于不同身份的人的所有东西，以及如果他们愿意，可以分享给他人的东西"。①

还存在另一种方式去理解关于有价值的资源的使用和控制之间的争论，那就是依据自由意志主义者（libertarian）、自由派（liberal）和社群主义者（communitarian）之间的分歧来看待这个问题。这三个"阵营"本身并不是同质的——例如，存在一些自由世界主义者（liberal cosmopolitan）和自由派，以及一些"左派"和"右派"的社群主义者，将个体看成更具有社会依赖性。我会在第3章和第6章中回到这一交互的景观，但此刻我仍希望停留在梅利曼的框架下，因为他的观点在文献中是如此有影响力。

就像梅利曼看待世界主义者（cosmopolite）和特殊主义者（particularist）之间的争论一样，我现在要继续转向一场18世纪末期的争论。然而实际上，这"两种角度"经常会被同时提及。因此，在1972年公约的序言中，我们发现"人类共同的世界遗产"、"世界各国的遗产"以及"世界的遗产"与"这种独特、不可替代的财产"仍然属于特定人群（属于它可能归属的任何人）的这种观察同时并存。②

---

① 参见 Michael F. Brown, *Who Owns Native Culture?* (Cambridge, MA: Harvard University Press, 2003), 209-18.
② 联合国教科文组织大会第十七次会议（巴黎, 1972年）。

2.2　世界主义与特殊主义

一般认为，启蒙运动不仅对民族文化的观念持鄙视态度，也对当地社区或国家对于个人行动和忠诚的优先求偿权的理念求全责备。从世界主义的观点来看，认为国家和当地文化对于成员的价值超越了全世界公民共同体的价值的观点是不成立的。康柯德侯爵（Marquis de Concordet）将世界主义立场视作个体自由的一种自然共存状况，而这种自由来自普遍接受的角色和身份。越多人声称他们有选择想要实现的理想生活的个人自主权，他们就越容易被世界主义的情感所吸引。最终，他们将寻求融入一种全世界的语言中，这是康柯德与笛卡尔（Descartes）、莱布尼茨（Leibniz）、富兰克林（Franklin）和伏尔泰（Voltaire）的共同理想。①

从 17 世纪起，因出现致力于经验知识的情形，外加国际贸易的机会增多，一种世界主义的倾向开始被鼓励。许多国家科学团体的启蒙运动者，都为力学、生物学、自然历史、地理学、地质学和人类学贡献了观点。收藏成为理解世界，同时也是对其衡量和排序的一种手段。这催生了一种新型机构——公共博物馆——最初大约成形于 17 世纪末牛津的崔德斯坎馆藏（Tradescant collection）。管理者和访问者可以在博物馆通过同样的方式，理性有

①　参见 Will Kymlicka, *Politics in the Vernacular: Nationalism, Multiculturalism, and Citizenship* (Oxford: Oxford University Press, 2001), 203–5.

序地访问和控制可理解世界的层出不穷的经验。①世界主义者认为可以由大
英博物馆保存帕特农/埃尔金大理石雕的理由之一是，这将会为直接学习其
他文化的主要艺术成就贡献更多。大英博物馆工作人员及其他人，包括詹姆
斯·库诺（James Cuno）和约翰·褒曼，反驳莫斯塔卡斯的观点，他们认为
审美经验和知识被带到拥有"先进"文化的地方，可以使其得到最大程度的
发展。②褒曼提醒我们，"世界各地不同级别的博物馆可以成为并确定成为各
个年龄段人群的教育中心的事实，取决于艺术作品远离家园的传播"③。

启蒙运动对知识作为工具价值和内在价值的推进，在博物馆群体中也持
续、有力地宣告着基本态度。2001年12月8日，一群负责重要的、多样化
收藏的博物馆馆长发表了一份关于博物馆重要性和普遍价值的声明，其中
提到：

> 虽然每种情况都应区别对待，但是我们应承认，博物馆不只是为某
> 个国家的公民服务，也为每个国家的公民服务。博物馆是文化发展的中
> 介机构，它的使命就是通过一个持续的重新解读的过程以培养知识。每
> 件文物都为这个过程做出了贡献。将馆藏丰富且多元化的博物馆的关注

---

① 参见 Eilean Hooper-Greenhill, *Museums and the Shaping of Knowledge*（London: Rout-
ledge, 1992）, Chapter 7; Charles Taylor, *Sources of the Self: The Making of the ModemIdentity*
（Cambridge: Cambridge University Press, 1989）, Chapters 8 and 9.

② 参见 James Cuno, ed., *Whose Culture? The Promise of Museums and the Debate over
Antiquities*（Princeton: Princeton University Press, 2009）, 1-35; James Cuno, *Who Owns Antiqui-
ty? Museums and the Battle over Our Ancient Heritage*（Princeton: Princeton University Press,
2008）; 以及 John Boardman, 'The Elgin Marbles: Matters of Fact and Opinion', （2000）9 *Interna-
tional Journal of Cultural Property* 233-62.

③ 同上。

点狭隘化，会伤害到所有的博物馆访问者。[①]

这是非常重要且值得提出的一点。在稍有差异的情况下，帕特农/埃尔金大理石雕或许就不会被收藏于公共机构，而是在大英博物馆一两英里之外的梅菲尔区（Mayfair）[②]的某个私人专属博物馆中。[③]或者，假设它们可能被送到本杰明·韦斯特（主张政府为大英博物馆购买大理石雕的主要倡导者）管辖的皇家艺术学院。虽然该学院拥有英国的精美收藏以及米开朗琪罗的圣母与圣子圆形石膏像，但其也很难被称为百科全书式的博物馆。归还大理石雕至雅典，当然也会使其如离开大英博物馆一样离开伦敦。因此，或许会有一个关于"大都市"的争论，那就是在主要城市拥有广泛的文化机构（包括百科全书式的博物馆）时所产生的突出效益。许多大城市都伴随着文化轨迹而发展，并且这些大城市都显示了这一争论的更深层次。因此，另一种看待大英博物馆（或者史密森学会）的收藏的方式，就是将它们嵌入伦敦和华盛顿的多元文化生活中。

梅利曼对公立博物馆的支持表明，将他看成自由世界主义者是公平的，并且他非常赞同杰里米·沃尔德伦的描述：

> 世界主义者可能一生都生活在同一个城市，保持同一国籍，但他拒

照片 14　大英博物馆收藏的古希腊雕像

---

① *The Art Newspaper*（January 2003）. 在库诺《谁的文化？》（*Whose Culture?*）一书中（第165~182页），本书的第 1 章被简略包含在其中，且作者对我提出了以下问题（第 177 页）：对于具有文化价值和象征性的物件的道德诉求的辩护，究竟会给百科全书式的博物馆带来多大影响？这是一个重要问题，因为对于这些博物馆来说，赔偿要求所产生的后果确实应该被考虑。库诺考虑了其中一点并自己给出了答案（与斯蒂芬·威尔一样），但实际上没有在第 1 章中呈现出来。我主要关心的问题是，在一般意义上理解世界主义者和特殊主义者之间的争论，并形成一个有理由的立场；或者相反，理解特殊主义基础上的道德要求。

② 伦敦上流住宅区。——译者注

③ 该计划没有行得通，因为该博物馆最后很可能因为租约而不得不拆毁。参见 William St. Clair, *Lord Elgin and the Marbles*（Oxford: Oxford University Press, revised ed. 1983）, 180-1.

绝以所在地或者其祖辈、国籍、语言定义其自身。尽管他生活在旧金山，有着爱尔兰血统，但当他学习西班牙语，吃中国食物，穿韩国制造的衣服，在日本设备上听毛利公主演唱威尔第咏叹调，探讨乌克兰政治和练习佛教冥想技法时，他不需要为其身份而妥协。他是现代化的产物，他意识到其生活在一个混合的世界，拥有一个混合的自我。①

在这种个人描绘中，沃尔德伦捕捉到了某些与17—18世纪西方国家探索精神相关的东西，即伴随着深度竞争、剥削和自私的动机，还存在（不一定是在同一个体和机构）一种真正的对更大世界的兴趣和好奇心，而这也导致了知识的编目和百科全书的产生。尝试理解和接触陌生事物的意愿，是一种典型的世界主义。与之相反，强烈的特殊主义（或者传统主义）则认为，应该认可和推广一系列与特定人群相关的良好文化实践，因为它们对于这一人群有工具性和/或内在性的价值。并且，即使个人自身并不遵循这些实践，但在理论上他们需要遵循（在强烈的传统主义形式中，他们应该遵循）；事实上，他们或许会欣赏那些尊重他们传统的人，尤其是当该文化实践面临解体的危险时。特殊主义者相信，文化角度的当地实践对于个人身份尤其重要，他们或许像格林菲德一样，会反对艺术作品、建筑以及其他可以反映这一实践或与之有关的文化形态，被那些比他们对此需求更少的人挪用。

J. G. 冯·赫尔德（J. G. von Herder）的著作与1970年联合国教科文组织公约，无疑为梅利曼定义"文化民族主义"提供了主要资源。②可以说，正

---

① Jeremy Waldron, 'Minority Cultures and the Cosmopolitan Alternative', (1992) 25 *University of Michigan Journal of Law Reform* 754. 奎迈·安东尼·阿皮亚（Kwame Anthony Appiah）将文化纯粹性视为一个矛盾；参见 *Cosmopolitanism: Ethics in a World of Strangers*（New York: W. W. Norton, 2006）, 113, 以及 'Whose Culture Is It?', 见于 Cuno, *Whose Culture?*, 71—86.

② John Henry Merryman, 'The Retention of Cultural Property', (1988) 21 *University of California, Davis Law Review* 491.

如迈克尔·福斯特（Michael Forster）无可辩驳的提法，赫尔德有效地平衡了自由世界主义与社会关系的经验主义理解，他声称，一个人需要从属于某个社区，而其中一个关键因素就是语言，"在这个矩阵中，个人对自身文化遗产的意识会被唤醒和强化"[①]。另一个关键因素则是习惯法。对于赫尔德来说，古代以色列是一个法治国家，它应该持续激励对法治的尊重，这是共和政体国家成功的核心要素。[②]

黑格尔同样相信语言的共享对共同文化的重要性，他将语言和工作看成特定的社会形式，在其中，人们由"分离的群众"变成真正的统一体。[③]我们还可能注意到来自盎格鲁-撒克逊世界的观点，即黑格尔（以及赫德曼）的思想有点过激（正如梅利曼自己提到的，其包含了法西斯主义的种子）；查尔斯·泰勒却解释道，黑格尔只是被误读了，他的想法只是就"伦理生活"本身而言的：

> 是什么让我们成为人类，我们只存在于一个文化社群中。或许，我们曾经完全在一种文化中成长，我们可以脱离它，并仍保留它的大部分。但这种情况是个例外，并会有重要的边际感应。移民并不能完全生活在他们自己的文化中，而且经常被迫承担他们进入的新社会的某些方式。语言和文化的生命轨迹比个人更为宏大。它发生在社群中。个人因

---

① Johann Gottfried von Herder, *Philosophical Writings*, trans. and ed. Michael N. Forster (Cambridge: Cambridge University Press, 2002), xxxi-xxxii; 同样参见 Waldron, 'Minority Cultures and the Cosmopolitan Alternative', 756-9; 以及 F.M. Barnard, *Self-Direction and Political Legitimacy: Rousseau and Herder* (Oxford: Clarendon Press, 1988), 238.

② F. M. Barnard, *Herder on Nationality, Humanity, and History* (Montreal: McGill-Queen's University Press, 2003), 20-3.

③ 参见 Timothy O'Hagan, 'On Hegel's Critique of Kant's Moral and Political Philosophy', in Stephen Priest, ed., *Hegel's Critique of Kant* (Oxford: Clarendon Press, 1987), 135, 153-4.

> 参与到这一更宏大的生命中而拥有这种文化，并获得身份。[1]

康德在谈到世界主义时，认为个人应参与到拥护基督教和欧洲古典意识形态的大联邦公民生活中，而赫尔德的共和政体国家最典型的特征就是，在一个特定社群中对双方共同议定的法律的尊重。[2]此外，个体的政治文化还必须与非政治文化相符，因此，对赫尔德来说，世界主义就是一个无意义的公式，缺乏任何综合的法律体系去实现。[3]他还提倡文化多元主义，反对康德的欧洲中心主义：

> 我们最不应该的就是将欧洲文化视为人类价值的通用标准……"欧洲文化"只不过是一个抽象、空洞的概念……除此之外，它几乎很难伪装成人类文化的完美表现形式，它有太多的缺陷、弱点、曲解和与之相关的令人作呕之事——谁能否认？只有真正的厌世者才会将欧洲文化视为人类的普遍状况。人类文化并非欧洲文化；它会依据每个人的时间和地点显现出来。[4]

然而，在强烈驳斥世界主义作为政治生活的理想范式时，赫尔德并未抛弃康德哲学中自治个体的普遍和谐。实际上，恰恰相反，他相信普遍价值能通过自治个体的努力而实现共享——但自治需始于某些特定的政治环境，即必须是国家。[5]事实上，赫尔德文化敏感的自由主义一直被众多当代政治哲

---

[1] Charles Taylor, *Hegel* (Cambridge：Cambridge University Press，1975)，381.

[2] 杰里米·沃尔德伦将"国家的权利——我们所谓的国际法体系"看作康德理念在世界联邦的适当安放。参见其 'Cosmopolitan Norms', in Seyla Benhabib et al., *Another Cosmopolitanism: Hospitality, Sovereignty, and Democratic Iterations* (Oxford: Oxford University Press，2006)，89.

[3] 但是，他和卢梭都为无法出现一个成熟的国家所困扰。参见 Barnard, *Herder on Nationality, Humanity, and History*，43-4.

[4] 引自 F. M. Barnard, *Herder's Social and Political Thought: From Enlightenment to Nationalism* (Oxford: Clarendon Press，1965)，100.

[5] 同上，75-82.

学家扩充，也致力于实践共享的文化对个体生活自治的贡献。

尤尔根·哈贝马斯（Jürgen Habermas）简要分析了特殊主义思想在历史中的有趣时刻。1846年，德国法学家、语言学家和历史学家在法兰克福的一次聚会，被记载为"德国专家报告"。与会者们都较为关心政治统一与更大的语言社群之间的脱节。其中，历史学家提出建立一个"海外德意志民族保护联盟"，这一联盟不仅包括一般的德国人，还包括当时已移居美国的众多人。[1]尽管罗马法律有明显的先进性和实用性，但德国的习惯法在这次会议上被作为民众精神的重要表达而被推崇，这也成为法学家奥托·冯·基尔克（Otto von Gierke）后来专注的一个主题，他的集体人格的现实主义理论对英国的法律思想产生了某些影响：

> 我们德国人的友谊不是虚构的，不是象征性的，不是国家机器的部件，不是对于个人来说的一个集体名称，而是一个活的有机体和一个真正的人，有主体、成员和自己的意志。它自己可以决定，可以行动；就像一个人由大脑、嘴和手所决定并行动一样，它是由构成这些器官的人来决定并行动的。它不是一个虚构的人；它是一个集体法人，它的意志也是共同意志；它是一个集体人，它的意志是集体意志。[2]

正如厄奈斯特·巴克（Ernest Barker）在1934年所观察到的，这些德国专家的观点明显源自赫尔德，而赫尔德的观点曾被基尔克反复引用，并被认

---

① Jürgen Habermas,'What is a People? The Frankfurt " Germanists' Assembly" of 1846 and the Self-Understanding of the Humanities in the Vormärz',见 The Postnational Constellation: Political Essays(Cambridge,MA: The MIT Press,2001),1-25.

② F. W. Maitland,见 Otto von Gierke, Political Theories of the Middle Ages(Cambridge: Cambridge University Press,1900),xxvi引介部分。

为对"历史法学派"有着重要影响。①巴克对墨索里尼（Mussolini）的关注和预测，使他注意到了这种危险，即把实际意志输入国家会真正变成个人意志的猛兽。话虽如此，但早期特殊主义的作者们，比梅利曼所允许的还要世界主义。在卢梭、赫尔德和黑格尔共享的动机中，有意义的集体生活必须借由个人自治来达成平衡。

2.3　原始主义与世界文化

从历史上看，世界主义与特殊主义往往交织在一起。当拿破仑将其从欧洲战役中获得的意大利绘画添置在新建立的法国国家收藏馆馆时，卡特勒梅尔·德·昆西（Quatremère de Quincy）在 1796 年《给米兰达的信》（Lettres à Miranda）中提出支持将这些画作归还，他认为这些艺术作品从初始的语境中被移走后，其情感的力量也被削弱了。②然而，正如约翰·梅利曼所提到的，昆西对当地特殊环境的敏感性与共和主义的世界主义相平衡：

> 艺术与科学属于整个欧洲，而不再是某个国家的独有财产……它是

---

① "与基尔克的观点相似的人，不是法国工联主义的法律哲学家狄骥，而是德国浪漫主义的先驱赫尔德。人民的形象仍是他的思想背景；在一个国家里，绝大多数的民众就是主权的化身，即便除其自身之外还有其他现实的群体存在"。Ernest Barker，见于 Otto von Gierke，*Natural Law and the Theory of Society 1500-1800*（Boston: Beacon Press, 1957），li-lii, lxx-lxxi andlxxxii-lxxxiii 引言部分。

② Andrew McClellan, *Inventing the Louvre: Art, Politics, and the Origins of the Modern Museum in Eighteenth-Century Paris*（Cambridge: Cambridge University Press, 1994），201.同样参见 Ana FilipaVrdoljak, *International Law, Museums and the Return of Cultural Objects*（Cambridge: Cambridge University Press, 2006），21-9.

艺术与科学这个全体共和国的成员，而不是这个或那个国家的居民，我将讨论整体保护所涉及的所有问题。[1]

除了这一段，梅利曼还引用了"萨姆莱斯侯爵（Marquis de Someruel-es）判决"作为文化国际主义的实例。这份最早的文献记录是一份有关艺术作品可从战利品中豁免的司法裁决。1813年，英国在新斯科舍省（Novia Scotia）哈里法克斯市（Halifax）设立的副海事法院收到了来自宾夕法尼亚美术学院（费城的科研机构）的一份请愿书。这份请愿书要求归还1812年英国船只从美国商船萨姆莱斯侯爵号缴获并送至哈里法克斯作为奖赏的21幅意大利绘画和52幅版画。法官克罗克（Croke）给出了如下意见：

> 规定所有属于敌人的财产都可以被没收的相同的国家法律，也同样享有对规则的修订权和一定的松弛度。艺术和科学在所有文明国家中都被认为是严肃的战争权利中的例外，并有权享受恩惠和保护。它们被认为并非这个或那个国家的私产，而是作为整个人类的财产并属于全人类的共同利益……因此，支持这样一种制度……我们或许同时可以最有效地促进我们自己的利益。[2]

法官的判决是一种权宜之计，他希望通过这一财产的归还去鼓励美国公共判断力的发展（无论在物质上还是精神上，所有艺术与科学之间都存在天然联系），以不再忍受"作为国家的化身，如此可怕地缺损

---

① John Henry Merryman, 'The Free International Movement of Cultural Property,'见于 *Thinking About the Elgin Marbles*, 398.

② 新斯科舍省哈里法克斯市副海事法院，*Stewart's Vice-Admiralty Reports* 482（1813），重印于 John Henry Merryman, 'Note on the Marquis de Someruel es', (1996) 2 *International Journal of Cultural Property* 319-29.

……成为屈服于外国独裁者的工具"（例如，法国）。梅利曼认为，卡特勒梅尔是克罗克世界主义立场最直接的来源，尤其是前者反拿破仑的立场。

现在，我把《海牙公约》中的"全人类的文化遗产"和"世界的文化"两个词组引出的普遍性文化遗产的世界主义观念进一步复杂化，看出还有另外两个来源，都与赫尔德的特殊主义相关。第一个来源是一系列所谓的"原始主义"运动。自19世纪中叶开始，西方作家、画家和雕塑家加剧了他们对民间艺术和非欧洲"原始的"和异国情调的兴趣。随着工业化席卷西方世界，艺术家和作家开始回溯"更纯粹"的时期——不论它们是否真的在历史中存在，或者会在那些亚洲或太平洋地区被认为向历史的现实社会中找寻。这是一种广为流传的说法。"原始的"还有另一层意义，与资产阶级、工业化和机械化形成对照，可以被重新描绘成无产阶级、前工业化和自然。恩斯特·贡布里希（Ernst Gombrich）指出，虽然温克尔曼（J. J. Winckelmann）一般与新古典主义紧密联系，但其对原始主义也做出巨大贡献；温克尔曼借鉴了詹巴蒂斯塔·维柯（Giambattista Vico）的观点，即荷马时代及其早期文学都体现出纯净和朴素的优点，并将此优点应用于古代雕塑和建筑物。[①]这种朴素和"未开化的"偏好，被看成是为了避免后世的堕落；这也预示着在接下来的世纪里，礼俗社会（社群）的生命力在衰落的法理社会（文明）之上，这种区分由社会学家斐迪南·滕尼斯（Ferdinand Tönnies）在1887年

---

① "伟大雕像中高贵的单纯与静穆的伟大（德语原文：*die edleEinfalt und stilleCrösse*）同样也是希腊文学黄金时期——苏格拉底学派作品的真正特点"；E.H. Gombrich, *The Preference for the Primitive: Episodes in the History of Western Taste and Art* (London: Phaidon, 2002), 62. 赫尔德对温克尔曼的赞赏因觉察后者并未承认埃及在希腊风格形成中的作用而有所保留："人类或国家只有在他们不被强迫的时候，才极其罕见地创造，并且他们愿意回到传统和遗产中模仿和学习"（同上，71）（贡布里希将"Erbteil（德语"遗产"之意）"翻作"遗产"，而不是按照惯例翻作"继承"）。

提出。

原始主义也有各式各样的形式，包括哥特复兴，前拉斐尔派转向中世纪的浪漫版本，以及英国的艺术与工艺美术运动（影响日本）；印象派、后印象派艺术家以及日本木版画展现出的魅力；法国纳比派画家存活于本土布列塔尼（Brittany）的"原始事物"中，以及高更（Gauguin）居住于塔希提岛（Tahiti）；早期现代主义艺术家对非洲和太平洋地区宗教雕像和面具的拓展；超现实主义者弗洛伊德式和类人类学思想，等等。以下是马克斯·佩希斯泰因（Max Pechstein）1914 年写于帕劳群岛（Palau）中的美拉尼西亚岛（Melanesian island）的一段文字：

> 因为我本人成长于自然的淳朴民众之中，我可以欣然接受大量的新印象。我不需要太多改变自己的态度……出于对社群最深刻的感觉，我可以像兄弟一样接近南太平洋诸岛的岛民……[1]

正是在这种背景下，大部分原始主义作品都是由普遍性的节奏的概念构成："正是以节奏为媒介，我们才可能进入艺术作品，体验艺术家创作的丰富性和光韵……"[2]迪·雷纳德（Dee Reynolds）很好地描述了这种重点考虑的元素，她指出 19 世纪晚期至 20 世纪早期，西方思想在诗歌、音乐与早期抽象艺术之间的重要性。蒙德里安（Mondrian）和康定斯基（Kandinsky）就受益于象征主义诗歌，而这又反过来促进音乐的发展。[3]深度与协调和节奏

---

[1]　Donald E. Gordon, 'German Expressionism', 见于 William Rubin, ed., *"Primitivism" in 20th Century Art: Affinity of the Tribal and the Modern* (New York: Museum of Modern Art, 1984), Ⅱ: 391.

[2]　Osvald Sirén, *Chinese Sculpture from the Fifth to the Fourteenth Centuries*(London: Ernest Benn, 1925), xvii.

[3]　Dee Reynolds, *Symbolist Aesthetics and Early Abstract Art: Sites of Imaginary Space* (Cambridge: Cambridge University Press, 1995).

相关，对亨利·柏格森（Henri Bergson）来说，就是和生活本身的强烈节奏相关。①事实上，现代主义艺术家的环境被一种心灵的感觉所渗透，这在克莱夫·贝尔（Clive Bell）的《艺术》（1913）中有著名的表述，他设想将物件的情感效应作为最终目的，"我们开始意识到它的基本现实，关于上帝存在于任何事物中，关于普遍性存在于特殊性之中，关于普遍传播的节奏"。②对于贝尔来说，专注"有意味的形式"是体验更深层真实的途径；但他也反对一种普遍倾向于道德改善的描述性叙述。

艾布拉姆斯（M.H.Abrams）认为，颂扬作品作为目的本身或是独立的领域，是18世纪德国新柏拉图主义（观念的观照）与基督教视角关于创作自足性的综合产物，它们支撑了20世纪早期艺术家和批评家参与的"为艺术而艺术"运动。③纯粹模仿在反面与"有机统一"形成对照，正如下文提到的，在1912年，贝尔的评论家同僚罗杰·弗莱（Roger Fry）为后印象主义辩护：

> ……它与更古老、更久远和更普遍的传统一致，与所有国家和各个时期那些为了富于表现力的特性而非为了叙述的特性而运用形式的艺术一致。这种艺术存在，非但不是无法无天和无政府主义的；相反，它的革命性仅存在于它回归到的严格设计规则中。如果不是轻率地试图以单

---

① 柏格森的主张在1910-1920年的英国，"经历了一段'荒谬的'流行"。参见 Rachel Gotlieb, '"Vitality" in British Art Pottery and Studio Pottery', (1988)127 *Apollo*165.

② Clive Bell, *Art* (New York: Capricorn Books, 1958), 54. 19世纪中叶，德国实验心理学家古斯塔夫·费希纳（Gustav Fechner）设计了科学实验以辨别由颜色、形状和线条引起的兴奋值；参见 Lynn Gamwell, *Exploring the Invisible: Art, Science, and the Spiritual* (Princeton: Princeton University Press, 2002), 96-7.

③ M.H. Abrams, 'From Addison to Kant: Modern Aesthetics and the Exemplary Art', 见于 *Doing Things with Texts: Essays in Criticism and Critical Theory* (NewYork: W.Norton, 1989), 159-87.

一面概括多样化运动，我应该会说，它是以对艺术作品有机统一的渴求为特征的……①

同年，在他新创办的期刊《节奏》（*Rhythm*）中，迈克尔·萨德勒（Michael Sadleir）指出康定斯基希望表达自然、人性、感性与艺术在根本层面共鸣的愿望：

> 《艺术中的精神》（*Concerning the Spiritual in Art*）提出两个主要论点。第一个实际是泛神论的阐述，认为在自然与人类共有的表象之后存在"某种事物"。这是华兹华斯所相信的，但他在主观上着手对待这个问题时，是通过描述与周围自然交流的情感体验使自己得到满足的。新艺术扮演了对于他者的中介物，去协调外部自然的内在音响（共鸣）与人性，预言和引出常见的基本要素就成为了艺术家的任务。②

关于节奏，人们除了在视觉和表演艺术中可以感受到源于它的审美享受；贝尔、弗莱、萨德勒及其他人还认为节奏具有其他一些特质——看起来它还有更进一步的生理功能：按照奥利弗·萨克斯（Oliver Sachs）的观点，

---

① 'The Grafton Gallery: An Apologia' (1912)，见于 Christopher Reed, ed., *A Roger Fry Reader*(Chicago: Chicago University Press, 1996), 113. 有机统一理论最先由塞缪尔·泰勒·柯尔律治(Samuel Taylor Coleridge)在英国提出，这受到爱德华·杨(Edward Young)《原结构猜想》(*Conjectures on Original Composition*)(1759)的影响。参见 M.H. Abrams, *The Mirror and the Lamp:Romantic Theory and the Critical Tradition* (Oxford: Oxford University Press, 1971), 167-77 and 198-202,以及詹姆斯·本齐格(James Benziger)，他指出了 A. W. 施莱格尔(A.W. Schlegel)对于柯尔律治的重要性，见于 'Organic Unity:Leibniz to Coleridge', (1951) 66 *PMLA* 24-48. 想象力对于弗莱极为重要，对柯尔律治同样也是："如果我是对的，那么艺术就是富于想象的生命的主要器官"；参见 Roger Eliot Fry, 'An Essay in Aesthetics' (1909)，见于 *Fry's Vision and Design* (Oxford: Oxford University Press, 1981), 17. 因为欣赏柯尔律治和华兹华斯(Wordsworth)，约翰·杜威在有机统一的概念中强调了想象力的角色："整体的这一概念，无论是完整的个人，还是完整的世界，都是一种想象，而不是一个字面的概念。"见于杜威的 *A Common Faith*(1934)，引自 Alan Ryan, *John Dewey and the High Tide of American Liberalism*(New York:Norton, 1995), 271.

② 引自 Adrian Glew, 'On Kandinsky', *Tate Etc.*, no.7, Summer 2006.

节奏在"协调和振奋"的基本运转运动中扮演了非常重要的角色。[①]

那些普遍性词组的第二种来源也同样源于与原始主义一样的浪漫主义"背景"。歌德创造了"世界文学（德语原词 Weltliteratur）"这一概念，以表示一种传递"人性（德语原词 Humanität）"的写作，这种传递是文学的终极目的。[②]对于弗里德里希·施莱格尔（Friedrich Schlegel）来说，浪漫主义诗歌是通过一种进步的世界性诗歌的界定，试图理解和表达人类经验的每一种模式。[③]"世界文学"超越民族文学而并不破坏其身份，理解作品的和谐一致而非有选择的采集；它由语言学学科所保留，而赫尔德是该学科的创始人之一。[④]在法兰克福的集会中，一位语言学家认定歌德的理念具有一种精神，"就是我们称之为西方的，像在欧洲一样主导美洲的精神"。[⑤]语言和语言学对于两种视角都非常关键，即将德意志人视为一种独立语言文化成员（甚至他们在其他国家定居）的特殊主义视角，以及诗歌精神是广泛分享、跨越国界体验的世界主义视角。1932年，在滕尼斯首次确定他的两种社会生活分类的半个世纪之后，他提出了以下有关特殊主义与世界主义关系的观点：

> 我不知道在哪种文化或社会条件下，礼俗社会（德语原词 Gemeinschaft）的元素与法理社会（德语原词 Gesellschaft）的元素并不同时存

---

① Oliver Sachs, *Musicophilia: Tales of Music and the Brain* (New York: Alfred A. Knopf, 2007), 233-42. 关于神经学上的洞见对艺术创作研究的相关性论争参见 John Onians, *Neuroarthistory: From Aristotle and Pliny to Baxandalland Zeki* (New Haven: Yale University Press, 2007).

② Edward Said, *Culture and Imperialism* (London: Chatto & Windus, 1993), 52-3.

③ Arthur O. Lovejoy, *The Great Chain of Being: A Study of the History of an Idea* (Cambridge, MA: Harvard University Press, 1936), 306.

④ Erich Auerbach, 'Philology and Weltliteratur', trans. and intro. by Edward Said and Marie Said, (1969) 13 *Centennial Review* I.

⑤ Habermas, 'What Is a People?', 14.

在；也就是说，它们是共存的。此外，尽管礼俗社会达到了更高级和更高尚的人际关系形式，但认为法理社会是提升文化同时也是将其转化成文明的基本变化元素也是正确的。[1]

20年后，语言学家埃里希·奥尔巴赫（Erich Auerbach）试图恢复基于巴别式（Babel-like）多样性的赫尔德式和歌德式人文主义："世界文学的预设是一种'幸运的堕落（原文 felix culpa，也即英文 fortunate fall）'：人类被分成多种文化。"由于奥尔巴赫受到自身被迫从德国流亡的经历的深刻影响，他再次试图调和普遍性与特殊性：

> 一个语言学者的传统中最无价和不可或缺的部分，仍是他自己民族的文化和语言。然而，只有当他第一次与这一传统分离时，才能超越它并使它真正有效。在即便已经改变的情况下，我们还是必须要回归到前民族的中世纪文化已经拥有的知识：精神（Geist）上的非民族的知识。[2]

这个德国语言学家求同存异的主张在莱奥·施皮策（Leo Spitzer）的写作中达到顶峰，他是奥尔巴赫流亡期间的语言学同事。施皮策在向乔治·博厄斯（George Boas）的《思想史研究》（*Studies in Intellectual History*）（在《海牙公约》前一年出版）的投稿中，提到"一般人类思维"、"一般人类态度"以及我们"普通人类的经验"，正如杰弗里·格林（Geoffrey Green）所说，"这种将他那特殊的人文精神与战后对世界和平理想主义的渴望相结合

---

[1]　出自'My relation to Sociology'，引自 Timothy O'Hagan，*The End of Law?*（Oxford: Blackwell，1984），86-7，其中，作者列出了从滕尼斯的著作中提取的礼俗社会和法理社会各自的特点。

[2]　Auerbach，'Philology and Weltliteratur'，2，17.

的努力，促成联合国的创立"。①细究起来，精神的人文主义版本将自身置于
狠毒的纳粹版本的对立面并不足为奇，而且该思想应该出现在1946年联合
国教科文组织的章程中（《保存和保护世界遗产》），或者20世纪50年代早
期的国际公约中。事实上，蒂莫西·奥哈根指出，法国的《人权和公民权宣
言》、美国的《独立宣言》以及欧洲的《保护人权和基本自由公约》，都是在
与压迫的政治力量或外国侵占势力斗争期间或余波之后锻造出的。②奥尔巴
赫求同存异的立场——也是一位赫尔德的重要译者巴纳德（F.M. Barnard）
的主要着力点——体现了德国特殊主义思想的启蒙方向；据此，个体通过他
们当地的文化生活去找寻一种普遍信息。奥尔巴赫与施皮策最终均移民到晋
升为最卓越"大熔炉"的美国，一个人们或许会说其宪法和法律文本形成法
理社会构架的地方（赫尔德一定会称赞美国人对宪法一致的敬畏）；同时，
这里也包含了礼俗社会的许多形式，或者是其中的痕迹。在21世纪，我们
或许不再如此关心普遍性，但仍希望理解个体与共同体之间的关系。在本书
第3章重提之前，我希望更多体现遗产观念的构建，以及那些被包含和排除
之物。

---

① 与安德烈·马尔罗（Andre Malraux）*Muséelmaginaire de la SculptureMondiale*（Paris，
1952–54）的出版同时代。参见 Geoffrey Green，*Literary Criticism & the Structures of History: Erich Auerbach and Leo Spitzer*（Lincoln: University of Nebraska Press，1982），118，145，以及 Leo Spitzer，'Language: The Basis of Science，Philosophy and Poetry'，见于 George Boas et al.，*Studies in Intellectual History*（Baltimore: Johns Hopkins Press，1953），79，82.

② O'Hagan，'On Hegel's Critique of Kant's Moral and Political Philosophy'，157.

第二部分

叙事与习俗

第3章
英国遗产的建构

> 国家意识可能源于多种原因。有时是种族和血统身份的影响。语言社群、宗教社群对此也影响颇多。区域界限也是原因之一。但其中最强烈的应该是政治先例的特性;拥有民族历史以及作为结果的记忆共同体;集体的自豪与耻辱,满意与遗憾,都与以往相同的事件联系在一起。
>
> 穆勒(J. S. Mill)[1]

---

[1] *Considerations on Representative Government*,引自 Rawls, *The Law of Peoples: With "The Idea of Public Reason Revisited"* (Cambridge, MA: Harvard University Press, 1999) 23, note 17.

3.1 巴德明顿柜

在第 2 章中，我们以梅利曼的"两种思考角度"开始，指出世界主义与特殊主义在历史上不仅重叠，而且也包含彼此的元素。然而，正如我们在第 1 章罗列的案例中所看到的，梅利曼非常准确地认识到特殊主义言论的当代力量。这些言论是有历史的，其中一些来源在本章中会提及。对国家遗产建构的理解，将会有助于我们更好地理解梅利曼的框架，以及私有产权与个人所有权修辞之间的冲突。

正如大卫·洛温塔尔（David Lowenthal）在《十字军的遗产》（*The Heritage Crusade*）中所强调的，遗产与历史罕有相同。[①]然而，即使拥有相同的文化，遗产对不同的人也意味着不同的东西，不论是否由气质或动机决定。一些人倾向神话，其他人却聚焦于历史上的可靠性。遗产并不是关于世界的客观事实，而是一种社会建构，历史和宗教的叙事、习惯法和特定个体都在一些重要领域做出贡献。例如，英国在遗产建构中，仍存在新教禁欲主义与初始天主教人道主义之间的紧张关系。

为了开始本章的叙述，我首先回顾镶嵌宝石的巴德明顿柜案例，该柜被描述为"英国人选出的最伟大的家具""英国胜利的伟大标志之一——与布莱尼姆宫（Blenheim Palace）和亨德尔（Handel）音乐享有同等地位"[②]

---

① David Lowenthal, *The Heritage Crusade and the Spoils of History*(Cambridge：Cambridge University Press,1998).

② *Fitzwilliam Museum：Badminton Cabinet Appeal Progress Report*,18 February 1991.

（如图 3-1 所示）。正如安德鲁·格雷汉姆-迪克森（Andrew Graham-Dixon）在《独立报》上指出的，"它有一些天主教的东西，一些令人想起天主教的戏剧性和华美感的东西"。这让人回想起 1942 年奥斯伯特·希特维尔（Osbert Sitwell）的评论，"这件伟大的家具是一件精致的艺术品，在原创性、造型、色彩和设计上都富丽堂皇，但那些只喜欢老橡木家具的人不会喜欢它"[①]。三年后，迪克森继续以相似的方式谈及"特纳奖（Turner prize）"[②]时，声称"无功利的艺术感、纯粹的满足感和极具奢华感，给英国带来了麻烦；英国也许不再是曾经激进的新教徒，即便它仍以深刻的新教徒姿态对待艺术及其他所有之物"[③]。

1990 年 4 月，当巴德明顿柜将在伦敦拍卖的消息广为流传时，英国的竞拍者面临的最新问题是国家遗产"可能流失"。[④]橱柜由博福特公爵亨利·萨默塞特于 1726 年在佛罗伦萨定制，华美不朽，近四米高，拥有博福特纹章覆盖的凯旋门的典型形制。如果橱柜回归到原产地，那遗产说客或许还会表示出些许担忧。但是，1990 年 7 月橱柜未被卖至乌菲兹美术馆（Uffizi）[⑤]，而是以创纪录的 870 万英镑卖至美国制药公司的女继承人芭芭拉·约翰逊（Barbara Piasecka Johnson）位于新泽西普林斯顿的家中。

随后，在最终并未成功的呼吁过程中，菲茨威廉博物馆（Fitzwilliam Museum）[⑥]成为重要代表，将这组橱柜描述为"英国私人收藏中最重要的家具"、"英国最杰出的巴洛克式家具"和"现存最重要的佛罗伦萨橱柜"；然

①　*The Independent*, 25 February 1991.
②　英国当代视觉艺术奖项，由泰特美术馆创立。——译者注
③　*The Independent*, 22 November 1994.
④　Godfrey Barker and Nigel Reynolds, *The Daily Telegraph*, 2 April 1990.
⑤　位于意大利佛罗伦萨。——译者注
⑥　隶属于剑桥大学的艺术与考古博物馆。——译者注

图 3-1 巴德明顿柜

注. 美第奇家族工坊，佛罗伦萨，10 世纪 20 年代晚期/18 世纪 30 年代早期，宝石镶嵌，黑檀木柜身，镀金，386 cm×232 cm×94cm。列支敦士登博物馆（Liechtenstein Museum），维也纳。照片由列支敦士登王室收藏提供，瓦杜兹–维也纳。巴德明顿柜由第三代博福特公爵定制，曾两次在伦敦被拍卖，这在英国又重新引发了关于国家遗产性质和对文化资源控制的问题。

而，与《格尔尼卡》不同，虽然独具艺术元素，但被看成"仅仅"具有装饰性——因此，格里蒙德勋爵（Lord Grimond）评论道，如果它是一件被放置在博物馆的卓越木艺（其暗含之意指其并不属于艺术品类别），那么它不妨去意大利或美国，还可以节省资金用于"对国家必不可少的，例如对一旦垮塌便不能重建的那些建筑的保护"①。这的确是一个真实的想法，那些建筑物才是力图保存遗产的团体最为关心的。虽然制作于意大利，但橱柜是被18世纪的英国贵族定制的，并一直保存于格洛斯特郡（Gloucestershire）的乡间别墅；自它抵达之日，就享有令人激动的赞誉。这组橱柜与公爵的其他欧式物件一起，放置在巴德明顿庄园中充溢17世纪气息的房间里。正是这个起源，将巴德明顿柜毫无疑虑地推向遗产的历史舞台：

> 特纳（Turner）和康斯特布尔（Constable）②的确都为我们的文化遗产做出了杰出的贡献，但由英国主顾从国际艺术家和工匠处定制的主要艺术作品，也应该同样被视为我们国家文化的一部分；那些对国家艺术发展影响颇多，在之前的几个世纪主要从欧洲获取的伟大绘画作品亦是如此。③

博福特到访佛罗伦萨时年仅19岁，但他7岁就开始享有爵位和财产。④他的社会地位和盟友关系使他能够在专业的美第奇工坊——半宝石车间（意大利语原文 Opificio delle Pietre Dure）定制橱柜，工坊花费500英镑制作出

---

① 分别参见 Sarah Jane Checkland, *The Times*, 5 January 1991; Sir Nicholas Goodison, NACF press release, 17 April 1991; Fitzwilliam appeal. *Parliamentary Debates*(*Hansard*)*: House of Lords Official Report 528*, no. 77(London: HMSO, 29 April 1991), 478–80.

② 两位19世纪英国画家，使英国风景画摆脱荷兰、法国和意大利的影响，确立了自己的地位。——译者注

③ British Reviewing Committee, *A Review of the Current System of Controls on the Export of Works of Art*(London: HMSO, 1991), 3.

④ 虽然自身并非天主教徒，但博福特家族的成员都有强烈的詹姆斯二世同情心；参见 Osbert Sitwell, 'The Red Folder', *Burlington Magazine*(April 1942) 89.

该橱柜。[①]该橱柜本着乔万尼·福吉尼（Giovan Battista Foggini）的精神进行设计，拥有巨大的规格尺幅（386cm × 232cm × 94cm）。福吉尼是大公爵作坊（意大利语原文 Galleria dei lavori）总监，在博福特到访佛罗伦萨的前一年去世。除了外观和纹理，橱柜并没有复杂的内部结构，比如用隐蔽的抽屉去容纳稀有物件。它所有的珍稀之处全都体现在表面，抽屉面板、柜门及黑檀木表层都大手笔地镶嵌着宝石鸟、花和昆虫图纹。[②]橱柜由福吉尼的学徒杰罗姆·提卡迪（GirolarmoTicciati）制作模型，其整体在角落上被镀金的四个寓言人物覆盖，以代表四季——花神弗罗拉（Flora）、谷神刻瑞斯（Ceres）、酒神巴克斯（Bacchus）、农业之神萨图尔诺（Saturn），四周镶嵌一个时钟、博福特持有的豹和双足飞龙的纹章。[③]

这组橱柜反映出的定制情形——一种古典主义品位，投资巨额资本的能力，以及对私人财富的赞颂——也涉及更宏大的社会变迁。对于博福特及无数18世纪英国游客来说，无论是通过购买、赠礼还是记录的方式，古典和

---

① 盟友包括詹姆斯·弗朗西斯·爱德华·斯图亚特王子（James Francis Edward Stuart）（在英格兰被称为"老王位觊觎者"，在意大利被称为"英格兰国王"），红衣主教亚历山德罗·阿尔巴尼（Alessandro Albani），克蕾芒十一世（Clement XI）的侄子。参见 Bruce Lenman, *The Jacobite Risings in Britain 1689-1746*（London：Holmes and Meier，1980），189 and 195；以及 Alvar Gonzalez-Palacios, *Sale Catalogue*（London：Christie's，1990）. 同样参见 Tim Knox, 'Badminton House and the Dukes of Beaufort' and Alvar Gonzalez-Palacios, 'The Badminton Cabinet', Sale Catalogue（London：Christie's，2004），重印于 Johann Kräftner, ed., *The Badminton Cabinet：Commessi di pietredure in the Collections of the Prince of Liechtenstein*（Munich：PrestelVerlag and the Liechtenstein Museum，2007），59-67 and 69-107.

② 镶嵌在天青石上的鸟与花，绿宝石、红宝石和紫水晶都显示出，这很可能受到17世纪晚期至18世纪早期以屏风形式引进到欧洲的中国"乌木"漆器设计的影响；参见 Oliver Impey, *Chinoiserie, The Impact of Oriental Styles on Western Art and Decoration*（New York：Scribner，1977）.

③ 橱柜在1732年被运至巴德明顿。有一种意见是，因为中央面板的背面有巴乔·卡佩利（Baccio Cappelli）1720年的刻印，表明该橱柜的设计可能早于公爵造访佛罗伦萨；参见 Gonzalez-Palacios, 'The Badminton Cabinet', 88-90.

文化遗产的观念

当代意大利的景观和珍宝在某种程度上就是消费品，可以用来为家居添色，尤其是乡间宅邸；它们是"我们最熟悉的国家遗产的象征，而且在极大程度上属于私人"。①1733年橱柜被安放于巴德明顿庄园，即使它可能最终确实会演变成为巴洛克豪华宅邸巴德明顿庄园的设计，公爵本人草拟的建筑平面图当时就在意大利；但它也不可能真如乌菲兹美术馆特里布纳大厅（Uffizi Tribuna）"大书房"（Studiolo Grande）的公开声明那样。②

博福特公爵家族同情流亡的斯图亚特王室，斯图亚特王室的四任国王或者容忍或者积极拥护天主教，并且比大多数贵族所希望的要更亲近罗马。连同对君权神授的积极支持，这在17—18世纪的英格兰是一种危险的混合。③从1714年乔治一世（George I）继位，到约70年后夏洛特皇后（Queen Charlotte）访问巴德明顿庄园，博福特公爵家族一直在显著位置悬挂未成功夺取乔治王位的詹姆斯二世之子詹姆斯·斯图亚特（James Stuart）的肖像。④当博福特公爵定制巴德明顿橱柜时，第二次斯图亚特复辟的希望无疑

① 吉本（Gibbon）听说，1785年，欧洲大陆约有40 000名游客，参见DamieStillman, *English Neo-Classical Architecture*（London: Sotheby's, 1988），I: 29. 同样参见Robert Hewison, *The Heritage Industry: Britain in a Climate of Decline*（London: Methuen, 1987），53.博福特自己关于意大利建筑的研究现存于巴德明顿。

② 他赞赏的"大书房"这组橱柜制作于1593—1599年，是为斐迪南·德·美第奇（Ferdinand de' Medici）而制作，在1780年前一直保存于乌菲兹美术馆特里布纳大厅（1793年被毁坏）。在这些巴洛克式美第奇华丽写字台中的先驱就是这件17世纪的橱柜珍品，它用于存放稀奇、古怪、不寻常和精巧的物件（17世纪意味着仔细的或一丝不苟的好奇心）；参见John Dixon-Hunt, *Garden and Grove, The Italian Renaissance Garden in the English Imagination: 1600-1750*（London: Dent, 1986），73. 巴德明顿橱柜与在罗马定制的大理石装衬的空间（非常相近，在文件中也称为橱柜）看起来都注定属于巴德明顿庄园而非伦敦的宅邸（直到1738年，公爵才获得此处宅邸）；Gonzalez-Palacios, *Sale Catalogue*（1990），38, and Knox, 'Badminton House and the Dukes of Beaufort', 64-5.

③ 从16世纪30年代早期亨利八世与罗马决裂（结束他不能掌控的婚姻），直到1688年奥兰治威廉亲王（William of Orange）从詹姆斯二世手中夺取王位，并致力将英国带向新教和议会未来的光荣革命，150年来，英格兰的宗教命运从未被完全确定。

④ Sitwell, 'The Red Folder', 89.

在他心中涌现。[1]

不论是博福特真正相信重建斯图亚特王朝的可能性，还是甚至更堂而皇之地认为自己是汉诺威传位获得王位的候选人；与欧洲的紧密联系，以及以如此奢华的方式显示他的地位——表面上与美第奇大公平等，这些都可能让他十分满足。但他的愿望至今未遂。邦尼王子查理（Bonnie Prince Charlie）叛乱失败的同年，也就是 1745 年，他在 38 岁的盛年去世，"被失调的并发症耗尽"，而他伟大的宫殿也尚未建成。巴德明顿柜在较好的条件下保存下来，镀金家训（"我蔑视改变或恐惧"）和花、鸟的宝石面板"对于现代观众来说，无论如何都是一种令人惊讶的高贵的傲慢的象征。脆弱和稍纵即逝的自然，在艺术的帮助下，已经征服了时间"。[2]

将橱柜与巴德明顿庄园联合成为遗产说客的主要计划，这与存放在"乌邦寺（Woburn Abbey）"的卡诺瓦（Canova）的"美惠三女神"（*Three Graces*）类似。[3]现任博福特公爵为橱柜的出售声辩，声称现在只有通过家族经常使用的两个小客厅才能进入画室，并且重新改变位置（到威廉·肯特（William Kent）大厅）也不可行，"必须要么移除壁炉，要么移除为此房间特制的一个伍顿桌（Wooton）"。这都不切实际。[4]而且，让博福特家族做出如此决定的原因非常简单，让公众在巴德明顿庄园参观橱柜是一种无法容忍的约束："他（公爵）相信，公众的进入将会迫使他搬出去。"[5]

---

[1]　他曾在佛罗伦萨举行奢侈的庆祝活动，以纪念第一次斯图亚特复辟；参见 Knox, 'Badminton House and the Dukes of Beaufort', 61.

[2]　Andrew Graham-Dixon, *The Independent*, 25 February 1991

[3]　"美惠三女神"的要点不仅在于它是一件杰作，还在于它是更大的整体——由亚特维尔（Wyatville）建造的圣殿的一部分，致力于自由与美丽"，Editorial, *The Art Newspaper*(April 1994).卡诺瓦"美惠三女神"的第二个版本于 1819 年存放于乌邦寺。

[4]　Barker and Reynolds, *The Daily Telegraph*, 2 April 1990.

[5]　同上。

文化遗产的观念

当巴德明顿柜 1991 年 4 月 17 日在泰特美术馆展览时，"濒危遗产 (Heritage in Danger)"组织的秘书休·莱格特爵士（Sir Hugh Leggett）提到了英国的出口管制制度：

> 这一制度是全世界最公平的，但目前并没有足够可用的公共资金支持。我们处于一个新教徒式的时代，这不禁令人想到克伦威尔分散了查理一世的艺术收藏。许多查理一世的收藏品现在成为了卢浮宫和普拉多博物馆的亮点。[1]

巴德明顿柜的出口在 1990 年 9 月 17 日被终止，当时的贸易与工业部长在时任艺术部长的大卫·梅洛（David Mellor）的提议下，为了能够使建议价格达到或高于 870 万英镑，将出口许可推后两个月。[2] 当巴德明顿柜在泰特展出时，其价格标为 260 万英镑，是所需总额的 30%，而其中的 225 万英镑源于四处筹集。如何看待这一数字，取决于你的立场，它既可以代表在经济衰退时一次成功的资金募集，也可以代表对于所购物而言一个少得可怜而不真实的金额。一位记者恳请向公众宣传橱柜的重要性，并表示"否则这组橱柜就要离开这个国家，被送往美国，而其令人惊叹的宏伟，则会决定性地从所有合宜的语境里脱离。而脱离了语境后，这很容易会看上去只像个大摆件而已"[3]。《独立报》在 1991 年 3 月 18 日抨击了维多利亚和阿尔伯特博物馆（V&A）错乱的优先顺序，"博福特公爵在 1989 年给维多利亚和阿尔伯特

---

① 'Cromwell Routs the Aesthetes', *The Times*, 18 April 1991.

② 8 697 000 英镑，由成交价 7 800 000 英镑，加上 10% 买家税费，再加上买家税费 15% 的增值税构成。如果在这个初始阶段结束时，已想方设法筹集资金购买，将会允许有 4 个月的延期；虽然与国家艺术品收藏基金会的联合呼吁是在 2 月 17 日发布的，但是直到 11 月 17 日，这位部长才意识到，菲茨威廉博物馆有意以此价格购买；3 月 17 日，再次建议许可证延期，这次又延期两个月。Office of Arts and Libraries Press Notice (OAL, 25/91), 22 March 1991.

③ Tanya Harrod, *The Spectator*, 2 March 1991. 过去的 15 年，约翰逊夫人收集了重要的欧洲家具私人收藏，主要是法国的，但也包括意大利和英国的。

博物馆提议的标价才区区 400 万英镑。但博物馆的受托人却全心投入于拯救卡诺瓦煽情的大理石雕塑（标价 760 万英镑）——美惠三女神；如果对公爵提议的处理有所不同，也许这组橱柜就可以免于被拍卖的命运了"①。这篇社论引发了读者交换意见的来信，讨论巴德明顿柜较于保罗·加斯科因（Paul Gascoigne）的相对优势，后者是 1990 年世界杯中英格兰的足球英雄，刚要以 850 万英镑的身价从托特纳姆热刺队转会到意大利拉齐奥俱乐部。②是否"自 1993 年国家艺术品收藏基金会（The National Art Collections Fund）成立以来，受到出境威胁的最重要的装饰艺术品"要比作为民族遗产更必要组成部分的"美惠三女神"更重要，而将其留在境内的要求更加急迫呢？③是否会有其他国家的确会"因为让它去了美国而鄙视我们呢"？④

2004 年秋，佳士得拍卖行宣布，将在伦敦拍卖中心对巴德明顿柜进行第二次拍卖。据称，这组橱柜对于约翰逊夫人的新房来说实在太大。⑤在此期间，橱柜一直在储藏室里静候新主人的出现。除了关于橱柜价格的种种猜测，人们最为关注的问题是它将花落谁家。在 12 月 9 日举行的拍卖会上，列

---

① 橱柜首次在 1989 年出价给维多利亚和阿尔伯特博物馆，以解决欠下的第十代伯爵地产的遗产税，价格最后确定在 400 万英镑(三午内支付)，伴之以这样的想法：博物馆的责任金额将通过与财政部的税务交易(通过私人条约或代理选择)大大减少。然而，我们得知，这些都是不可行的，因为博物馆自身无法承担全部价格 400 万英镑；业主(博福特家族受托人)及其代理机构佳士得转向选择公开市场。参见 'Funding the Arts', (1984)Taxation(11 February)359-61.

② 《独立报》的一位记者合理地质疑了与出口停止相关的社论作者对买家"伍德豪斯式(Wode-housian)"的描述，将之称为"波兰裔婴儿爽身粉女继承人"；见 The Independent, 18, 21 and 26 March 1991.

③ Sir Brinsley Ford, Fitzwilliam Museum Appeal Progress Report. 关丁格里对雕塑的上诉，参见 R v. Secretary of State for National Heritage and Another, ex parte J. Paul Getty Trust, Court of Appeal (Civil Division), 27 October 1994, Lexis Enggen.

④ 西蒙·杰维斯转引自 Hugh Montgomery-Massingberd, The Daily Telegraph, 26 February 1991.

⑤ The Independent, 11 December 2004.

支敦士登博物馆馆长约翰·卡夫特纳代表汉斯·亚当二世（Hans-Adam II）与一位电话竞拍的匿名人士展开了激烈的竞争。最终，汉斯·亚当二世以1 700万英镑成功拍得这组橱柜，为其家族在维也纳重新开放的18世纪皇家花园添置了一件新家具；如今，这组橱柜连同其他精美的意大利镶嵌艺术品一起展示在公众面前。

3.2　新教角色与修辞

文化叙事和角色在遗产建构中占据中心位置：我们成为我们，正因为我们曾是我们。遗产由获得的实践、可验证的历史、神话以及宗教故事交织而成，它有效地接管了已经形成的叙事以及现成的角色——范围可以从模范到恶人。当我们在分配不喜欢的、一成不变的角色时，它们往往是不真实的；在我们自身的文化实践中否认他人的丰富性，我们将发现很难平等对待他人。相反，模范角色则具有深度和结构。因此，这也很好地反映了拉尔夫·英格（Ralph Inge）的恰当评论，一个国家是一个社会，滋养了对其祖先的一种共同错觉，同时对其邻国共享一种敌意。[①]遗产褒扬某些政治祖先，但同时也边缘化或排除其他。因此，在推动帕特农神庙成为希腊人民的政治象征的论争中，祖先是雅典人，民主而哲学；而非斯巴达人，贵族化和尚

---

① 转引自 Avishai Margalit, *The Ethics of Memory* (Cambridge, MA: Harvard University Press, 2002), 76. 注意到家庭的隐喻经常被滥用——例如那些用于绑定"有机"国家的共同血统——玛格丽特想知道家庭隐喻是否会有一天被大卫·休谟和亚当·斯密所赞成的友谊的象征所取代, 104 页。

武。①这样说并非要贬低遗产的构建，而是提出一个关于形成遗产对象的合理途径这一任务的重要说明——遗产往往取决于神话和仅有的准历史叙事。

叙事当然也围绕着高贵的起源、伟大祖先和英勇事迹的传说，例如有小说讲述亚瑟王的祖先特洛伊人给不列颠带来文明。②古代的亚瑟外传最集中出现的时期，是斯图亚特王朝第一年。当时英国贵族中占优势的派系——苏格兰的詹姆斯六世似乎有着继承伊丽莎白的最佳前景，他保护了新教的领导权地位，统一了英格兰和苏格兰来对抗西班牙菲利普二世。与1603年的詹姆斯一世一样，他朝向英国王位的攀升伴随着大量的宣传册、盛会以及戏剧，旨在给人们留下梅林预言实现的深刻印象，同时有琼森（Jonson）、德克（Dekker）、弗莱彻（Fletcher）以及莎士比亚致力于一种忠实型特洛伊-不列颠的宣传以支持新王朝。③

至于"英国遗产"——巴德明顿柜和美惠三女神曾以此名义提出诸多要

---

① 参见1.3节，以及 John Onians, *Classical Art and the Cultures of Greece and Rome*(New Haven：Yale University Press，1999)30-50，理解在雅典数学与武术技能之间的相关关系。

② 约瑟夫·斯特雷耶(Joseph Strayer)指出，中世纪的法国国王同样也把他的人民视为在罗马帝国之外定居的特洛伊人的真正后代；见 John Armstrong, *Nations before Nationalism*(Chapel Hill：University of North Carolina Press，1982)，156.

③ 伦敦现在化身为"特洛伊新星"，市长数年来被人称为"执政官"且被参议员欢迎。《麦克白》(约1605—1606年)也是围绕着一个区别于霍林斯赫德(Holinshed)编年史的传说创作的，亚瑟王这条线不仅贯通了英格兰，也贯通了苏格兰(通过沃尔特，总管部长和苏格兰国王的祖先)。巫婆召唤了八个幽灵王，其中最后一人预言了班柯(Banquo)的寿命和帝国的最终统一——正如现在统一于詹姆斯一样："然而第八个出现了，他拿着一面镜子，我在镜子中看见了许多戴王冠的人；我看见有几个人拿着双球和三根权杖"(第四幕)。双球应该代表英格兰和苏格兰，三根权杖代表着英格兰、英格兰和威尔士的统一。见 Roberta Florence Brinkley, *Arthurian Legend in the Seventeenth Century*，Johns Hopkins Monographs in Literary History III(Frank Cass 1967)，尤其是第1章与第2章；同样参考 Simon Schama, *A History of Britain：The Wars of the British* 1603-1776(New York：Hyperion，2001)，20-3.

求，如果不理解英格兰、威尔士和苏格兰向新教国家的转型，也就很难欣赏它的价值了。在革命期间及其之后，对于历史先例的修辞以及对过去重要时刻的强烈认同，无论是真实的还是想象的，都刻画了许多政治和意识形态的独立斗争，最初在欧洲，而后发展到美国。

现在，宗教用来定义我们，不是关乎我们的个体自我，而是关乎我们的同伴和我们的敌人。[①]无论我们是否拒绝宗教信仰，宗教已成为我们文化生活中的基本部分，并且仍然是世界事件的塑造者；关于这一点，有当代政治生活正在提醒我们真是太好了。宗教习俗通常与叙事中的信念相关。我们可能对自己表面上认同的宗教没有投入太多，但我们还是可能知道一些关于该宗教的教徒应该拥有的一般信念。由于这种联系可能是家庭式的，因此我们可能知道与我们家庭和社群中宗教习俗相关的众多期望，并且至少在某种程度上也可能认识到其他社群的相关习俗的形式。在这些国家，个人通常能够在他们所相信的以及他们如何实践等方面有诸多选择。这种情形为行为者选择自己相关的或者继承宗教戒律留出了许多空间；反之，受压迫的人则被迫对他们继承或接受的故事口口相传。

毫无疑问，许多美国人，当然是保守派人士，会将十诫看作是一种不可挑战的"赠予"，而且成为美国文化遗产的关键部分。而其他人则可能同意该主张的另一部分，仍然乐于见到教会和国家的分离。2003年11月，亚拉巴马州最高法院首席大法官罗伊·摩尔（Roy Moore）因坚持反对拆除一块两吨半的花岗岩而被解职，这块花岗岩上面铭刻着十诫，是他安装在国家司

[①] Clifford Geertz, *Available Light*，*Anthropological Reflections on Philosophical Topics* (Princeton：Princeton University Press，2000)，184.

法大楼的。①2005 年 6 月的一个裁决，涉及另两个关于戒律展示的判例，最高法院以多数通过一项决议——得克萨斯州国会大厦的纪念碑具有宪法意义，布雷耶（Breyer）法官指出，"公众访问国会大厦的理由，更有可能是考虑到纪念碑上宗教方面的信息，这是反映文化遗产更广泛的道德和历史信息的一部分"。②人们认为，文化的组成部分深深植根于自己的遗产中，且常常与其他国家的人民分享，虽然不一定是以同样的方式。这对于那些与宗教和政治历史有关的人尤其如此。反对暴君被视为许多国家的遗产的一部分；但在有些国家，例如美国，会比其他国家更多地强调这一点。

像"诫命"中列出的那些谚语和诫令，无论我们如何解释它们的波动，特别是经历了在多数人看来的一些转变（例如，16 和 17 世纪英国对于圣徒干预的工具价值的攻击），它们在主要宗教中其实都是非常有代表性的。诸如希伯来语诫命之类的道德准则，只有在与某个国家的法律相一致的范围内，才能通过监管加以执行。禁止剥夺生命权以某种形式反映在所有国家的法律中；但是诸如尊重父母，不犯通奸，以及不贪图别人钱财的戒律，在某些国家，比其他国家具有更强大的规范性的道德力量（罗伊诉韦德案关于堕胎的决议，仍然是美国自由派和保守派之间周期性的导火线）。

在《出埃及记》的高潮中，摩西两次接受诫命，使我们拥有了一个极好的戏剧性叙事的例子，既宣告和强化了习惯法，同时又强调了如何使神圣故事合法的社会规则（正如它们通常被创造的一样），后来的评论家则提供一种对宗教、政治和法律事务不加掩饰的人性化的观点。我们利用这样的文化

---

① 在 2004 年夏天，花岗岩被送出去展览以抵制这些决议。

② *Van Orden v. Perry, in his official capacity as Governor of Texas and Chairman, State Preservation Board, et al.,* no. 03-1500, decided 27 June 2005.

叙事、角色和规则来决定如何展示我们自己的生活。有这样一个例子，就是罗伯特·菲尔默（Robert Filmer）的《父权制》（*Patriarcha*），写于英国内战之前，直到1680年才得以出版。①在对希伯来圣经极有规律的阅读中，菲尔默提出了权力仅仅来源于上帝，而不经过主体同意，因为上帝通过自然继承给予亚当生命和世界，而斯图亚特是他的后裔。约翰·洛克（John Locke）在《政府论》（*Two Treatises of Government*）的开篇详细反驳了《父权制》，该著作几乎在1688年斯图亚特灭亡之后不久就出版，讽刺了斯图亚特是亚当后裔（因此保证与菲尔默的持续论战）的观点。②菲尔默相信，伟大的家族（例如由"使人从属的元勋"——博福特公爵统领的家族）应该通过长子继承来维持他们的财富，而这长期以来被认为促进了公民的持续发展。③关于完成的巴德明顿柜，本意是希望它作为一件伟大的家具被称赞（现在仍然

---

① Sir Robert Filmer, *Patriarcha and Other Writings*, ed. Johann P. Somerville(Cambridge：Cambridge University Press, 1991).

② John Locke, *Two Treatises of Government*, ed. Peter Laslett(Cambridge：Cambridge University Press, 1988), 218–63；以及 Jeremy Waldron, *The Right to Private Property* (Oxford：Clarendon Press, 1988), 144. 拉斯利特(Laslett)现已有众所周知的解释, 洛克的《政府论》不是为了证明1688年的光荣革命, 而是反对《父权制》。为了得到一种结论性的东西, 正如其他自然权利理论家在整个世纪所做的那样(例如, 约翰·塞尔登(John Selden)经常运用摩西律法书和犹太法典), 洛克通过在第一篇政府论中广泛引用旧约与菲尔默论战, 见 Richard Tuck, *Natural Rights Theories：Their Origin and Development*(Cambridge：Cambridge University Press, 1979), 87.

③ 萨默维尔, 介绍菲尔默, 15–24。托马斯·斯塔基(Thomas Starkey)在其《卡迪纳尔·波尔(Cardinal Pole)和托马斯·鲁普赛特(Thomas Lupset)的对话》(1532—1534年)中, 较早为最初诺曼时期的实践辩护。其中, 鲁普赛特声称"如果每个大家庭的土地在弟兄之间平均分配, 那在一小段时间内, 主要家族就会衰落并逐渐消失。因此, 人们应当没有统治者和头目……[据此]……你应该夺走我们一切文明的基础和根据。"参考 Joan Thirsk, 'The European debate on customs of inheritance, 1500–1700', 见于 Jack Goody, Joan Thirsk and E. P. Thompson, eds., *Family and Inheritance：Rural Society in Western Europe, 1200–1800* (Cambridge：Cambridge University Press, 1976), 178–85. 确实能防止财产分割的长子继承制在英国的一个影响是, 与其他因素一起推动了首先对爱尔兰, 然后对美国的殖民进程, 因为这些土地可以容纳许多长子之外年轻的兄弟。马萨诸塞州最终采纳了可分割的遗产法, 而长子获得双份额；同上, 188–9。

如此）并得到英国贵族的肯定；但在此公开的意图背后，肯定会有一个私人的动机，那就是以博福特公爵和新教时代一系列完全不同的政治和宗教实践对国家施加影响。

在构建新教遗产时，关于天主教救赎的叙事，在英国和美国发展的情况非常不同。①英国吸收了最初新教徒的神圣使命感，用以证明帝国在 18 和 19 世纪扩张的合法性。而美国则是将加尔文主义的救赎论与独立战争和宪法国会结合在一起，创造了一种充满革命和复兴精神的遗产感。我们可以从将吉尔伯特·斯图亚特所作的蓝斯多恩华盛顿肖像画作为国家肖像的这种热情支持中看到这一点。具有讽刺意味的是，英国恰好代表的是革命的反面。新教徒的热忱与议会代表在 17 世纪中叶联姻；但他们的关系随即便破裂，取而代之的是一种历史的辉格党版本最终成为主导，而它赞美著名的古老习俗和对于持久性的保守感。

出埃及记的叙事已经在新教国家塑造自我形象时被多次使用。对于清教徒来说，一个绝佳的修辞手法就是采纳这个圣经叙事，并认同以色列人从暴政之地到庇护所的迁徙，应许之地无论在何种情况下，都是最适当的发现。②这种普及故事的吸引力，正是源于它们满足不同需求的能力，人们会选择能最好服务于他们目的的叙事、角色和面具。这些出埃及记的故事有着强烈的亲缘性：在荷兰、英格兰、苏格兰和美国，出埃及记叙事有着非同寻

---

① David Sugarman（大卫·苏格曼）和 Ronnie Warrington（罗尼·沃灵顿）认为，"衡平法上的赎回权"在国家建设中发挥了作用，乡绅共享一个救世主式的使命，就是从金钱和社会的炼狱中拯救他们（领土上）的人民；参考 'Land Law, Citizenship, and the Invention of "Englishness"：The Strange World of the Equity of Redemption'，见于 John Brewer and Susan Staves, eds., *Early Modern Conceptions of Property* (London：Routledge, 1995), 111-44.

② 见 Carlos M.N.Eire, *War Against the Idols：The Reformation of Worship from Erasmus to Calvin* (Cambridge：Cambridge University Press, 1986), 259-70.

常的意义，因为它借用了许多教义的阐释和应用，用以解释长期对奴隶制和腐败（尽管有罗马和诺曼征服）的抵抗，维护宗教改革，保证杜绝君主的专制野心，并巩固国家感。正如迈克尔·沃尔泽（Michael Walzer）所指出的，"一个经典的叙述，有开头、过程和结尾：问题、斗争、解决——埃及、荒野、应许之地"。①

无论是在故事、戏剧、诗歌、布道辞还是在印刷品中，所有投身于这些反对和继承的戏剧中的参与者都是在一张面具之后表达，有些类似于古典剧院演员所用的"假面"。因为他们是英雄，而面具可能是令人讨厌的；因此，遗产故事所排除的内容跟其包含的内容一样多。对于英国/不列颠人来说，这种神圣命定作用继续用来为国家宣传服务，以贬损在1689—1815年间与他们连续发生九次战争的法国人。当然，自诺曼征服以来，法国一直威胁着英格兰的自治权（正如英格兰曾经威胁着法国一样），但直到宗教改革，宗教习俗和法律才使两国真正分离——现在也是语言和宗教。在美国革命之前的几年里，除了自然权利和新罗马共和主义的表达之外，美国的第三大力量是清教徒救赎的革命性的修辞。正如沃尔特·迈克道格尔（Walter McDougall）所强调的，"对于新教徒和自然神论者来说，美国理想就是深刻的宗教信仰，因为他们都用一个恰到好处的设计确定了美国的未来，并且都

---

① Michael Walzer, *Exodus and Revolution* (New York: Basic Books, 1985), 10–11. 回顾赫尔德对出埃及记叙事（作为进一步阐明他如何看待普遍性和特殊性，人性和人民之间适当关系的手段）的运用，F.M.巴纳德指出，"赫尔德对摩西律法标志的解释，因而，是一种从启蒙运动盛行的个人主义的明显转变……个体现在被视为只有在自己的土地和自身上才能得到满足，因为在其中，他可以立足并且发挥作用。事实上，一个个体只能在明显属于他自己的文化和区域的背景下成为人"。F.M.Barnard, *Self-Direction and Political Legitimacy: Rousseau and Herder* (Oxford: Clarendon Press, 1988), 259–68.

接受了千年愿景"①。事实上，18世纪70年代，以色列的角色又转变为反对大不列颠，最为著名的就是来自苏格兰的普林斯顿大学校长约翰·威瑟斯庞（John Witherspoon）题为"上帝的统治超越人的情感"的一次布道。正如霍勒斯·沃波尔（Horace Walpole）在议会上所声明的，"没有必要为此哭泣。美国表兄跟一个长老会牧师跑了，这就是它的结局"②。

3.3 普通法与立宪

在英国（和不列颠）遗产的建构中，还有一些其他的关键组成部分是"古代宪法"和习惯法的实践。在更广泛的欧洲巩固主权运动的背景下，习俗成为了强大的武器——古老、神圣并且超越国王改变或废除的权力。所有这些区域性的欧洲运动将长期的习俗、习惯法与人民的自由联系起来，因此，引用波科克（J.G.A.Pocock）的话，"到1600年左右，几乎没有任何立宪运动没有与历史神话相联系"③。在这些抵御专制主义的立宪主义者中，

---

① Walter A. McDougall, *Freedom Just Around the Corner: A New American History 1585–1828* (New York: Harper Collins, 2004), 237.

② Arthur Herman, *How the Scots Invented the Modern World* (New York: Three Rivers Press, 2001), 248. 威瑟斯庞是在《独立宣言》上签字的一员。

③ 英格兰的爱德华·柯克爵士（Sir Edward Coke）(1552—1634) 支持议会和普通法。其他支持者还有西西里岛有议会及男爵特权的彼得罗·德·格雷戈里奥（Pietro de Gregorio）；荷兰独立小镇的弗朗索瓦·弗兰克（François Vranck）；瑞典"皇家理事会"中的贵族成员埃里克·斯帕尔（Erik Sparre）；以及法国国民议会的产物，胡格诺派法学家弗朗索瓦·霍特曼（François Hotman）（见1573年《法兰克高卢》(*Francogallia*)）。波科克将霍特曼的《反特里波尼安》(*Anti-Tribonian*)看作"对于习惯、本土、封建和野蛮产生反应的一个标志。这在当代的观念中是可以辨别的，并且可能提供了欧洲浪漫主义的一种来源"。见 J.G.A.Pocock, *The Ancient Constitution and the Feudal Law: A Study of English Historical Thought in the Seventeenth Century* (Cambridge: Cambridge University Press, 1987), 11, 15–17.

文化遗产的观念

我们看到了文化遗产争论的现代感的开端——那就是，人民及其遗产的特征都深深植根于当地习俗。无论是通过担任新角色，替代政治祖先还是重新评估历史，"遗产"都呈现出新的紧迫性。

为反抗詹姆斯一世（统治时间1603—1625年）的统治，有一批重要的本土文献重获生机，尤其是法律文件以及撒克逊词汇表和字典的兴盛。首席大法官爱德华·柯克爵士打算对普通法的古老性质做出判决，并且仅仅将盎格鲁-撒克逊人的血统作为他将法律投射到遥远过去的一个方便的标识。正如波科克所观察到的：

> 显而易见，柯克的想法几乎狭隘到人类可以达到的极限。他将自己所崇拜的法律看作英格兰的古老习俗，并且也将此想象为纯粹是岛内的传统。[①]

在英格兰，由于这种认识从柯克传递到伯克，因此，焦点一直是在法律、宪法和社会秩序上。立宪主义者论争的力量在1621年议会的抗议中被发现，就是对于国家事务自由言论的许可是"古老且毫无疑问与生俱来的权利，也是英格兰国民的遗产"。[②]洛克将政治制度置于社会契约中，在《政府论》的这一段表述中，我们发现了这样的思想：立法机构不仅有塑造一个社会主体的能力，而且有超越个体的生命力：

> 在他们的立法中，英联邦的成员是团结一致的，并结合在一起成为一个连贯的生命体。是精神给予英联邦形式、生活和团结：自此，联邦

[①] 柯克毫无疑问地被亨利·斯佩尔曼爵士（Sir Henry Spelman）纳入这些人之中，他们认为法律是从"布鲁特斯（Brutus），穆尔木舍斯（Mulmutius）或德鲁伊（Druids）"派生出来的，而不认为英国法律在很大程度上是源自日耳曼；同上，第56,96-7页。同时参考 Colin Kidd, *British Identities before Nationalism: Ethnicity and Nationhood in the Atlantic World, 1600-1800* (Cambridge: Cambridge University Press, 2001), 83-98.

[②] Schama, *A History of Britain: The Wars of the British 1603-1776*, 61.

成员便开始相互影响，产生共鸣，相互关联。因此，当立法被破坏，或是解除时，随之而来的便是解体与毁灭。①

洛克的契约思想源于胡果·格劳秀斯（Hugo de Groot/Grotius）。格劳秀斯认为，共和国家的前提是成员之间的盟约。②于是自此开始，有两种版本的民族共同体流传下来，而这两个版本都源于17世纪的思想。第一个版本是洛克的工具，即通过立法机关把人民联合成一个"连贯的生命体"。这种形式在美国持续引发关注，充溢着对个人政治自由的革命承诺的感觉。另一个版本则是柯克，正如昆汀·斯金纳（Quentin Skinner）所言，历史被视为本质上合理的化身，除非在严重危机时刻，否则不要质疑。柯克认为历史是一种支柱的观点被传递给埃德蒙·伯克，在某种程度上是通过马修·黑尔爵士（Sir Mathew Hale）。以下是黑尔给霍布斯的答复：

> 如果天底下最有教养的布雷恩四处询问……以找寻在英格兰土地如何继承的答案……那他将会徒劳无功……直到他熟悉英国的法律。原因在于，这些法律是按照他人的意志和意见引入的制度，由习俗和惯例隐性引入，或者由最高法院的成文法律或法令明确引入。③

"最强有力的传统"之一的辉格党意识形态，也是柯克最初突破性强调的自古以来的权利，被转化为一种"怀疑论保守主义"的传统。④最近，这

---

① Locke, *Two Treatises of Government*, 407-8.

② Charles Taylor, *Sources of the Self: The Making of the Modern Identity* (Cambridge：Cambridge University Press, 1989), 192-5；及 James Tully, *A Discourse on Property: John Locke and His Adversaries* (Cambridge：Cambridge University Press, 1980), 68-9.

③ 'Reflections on Hobbes' Dialogue', 见于 Alan Cromartie, *Sir Matthew Hale 1609-1676: Law, Religion and Natural Philosophy* (Cambridge：Cambridge University Press, 1995), 102, 以及 Pocock, *The Ancient Constitution and the Feudal Law*, 172.

④ Quentin Skinner, *Visions of Politics* (Cambridge：Cambridge University Press, 2002), 3：262-3."辉格式历史"的概念是麦考利勋爵提出的。

一传统在英国仍在继续，尤其是被已故的丹宁勋爵（Lord Denning）推行。[1]
正如大卫·洛文苏（David Lowenthal）指出的，"英国人仍然毫无理性地沉
醉于辉格说，泰然自若地接受暴露出的一系列错误"[2]。

3.4　埃德蒙·伯克之革命与传统

正如彼得·拉斯莱特（Peter Laslett）所说，如果洛克的财产论赋予了政
治社会连续性，使代际相连；那么伯克对遗产修辞的特殊贡献，就是将法人
团体理解为一种持久和可继承的资本。[3]在《对法国大革命的反思》
（*Reflections on the Revolution in France*）（1790）中，伯克阐述了激进主义和
不遵从国教对国家解体的威胁，指出正是英格兰宪法的"统一政策"，"提出
和维护我们的自由，这作为祖先传给我们的必然遗产，也将传给我们的后
代；这也是一种资本，尤其属于这个国家的人民"[4]。至于1628年呈予查理
一世的《权利请愿书》，伯克认为，要求公民权并非基于抽象原则，"而是作
为英国人的权利，并且是从他们的祖先那里继承的遗产"。继承的概念本身
就"具备了一个确定的保护和传播的原则"：

> （约翰）塞尔登以及其他起草该《权利请愿书》的饱学之士……宁
> 愿选择这项对于人们珍贵的、确定的、有记录的、世袭的权利，而非那

---

① 见 *What Next in the Law*，见于 Timothy O'Hagan,'Four Images of Community'(1988)8
Praxis International 183.

② Lowenthal,*The Heritage Crusade and the Spoils of History*,130.

③ Laslett,见 Locke,*Two Treatises of Government*,106-7.

④ Edmund Burke, *Reflections on the Revolution in France*, ed. L.G.Mitchell (Oxford : Ox-
ford University Press,1999),33.

些使其固定遗产可能被诉讼狂们争夺或分割得支离破碎的、含糊的、不确定的权利。①

伯克的同胞又受到他的警告，即继承了这些权利后，也要抵御的情况是，表现得仿佛生活在一个历史的真空中一样：

> 但是，共和国和法律所奉行的首要也是最主要的原则之一，就是要避免那些临时所有者和永久租赁者像主人一样行事，他们并不关注他们从祖先那里继承到的东西，或是应该传承给后代的东西；他们不应该认为，通过随意摧毁他们社会的整个原始结构，从而撤销限嗣不动产继承权或浪费遗产是他们的权利；他们留给后代的是一片危险的废墟，而不是住所——并教导他们的继承人不尊重他们的发明创造，正如他们不尊重祖先的制度一样。②

显然，当我们谈论遗产（heritage）时，这个词本身意味着源自过去的继承（inheritance），祖传物（patrimony）也是如此（祖产 patrimoine，来源于自有物 patrimonium）。继承人之限制，意味着将这种继承传递给后裔的义务。伯克对于洛克《政府论》中的契约论并没有太多兴趣，他将历史习俗的辉格党纲领与对长子继承权的爱国主义式思考密切结合。英国的社会秩序显然不仅仅是原本闲散个人之间的一种商业伙伴关系，"它是所有科学中的一种伙伴关系；所有艺术中的一种伙伴关系；在每一道德原则和所有成就中的一种伙伴关系……存在于那些活着的、死去的和将要出生的人之中"③。在

---

① Edmund Burke, *Reflections on the Revolution in France*, ed. L.G.Mitchell (Oxford: Oxford University Press)32.

② 同上，95。英国法中的限定继承(限嗣继承产业)是一种只有直系后裔才能继承的权利。

③ 前言："这一陈述不应该被视为没有什么比胡椒与咖啡，番茄或烟草贸易中的一种合作伙伴协议更好的了"；同上，96。与迅速推进的契约法形成对照，财产则在伯克同时代的威廉·布莱克斯通 (William Blackstone)《英国法释义》(*Commentaries on the Laws of England*)中被详细地考虑。契约法仅在19世纪获得了其现有的地位。

文化遗产的观念

"德国专家报告"的会议中，民俗学家威廉·格林（Wilhelm Grimm）回应了伯克的限定继承不动产的提法，也坚持特定的起源说，"我们的祖先就是德国人，这甚至发生在他们转向基督教之前；正是形成我们所有人出发点的古老财产这一条件使我们彼此统一，成为德国人"①。他的观察并不意外，因为伯克的《对法国大革命的反思》在 1793 年被弗雷德里希·根茨（Friedrich von Gentz）翻译后，对保守的德国政治思想家产生了重要影响。②

通过对法国大革命相关的演讲和写作，伯克的职业生涯也成功地重新开启，这为他提供了重要的机会，以重申他长期坚持的观点，即"适当的"社会秩序是建立在不平等的基础上。③1790 年 2 月，正值英国评估其军事准备情况时，伯克在关于军队预算的演讲报告中，关于法国部队有如下说法：

> 这是一种对根基的废弃，它真正的目的是摧毁所有的制度，并打破所有那些自然和民间的，通过一系列从属关系来规范和团结社群的联系；激起士兵反抗他们的军官；仆人反抗他们的主人；商人与他们的客户对抗；工匠反抗他们的雇主；租客反对他们的房东；牧师反对他们的主教；以及孩子反抗他们的父母。他们的这种理由，并不是奴役状态的大敌，而是社会的大敌。

他希望下议院回顾1688年的英国光荣革命：

> 我们一起摆脱此人（詹姆斯二世），并维护了国家的组成部分。在那里，他们却摆脱了国家的组成部分，而维护此人……在我们宪法稳定

---

① Jiirgen Habermas, 'What is a People? The Frankfurt "Germanists' Assembly" of 1846 and the Self-Understanding of the Humanities in the Vormärz,见于 *The Post-National Constellation: Political Essays* (Cambridge, MA: the MIT Press, 2001), 7.

② 例如,亚当·穆勒(Adam Muller, 1779-1829)的著作就证明了这一点。

③ Ian Harris, introduction to *Edmund Burke: Pre-Revolutionary Writings*, ed. Ian Harris (Cambridge: Cambridge University Press, 1993), xvi-xxxiv.

的基本部分中，我们并没有列入革命的元素；没有，甚至没有任何变更的元素。我们没有削弱君主制。或许，这可能表明，我们在相当大程度上是加强了它。国家维持了相同的等级，相同的秩序，相同的特权，相同的专营权，相同的财产规则，相同的从属关系，在法律、税收和地方行政官管辖区的相同秩序；同样的领主，同样的平民阶层，同样的市政当局，同样的选民。教会没有受损。它的财产，它的王权，它的辉煌，它的命令和等级都一如既往。①

最后一句话中，伯克指的是刚刚三个月以前的 1789 年 11 月，法国史无前例地将教会财产收归国有。王室、逃亡贵族和皇家艺术馆的财产也同样国有化。自 1792 年起，主要艺术品都集中在卢浮宫；它作为国家的博物馆而重新建立，而不再是皇家收藏。格里高尔神父（Abbé Grégoire）指出，"雕像、绘画和书籍饱含着人民的汗水：人民的财产将归还于他们"②。这是一种创造国家文化遗产迅速而有效的方式，只是以牺牲私有财产为代价。无论是通过快速征用还是逐步收购，当财产要被公众所占有时，涉及国家珍宝时都显而易见地少有异议。

为了应对当时发生的针对建筑物、纪念碑和文物的故意破坏行为，格里高尔在 1794 年提出了"共同的遗产"（un héritage commun）这一概念，这也

---

① 埃德蒙·伯克，"1790 年 2 月 9 日星期二，在下议院的关于军队预算的辩论中，尊敬的埃德蒙·伯克先生的主旨演讲。理解对法国事务现状的讨论"；同上，315–18。

② Andrew McClellan, *Inventing the Louvre: Art, Politics and the Origins of the Modern Museum in Eighteenth-Century Paris* (Cambridge: Cambridge University Press, 1994), 92 and 98–9；以及 Joseph Sax, 'Heritage Preservation as a Public Duty: The Abbé Grégoire and the Origins of an Idea', (1990) 88 *Michigan Law Review* 1142–69.

可以理解为是文化遗产观念的发端。[1]但这个观点低估了伯克《对法国大革命的反思》在巴黎的影响，到 1791 年 7 月，该书的法语版共售出了 1.6 万本；"继承"（an inheritance）被翻译为"遗产"（un héritage），"从我们祖先处获得的限定继承"就是"我们取代我们祖先的遗产（un héritage qui nous avoit été substitué par nos ayeux）"。[2]格里高尔对伯克集体继承/遗产概念的挪用，并不是没有反讽，这似乎服务于三个目的：使国家代表人民占有财产合法化；劝阻公民不要损害他们"自己的"东西；并且，正如安东尼·维德勒（Anthony Vidler）所说，反对纪念碑和其他文物在巴黎的集中化。[3]在此情况下，他扩展了伯克的概念，正如后来的评论家约翰·拉斯金（John Ruskin）一样，认为"遗产"还包含了具有物质形式的文化实践。

尽管社会契约有某种膨胀感，但伯克并不是浪漫主义，而英国对他而言，也并不是一个有机的整体。在有机增长（和衰减）的短暂性与复杂政治制度的长期性和稳定性之间画一条线，后者则可能被看作一个"道德机器"。

---

① Brenda Deen Schildgen, *Heritage or Heresy: Presentation and Destruction of Religious Art and Architecture in Europe* (New York: Palgrave Macmillan, 2008), 121-32. 格里高尔创造了术语"破坏公物的行为（vandalisme）"。

② *Reflexions sur La Revolution de France* (Paris: Laurent fils, 1790, second edition, Eighteenth Century Collections Online. Gale. University of Pennsylvania Library, 2009), 62; 以及 F.P. Lock, *Edmund Burke, Volume II: 1784-1797* (Oxford: Oxford University Press, 2006), 332.

③ "艺术的纪念碑是共同遗产，各部门都享有权利（法语: Les monumens des arts étant un héritage commun, tous les départements y ont droit）", Henri Grégoire, *Instruction publique, Rapport sur la bibliographie*, 11 April 1794, 见于 *Oeuvres de l'Abbé Grégoire* vol. 2 (Nendeln: Kraus-Thomson Organization, 1977), 211, 被安东尼·维德勒翻译为"艺术纪念碑作为一种共同的继承，各部门对于它们都享有权利（英语: Artistic monuments being a common inheritance, all departments have a right to them）", 参见 'The Paradoxes of Vandalism: Henri Grégoire and the Thermidorian Discourse on Historical Monuments', 见于 Jeremy D. Popkin and Richard H. Popkin, eds., *The Abbé Grégoire and His World* (Dordrecht: Kluwer, 2000), 141, 在此处，他还指出，格里高尔吸收了伯克的崇高理念。法国的部门就是行政区划。

正如沃尔特·洛夫（Walter Love）所指出的，伯克运用建筑学与原始意象谈及可以改变、改进、修复和重新布置的建筑物、框架和建筑群时，就如同谈及他自己在比肯斯菲尔德（Beaconsfield）领地上的乡村宅邸一样。这些论及永久性的贵族们的意象，只有渐进的变化，"我会在构造风格上尽可能地做出补偿（在政治生活中）"。然而，他很容易会将青年的原始意象运用到美国社会的演变——这一英语民族中"成长最快的分支"，从斯图尔特父权制的思想中获得了父母与孩子的意象。①

伯克于 18 世纪晚期在英国社会中发现的秩序感，体现在公开可见的角色中——士兵和军官，仆人和主人，商人和客户，工匠（手艺人）和雇主，租客和房东，牧师和主教，以及授权和约束每个参与者适当或不适当做法的社会规则与预期。贵族和绅士的土地所有权以及他们之间的政治权力分配，连同国家活动的共享，例如狩猎（军事爱好的"平民"推演），以及在高雅艺术中的造诣，共同维系了伯克的社会。他对法国感到非常困扰的是这种共识的分裂，对规则的放弃，对角色的破坏或转换，以及对社会阶级管理的威胁。伯克对于我们现在所说的文化遗产的敏感性的核心，是一系列习惯性的政治和经济关系；在他看来，这些关系在西方国家通过权力的平衡，以及最高主权和地方自治，议会和司法机关，贵族和小绅士的平衡逐渐演变而来。生命应该以这样的方式传递，就是将限定继承的财产一代一代地传递。

普通法固然是逐渐演变而来的，但习惯性的关系却容易发生变化，它们可由那些更适于当下需求的其他关系所取代；这种习惯性的关系在法国和美

---

① 见 Walter D. Love,'Edmund Burke's Idea of the Body Corporate: A Study in Imagery', (1952) 27 *The Review of Politics* 184–97, 以及 David Lowenthal, *The Past is a Foreign Country* (Cambridge: Cambridge University Press, 1985), 108–9.

国就发生了变化，只是在前者的案例中，对伯克充满憎恨，而后者却相当理性。华兹华斯在国民生计的核心中看到了传统，并改变他对法国大革命最初的同情，"有一种心灵上的共同体，将生者与死者，以及所有年龄段的好人、勇者以及智者绑定在一起"[1]。事实上，目前实践中反映出的传统，可能没有实践者所相信的那么悠久。大卫·坎纳迪内（David Cannadine）指出，虽然20世纪英国皇家婚礼和国葬的仪式都想方设法表现出历史悠久的特点，但实际上，这样的仪式在19世纪的大部分时间都完成得非常糟糕。[2]然而，被伯克所重视的18世纪的实践，在一个关键方面，与前宗教改革时代的英国有所不同。对比柯克的观点，在与罗马的关系破裂之前，英国人的生活是来源于欧洲大陆不同出处的语言、习俗和法律的一种混合物；其中，极为重要的是天主教——一种泛欧洲意识形态的各种实践。因此，对其天主教历史的拆解，几乎对于生活的每一方面都产生了深远的影响，尤其是对于随后几个世纪的民族自我建构。罗马的仪式语言被本土的国王詹姆斯圣经（King James Bible）所取代。建筑物、艺术品、牧师和他们的仪式用具，神圣的物品和仪式都被推进到一种社会的分类中，在这种分类中，它们不仅是核心，而且起着决定性作用。伯克对国家政治和法律连续性的重视，维持了对先前

---

① *Convention of Cintra*，转引自 Alfred Cobban，*Edmund Burke and the Revolt against the Eighteenth Century: A Study of the Political and Social Thinking of Burke, Wordsworth, Coleridge and Southey* (London: George Allen &Unwin, 1960), 2nd ed., 147; Simon Schama, *A History of Britain: the Fate of Empire, 1776-2000* (New York: Hyperion, 2002), 98-106.

② 见 David Cannadine, 'The Context, Performance and Meaning of Ritual: The British Monarchy and the "Invention of Tradition", c. 1820-1977', 见于 EJ. Hobsbawm and Terence Ranger, eds., *The Invention of Tradition*(Cambridge: Cambridge University Press, 1983), 101, 130-1,136-7.例如，1887年，承办人在夏洛特王子的葬礼上喝醉了；在乔治四世的加冕中，作为奖品的战斗机被用来维持"杰出但是好战的宾客"之间的和平；在乔治三世的葬礼上，威廉四世不停地说话，而且提前离开了，《泰晤士报》指出"我们从未见过如此混杂，如此粗鲁，如此管理不善的一群人"。

习俗的省略，坚称英国1688—1689年的自身革命并没有触及教会。

但是，在《对法国大革命的反思》出版40年之后，托马斯·麦考利（Thomas Babington Macaulay）对议会发表演说时称"欧洲大陆最辉煌的王权的崩溃仍响彻在我们的耳旁"，提出现在赋予中产阶级权利的一项建议法案。他认为，中产阶级使用他们的选票颠覆的既不是君主制也不是贵族政体，因为这些被发现仍然是有价值和有用的。麦考利援用了一个确实是最好的概念——英国遗产：

> 使国家的青年重获新生。保护财产权，防止自相分裂。解救群众，防止他们因自己难以抑制的激情而有危险。拯救贵族，防止他们因自己不受欢迎的权力而有危险。拯救曾在灾难中生存的最大、最公正和最高度文明的共同体，可能在几天内，它包含多年智慧和荣耀的全体丰富遗产将会被一扫而空。这种危险是恐怖的。而时间是短暂的。[①]

1849年，拉斯金强有力地运用伯克有关辉格党人和父权制的综合观点来保护文化遗产：

> 上帝赐予我们地球供我们生活；这是一种伟大而不可动摇的继承。它属于我们，同样属于我们的后辈，属于那些名字已经写在史册上的人们；无论我们做了什么或忽视了什么，我们都没有权利，使他们陷入不必要的惩罚，或剥夺他们的福利——而这正在我们遗赠的权力中。[②]
>
> ……但是，不管是否听到，我都不能忽略未声明的一个事实，那就是，对于我们是否应保护过去时代的建筑物这一权宜之计或见解再次毫

---

① Thomas Babington Macaulay, *Speech on Parliamentary Reform*, delivered 2nd March 1831.

② John Ruskin, *The Seven Lamps of Architecture*(Orpington: George Allen, 1890), 2nd ed.,337-8.

　　无疑问。无论怎样，我们都没有权利去触碰它们。它们并不是我们的。它们部分属于那些建造它们的人，部分属于我们之后的所有人类。死者也拥有享有它们的权利。[①]

拉斯金在这里指的是欧洲，尤其是英国和意大利对建筑环境的破坏和迟钝的修复。考虑到许多关于英国建筑保护方面的当代精神探求（和争辩），他提出了我们传承的是不可剥夺的遗产的观点，以及现在的这一代人没有权利破坏古迹的完整性，因为这原本是用以激励后代而应该被他们亲身体验。我并不是要弱化拉斯金和格里高尔在提升对于精美建筑价值的关注所做出的非常重要的贡献；在这一方面关注的广泛度，如今要明显优于他们所在的时代。相反，我想提请注意的是，令这种关注浮现的文化叙事，以及英国鉴赏家们所扮演的角色：

　　我们在种族上还未退化；一个融合了最好的北方血统的种族……我们习得一种纯粹仁慈的宗教，而现在我们必须背叛它，或通过不断学习来捍卫它……在过去几年中，我们经历了自然科学规律迅速对我们公开化，并且因其鲜亮而令人炫目的过程；同时，交通和通信的手段帮我们缔造了适于居住的地球上的一个王国。一个王国；——但谁将成为国王？……或者，你，英国的年轻人，会让你的国家再次成为君主们的御座吗；一个统一的岛屿，对于全世界却是光源，是和平的中心；是学识与艺术的霸主。[②]

---

　　①　John Ruskin, *The Seven Lamps of Architecture*(Orpington: George Allen, 1890), 2nd ed.,357-8。

　　②　约翰·拉斯金,源于1870年在牛津的斯莱德讲座,转引自 Edward Said, *Culture and Imperialism* (London: Chatto & Windus,1993),123-4.克里斯·米勒(Chris Miele)区分了自18世纪开始,关于保护的改革和消极的意见,'Conservation and the Enemies of Progress?',见于 Chris Miele, ed., *From William Morris: Building Conservation and the Arts and Crafts Cult of Authenticity 1877-1939*,(New Haven:Yale University Press,2005),1-29.

1719年，乔纳森·理查森（Jonathan Richardson）在论述鉴赏力时，强调应这样欣赏意大利艺术，不被诱惑，不陷入偶像崇拜，或者不"被污染"成一个野兽。他是英国国教的成员，"世界上最好的国家教会……一群自由人……所有都是行家，因为我们是新教徒"。①

3.5　好的角色与差的实践

正如上文所述，文化故事对于遗产建设做出了重要贡献。因此，杰罗姆·布鲁纳（Jerome Bruner）如此评论：

> 大多数学校的惯例是将叙事的艺术——歌曲、戏剧、小说、剧场等等——更多地视为"装饰物"而非必需品，视为休闲的点缀物，有时甚至是视为心灵上的典范。尽管如此，我们以故事的形式设计了关于我们文化起源和最珍贵信仰的叙述；并且，不仅仅是这些故事的内容抓住了我们，还有这些故事的叙事技巧。②

这些叙事提供了一些角色，通常是特定的性别，并与特定的美德相关联（我同意菲尼斯的观点，美德——勇气、慷慨、温和、彬彬有礼——并不是价值观）。③典范性的人物角色确实是"未退化的"：勇敢、高尚、忠诚、坦率、正直、慷慨、恭敬、优雅、坚强、有远见、博学、明智等等。对立的人

---

① E.H.Gombrich, *The Preference for the Primitive: Episodes in the History of Western Taste and Art* (London: Phaidon, 2002), 48-9.

② Jerome Bruner, *The Culture of Education* (Cambridge, MA: Harvard University Press, 1996), 40, 转引自 Geertz, *Available Light: Anthropological Reflections on Philosophical Topics*, 193.

③ John Finnis, *Natural Law and Natural Rights* (Oxford: Clarendon Press, 1980), 90-1.

物往往是懦弱、卑鄙、诡诈、狡猾、不诚实、吝啬、笨拙、虚弱、目光短浅、无知和愚蠢。美德也与特定的时期相关。阿拉斯代尔·麦金泰尔在当代政治思想中强调了叙述的重要性，他主张，构成个人生活的公共叙事和传统是身份的核心，角色和实践则提供了展现美德的舞台。像其他社群主义思想家一样，他认为文化认同和个人福祉之间存在着必然的联系，某些自由派也有同样看法，我们将在本书第6章中看到。

　　麦金泰尔的立场是，如果不参考设定的背景，我们将难以理解任何特定行为背后的意图，这种设定必然包含一段有助于理解该行为的历史。因为"人在本质上是一种讲故事的动物"，因此，他应该问的问题是"我发现自己是什么故事或哪些故事中的一部分"。①为了解别人如何回应我们，我们需要理解自己已经草拟的社会角色，这些角色由我们彼此交流的故事所阐明。了解任何文化的唯一途径，就是通过它们的故事收藏。若没有通往故事的渠道，那我们的孩子"如他们所说，在他们的行动中是没有脚本的、焦虑的哑巴"。我们每个人都应该将我们的生活看成一种叙事，随着时间的推移，最终在叙事中我们性格的统一性使我们的身份有意义。不仅如此，我们还应该将它看成是一种叙事的追求，而其中有一个目标，就是对"好"的构想。因此，我们应该设计一些政治团体以推进道德生活的追求。正如麦金泰尔所设想，作为特定社会身份的承载者，我们只能向这种可取的道德追求靠近：

　　　　我是这个或那个城市的公民，是这个或那个行会或职业的成员；我属于这个氏族，那个部落，这个国家。因此，对我有好处的，也必须对栖居于这些地方的人有好处。同样地，我从我的家族，我的城市，我的部落，我的国家的过往，各种债务、遗产、合法的期望和义务中继承。

---

① Alasdair MacIntyre, *After Virtue* (Notre Dame：University of Notre Dame, 1984), 215.

这都构成了我的生命，我的道德的着色点。在某种程度上，这赋予了我自己的生命的道德特殊性……我生活的故事总是嵌入在那些让我获得身份的群体的故事中。我带着历史出生，并试图使自己摆脱那个过往，在个人主义的模式中，就是打破我现有的关系。[①]

那些麦金泰尔需要我们通晓以便更充实、有目的地生活的故事，可以分为跨国的或次国家（subnational）的。事实上，与艺术、科学、政治话语、体育和媒体相关的故事往往是跨国的，或者是包含跨国的成分。[②]在美国，这个为宪法的政教分离而自豪的国家——一些政治斗争围绕在公民的建筑中展示十诫而展开——许多公民推动的这一叙事不可能强加于所有公民（虽然可以认为，为了睦邻关系的利益，所有公民都应该努力学习他们邻居的思想信仰）。所以，是否存在一些核心故事，可以引起所有美国人的注意？当然，有一些故事凭借学校的普遍教育和在公共假期的纪念而被大家熟知：欧洲殖民和独立战争是两个主要的基本故事，它们都推动了一种成为自由、独立的人的意识。麦金泰尔肯定是正确的，故事对塑造我们的世界观有着深远影响。托马斯·亚历山大（Thomas Alexander）在写到约翰·杜威（John Dewey）理解世界的方法时，提出了类似的观点，"除非我们和他人一起生活和互动，学习了语言，并且通过故事和传统参与到他们的文化中；否则，我们甚至都没法开始提问"[③]。与麦金泰尔一样，我也相信叙事对于特定文化至关重要，每一种文化都包含成千上万相互关联的故事，神圣的和世俗

---

① Alasdair MacIntyre, *After Virtue* (Notre Dame: University of Notre Dame, 1984), 220-1.

② 例如,体育运动往往是跨国的,虽然也存在国家性,甚至是区域性的体育活动,如澳式足球,主要是在澳大利亚的东南部盛行。

③ 转引自 David L. Hildebrand, *Beyond Realism and Antirealism: John Dewey and the Neo-pragmatists* (Nashville: Vanderbilt University Press, 2003), 189.

的，所有的故事都与文化实践相关，实践者们都在寻求内在的工具价值，就像我们所有人常常做的那样。因此，"遗产"物与文化叙事、实践、价值观和美德的聚合密切相关。

麦金泰尔认为，只有当传统体现出有关所有物的冲突时，才具有生命力，因此，伯克式的传统常常是"垂死挣扎或者消亡的"（正如杜威所说的"社会习俗的外壳"）。活态的传统则是"一种在历史上拓展，在社会上具体化的论证"。①然而，伴随着麦金泰尔寻求共同认可的美德，部分问题是叙事和传统往往受排斥，正如他所关注的19世纪早期英国改革家威廉·科布特（William Cobbett）所强调的那样：

> 阻碍创造一种高尚、快乐的社群这种倾向的"社区工作中的一些事情"，其实就是"贪婪"（虽然这并非科布特的话）无孔不入的影响，它通过一种劳动和金钱本身，已经转化为商品的利己主义的经济和市场，以高利贷（按科布特的话说）的形式对社会产生影响。②

科布特促进了一种有关社会福祉的统一叙事，他的反资本主义可以用来代表农村工人阶级，但他通过联合种族主义，及在一个熟悉的家庭铺垫高利贷的来源而实现；只有当他看到在自己的选区中，废奴主义确实变得大受欢迎时，他才机会主义地支持它。③他可以轻描淡写地谈论高利贷，将它视作一种要被淘汰的错误实践，但他关注于此的目的并不仅仅是要创建一个诚信

---

① 杜威在此书中被引用，Richard Rorty, *Contingency, Irony, and Solidarity* (Cambridge: Cambridge University Press, 1989), 66；以及 MacIntyre, *After Virtue*, 222.

② 同上，239。"贪婪(pleonexia)"或许可以翻译成贪婪(avarice)。

③ "犹太家伙"把伦敦变成了"犹太大熔炉"（人口集中）；参见 Schama, *A History of Britain: The Fate of Empire, 1776-2000*, 126-35. 然而，科布特确实通常都将伦敦称为"熔炉"；参见 David Bromwich, *A Choice of Inheritance: Self and Community from Edmund Burke to Robert Frost* (Cambridge, MA: Harvard University Press, 1989), 88. 这是比我们在伯克处可以找到的更强大的语言，但主题已经存在于《对法国大革命的反思》中了，49和261-2。

和公平的社会：这是一个诚信和公平的社会，只是其中的故事排除了某些刻板的角色。科布特希望他的英格兰是一个特别的英格兰，这个英格兰厌恶世界性大都市，置身于这样环境的人们拥有共同的美德（不嫉妒、热爱自由、坚持不懈以及孜孜不倦等）并遵循共同实践（即科布特的）；这有别于这样的国家，具有不同利益需求的公民可以对他们个人希望追求的美德做出自己的选择。希望科布特持有的自由原则并不落伍——约翰·穆勒（John Stuart Mill）是一位年轻的同时代人——但这同样也是托马斯·卡莱尔（Thomas Carlyle）的英格兰，他不仅吸收了伯克对古代习俗的体悟，而且也吸收了当代德语学者认为礼俗社会（*Gemeinschaft*）优于法理社会（*Gesellschaft*）的偏好。

科布特和卡莱尔（他赞扬中世纪社群的高尚和自给自足）之后的一代人，约翰·拉斯金和当时的威廉·莫里斯（William Morris）支持社区生活的复兴，在这种社区生活中，工人感到有兴趣和受尊敬，对商品的供应要远高于那些鼓动工业社会献身于劳动合同的地方。①工艺美术运动的领袖，并不是就其本身而论，试图要提升礼俗社会的地位，使其优于法理社会，而是要攻击在审美和道德上毫无意义的生产系统，这一系统掩饰了伪劣产品，并贬损了那些生产者。正如 1891 年莫里斯在曼彻斯特举行的会议上所指出的，他使用的"遗产"这一术语，既包含了它的原始含义（一种继承），也包含了伯克和麦考利的意义：

> 因此，我们围绕着恶性循环运行：首先发生雇佣，以生产无用的东

---

① 莫里斯和爱德华·伯恩·琼斯（Edward Burne-Jones）在他们的青年时代，特别受到了卡莱尔《过去与现在》（*Past and Present*, 1843）的影响；见 Charles Harvey and Jon Press, *William Morris: Design and Enterprise in Victorian Britain* (Manchester: Manchester University Press, 1991), 19.

西；然后通过生产无用的东西，以便就业可能不会短缺。这不正是浪费的最重要特性吗？我恳请你告诉我，对于世界的进步，相对于由经年累月的传统传承给我们的更真实的遗产——工人、工匠的技能和力量，什么更珍贵，什么更有必要？然而，这种珍贵的遗产却在我们的商业特权社会中正被轻松浪费，就好像这就是事情的本质，使它变得最糟糕的就是最好的事情，这是世界进步的象征和奖励，未来的希望。[1]

在这方面，拉斯金、莫里斯与科布特持有同样的观点，就是公开鄙弃追求牺牲他人的自私的个人主义，这给自由派提出了一个熟悉的问题，就是他们应该容忍社会强加的义务的程度。因为只有社群主义者才能让我们责无旁贷地为自己创造一个"良好的社会"，对拉斯金和莫里斯的控诉予以同情回应的自由派，需要一种有关自主权的社会依赖性更强的说法，其中，自主的个人也希望促进他人的自主。

在1835年的一份议会纪要中，麦考利提到这样的一个例子。为了培养印度青年，只有英语而不是梵文或阿拉伯语被给予特权，可以得到英国政府的资助。[2]正如麦考利做错的那样，认为英国的政治和文学素养在客观上是优越的是一码事儿；但认为只有那些出现政治自由主义的文化才能实现自由的国家又是另一码事儿了，因为自由的原则可以被任何文化运用（至少在理论上）。然而，自由派仍然对非自由社会的排他性质和某些群体年轻人的谴责保持关注。显示对传统的尊重，是否会使我们走向一个世界？在这个世界中，无法评估超出当地背景之外的事物，以及走向一种持续和危险的相对主

---

① William Morris, *Socialism Up-to-Date*, 4 October 1891, New Islington Hall, Ancoats, Manchester.

② Thomas Babington Macaulay, *Minute of 2 February 1835 on Indian Education*.

义。欧内斯特·盖尔纳（Ernest Gellner）有这样的想法，罗杰·桑德尔（Roger Sandall）也是如此，桑德尔将盖尔纳奉为反对维特根斯坦无理性浪漫主义的文明之声。[1]

桑德尔对"设计家部落制"感到愤怒，这种态度鼓励了关于当地文化习俗的现状。他的论点是，对地方文化，尤其是部落文化的草率支持，会产生三方面的负面影响。第一，部族人民在实现自由民主的所有物方面的进展受到阻碍；第二，他们要容忍只对地方文化统治派系（通常是男性）具有价值的压迫行为；第三，西方民主国家的价值观及其对文明的思想和科学方面的贡献，被一群政治正确的"空想社会改良家"削弱了。他认为部落人民被剥夺了接近文明的机会——在滕尼斯（Tonnies）的意义上——例如那些在罗尔斯名单上的实践，通过误入歧途的企图将他们陷入无视自由主义所有物利益的社区实践。桑德尔关注的焦点是澳大利亚的土著居民，他认为政府旨在保护文化遗产的政策对他们的生活质量造成了灾难性的影响，这是以牺牲融入主流教育为代价的，而主流教育的课程包括英语和科学。他对此感到愤怒，他认为愚蠢地支持试图维持土著文化遗产的政策，是以牺牲为年轻的土著人提供充分参与到该国自由民主社会中的机会为代价的。除了维特根斯坦，他的目标还包括卢梭、赫尔德（他"对种族的热爱在很大程度上反映了他对文明的仇恨"）和以赛亚·伯林（Isaiah Berlin）。[2]尽管倡导"消极自

---

[1]　盖尔纳将维特根斯坦《哲学研究》（*Philosophical Investigations*）中的"相对主义"追溯到20世纪早期维也纳的学术气氛，以及赫尔德（Herder）对康德基础主义反对的遗留问题。因支持启蒙运动理性主义的科学精神，他赞赏卡尔·波普尔（Karl Popper）把赫尔德与费希特（Fichte）有关民族主义无益的束缚归并一起。见 Ernest Gellner, *Language and Solitude: Wittgenstein, Malinowski and the Habsburg Dilemma* (Cambridge: Cambridge University Press, 1998).

[2]　桑德尔将伯林所谓的"归属需求"与卡尔·波普尔对民族认同的威严拒绝和相应坚定的世界主义对比。Roger Sandall, *The Culture Cult: Designer Tribalism and Other Essays* (Boulder: Westview Press, 2001), 90.

由"，但由于伯林对赫尔德的同情，还是受到了桑德尔的指责。[①]这有点类似于梅利曼对"拜伦主义"的批评。以下是对桑德尔的另一种态度，由理查德·麦克费尔（Richard MacPhail）在印度巴米扬会议上发表的一篇论文中提出：

> 文化多样性——我的意思是说宗教、社会、民族和语言的多样性——对那些珍视它的人和那些基本身份建立于其特性之上的人来说，经常面临压力；他们或者与主流趋势分离，或者被同化为无差别的、具有共同价值观和商品化心态的一类人。[②]

然而，我们至少应该铭记，许多传统社会既是专制的也是父权制的，限制了成员修订目标的能力；此外，我们在接受所有社会实践都值得保护的观点时，应该非常谨慎。不同文化中的许多人可能会赞同某些美德中的美德和某些恶习中的恶习，但是在压迫行为的背景下提倡基本价值观（例如友谊和宗教）也是非常普遍的。由于强烈的期望心态会强烈地激励着期望行为，因此确实存在着很难变更和拒绝任何文化实践的社会，但这并不是说社会生活不可能同时是不自由的和道德的（并且包括，例如善良的美德）。当然，许多文化中女性的附属地位只在那些"遗产"聚集在其羽翼下的传统行为中被肯定。例如，女性不可能摆脱许多行为（如穿着被认可的服装），并且在那些文化中保持轻松；例如，相当清楚的是，塔利班政权下的女性并没有机会去追求在执政当局规定行为之外的任何行为，因为这样做会导致严厉的惩罚。在现实中，通过语言或物理冲突，进步的、对立的，甚至是反动的现有

---

① "消极自由"的概念，主张个人有权追求他们的个人目标，而不被强加其他任何个人或团体关于"好"的观念，只要这些追求不对他人造成伤害。

② 'Cultural Preservation and the Challenge of Globalisation'，见于 K. Warikoo, ed., *Bamiyan: Challenge to World Heritage* (New Delhi: Bhavana, 2002), 170.

行为的版本在演变。对于自由派来说，一个熟悉又麻烦的问题是如何与非自由社会相处；或者是允许公民在社会和商业生活中享有一定程度的自主权，但不允许民主参与或和平对抗的社会；或者是限制了成员获得机会的自由社会中的那些群体。我们生活在一个有多种不自由行为的世界；事实上，正如威尔·金里卡所指出的，所有的文化都有不自由的线索。①

能反省对自己的遗产自吹自擂的坏习惯从未有过；暴君倾向于将推动自己成为道德高尚的人民守护者和种族清洗视为国家进步的必要阶梯。无论是在现代民族国家还是部落文化中，甚至是在现代民主国家中，文化通常会消除不良习俗，官方修辞很少考虑过去的不公或更糟的情况（如奴隶制和屠杀）。我们大多数国家的历史，除了美德和英雄主义领域，对历史学家几乎都没有吸引力。纳粹德国统治下的古典音乐表演，要求音乐实践不得改变，尽管它是要求由表演者所表现出的心甘情愿与对（音乐）实践的压迫行为联合在一起，与一种违背意愿的叙述相联系，以证明某些艺术形式可以服务于极权主义国家。幸运的是，现在很少有人希望支持纳粹德国的这种政治修辞。

不出所料，由于麦金泰尔认为需要共同叙事（遗产故事）以促进良性行为的立场，不自由的观念和实践给自由派带来了一个问题。修辞的建构最初是为特定政治目的服务的，例如古老习俗的辉格神话，但这些可能已经不适合现在的我们。伊丽莎白·弗雷泽（Elizabeth Frazer）和妮古拉·莱西（Nicola Lacey）在评论麦金泰尔关于习俗的观点时，认为其中存在危险的主

---

① Will Kymlicka, 'Dworkin on Freedom and Culture',见 Justine Burley, ed., *Dworkin and His Critics* (Oxford: Blackwell, 2004), 126.

文化遗产的观念

要问题是，许多习俗是排外的，并且不止在西方社会中存在。①为了帮助那些非自由的实践所带来的问题，查尔斯·泰勒建议以下推定是有效的（他指出，需要一些极具信念的行动）：在一段相当长的时间内使整个社会颇有生气的人类文化，对所有人来说都有重要意义。由于我们不能要求所有文化一直都指示重要事情，因此这一推定排除了"一个社会中局部的文化环境，以及一种主要文化的短暂阶段"。②由此，我们也不应忽视，德国人因为纳粹主义时代（如哈贝马斯所说的"罪恶的篇章"）不得不对我们表达的许多重要事情。③

迈克尔·沃尔泽认为，非自由实践的问题起源于自治组织与诸如家庭关系这样的无意识的联盟之间的深刻区别。传统文化和原教旨主义文化中的长者希望看到他们的行为被模仿；并且，对家庭和共同体的忠诚鼓励这样的模仿，而不是鼓励自由派所推动的反思性的协商。他指出，在解决文化权利的问题时，虽然推动非自由实践的群体代表着无意识状态的最强版本，但无意识的联盟（家庭之外的）却是一个共同的文化现象。④因而，向前推进的一个方法是鼓励个人承担公民的角色，就如同他们所承担的其他义务一样，从而参与到民主进程中，"民主需要在公共广场和议会的共同生活，并且在这些地方发生的事情如果要在合法的政策中颁布，那么公民则必须共享某些认

---

① Elizabeth Frazer and Nicola Lacey,'MacIntyre,Feminism and the Concept of Practice', 见于 John Horton and Susan Mendus,eds.,*After MacIntyre: Critical Perspectives on the Work of Alasdair MacIntyre* (Notre Dame: University of Notre Dame Press,1994),265-82.

② Charles Taylor,'The Politics of Recognition',见于 Amy Gutmann,ed.,*Multiculturalism: Examining the Politics of Recognition* (Princeton: Princeton University Press,1994),66.

③ Jürgen Habermas,'On the Public Use of History',见 *The Post-National Constellation*, 27.

④ Michael Walzer,*Politics and Passion: Toward a More Egalitarian Liberalism* (New Haven:Yale University Press,2004),44-65.

识"。①沃尔泽的观点非常正确，也就是说，自由民主的公民应该确定公民身份所必需的教育的基本标准。此外，多元民主中的公民角色，使人们能够平等看待来自不同文化背景的人。

然而，自由派需面对被非自由主义群体和国家拒绝其原则（各种版本）的前景，而这也检验了关于文化遗产意味着什么，以及我们如何为其制定政策才能达成广泛协议的意愿。如上所述，仅仅是因为遗产依赖叙事的程度而存在一些问题——这并不容易控制。例如，源于一种文化叙事，可能嵌入另一种文化叙事中，产生一种相较于原本拥有之人相当不同的理解（事实上，不同于明确由个人创作的故事，文化故事的"原始"版本本身就难以捉摸）。

弗雷泽和莱西建议，虽然人们可能寻求叙事的统一性，但在现实中他们可能必须接受一种零碎和冲突的文化叙事，而这种文化叙事的总和并不是同质性，比如，麦金泰尔提出的古希腊世界。②文化由许多部分组成，且当实践和价值观受到挑战时，它们也随时间的推移而变化。仅在过去的20年中，西方世界就见证了非传统家庭、跨文化婚姻和关系的增长；并且，即使跟上一代相比，现在也有更多的人拥有多组文化实践可供选择。有关我们历史的脚本是单一的情形虽然显而易见，但其余的则是零碎的或是内在冲突的或是明显被操纵的，正如君特·格拉斯（Günter Grass）在其1999年的集子《我的世纪》中很好地捕捉到的那样。书中通过100部小说和类小说的叙述，使20世纪的德国被"召回"；每年一个故事，以一种隐秘和引人注目的深刻方式结合，彻底颠覆了"统一的遗产"这一概念。

---

① Michael Walzer, *Politics and Passion: Toward a More Egalitarian Liberalism* (New Haven: Yale University Press, 2004), 61–65.

② Frazer and Lacey, 'MacIntyre, Feminism and the Concept of Practice', 279.

第4章
"斯　文"

　　大君有命，孰不风从？可敦谕词臣，兴复古道，更延博雅之士，布于台阁，以救斯文之薄，而厚其风化也，天下幸甚！

北宋-范仲淹[1]

---

[1]　　1025年，范仲淹给宋仁宗和皇太后的信《奏上时务书》，见 Peter K. Bol, "*This Culture of Ours*": *Intellectual Transitions in Tang and Sung China*（Stanford University Press，1992），167. 我在本章使用罗马式拼音而不是包弼德选择的威氏拼音法；因此"道"（方法）和"士"（精英阶层的成员）会拼为 dao 和 shi。

4.1　神像的生命

所谓一个国家的遗产是毫无疑问存在的观点，在现实中无法证实。英国天主教和新教信仰的冲突，以及天主教在英国文化遗产的建构中被省略的事实，充分证明遗产是一项极为复杂的事务，而且对所有文化而言都是如此。在本章中，我将探究中亚和西亚地区一项并不鲜为人知的争论，并从神像和遗物入手进行思考；神像和遗物，无论是在文化财产的争论中，还是在宗教争端方面，都占据着重要地位。[①]帕特农/埃尔金大理石雕原本都是献祭性质的图像，尽管该宗教现在已经没有信徒了。

尽管神像在社会生活中明显起着轴心作用，但神像所代表的神祇本身却是社会表演者，神祇甚至需要人类作为中间方为他们阐释。新加坡在 1969 年左右记录的一件不同寻常的虔诚事件，突出显示了个人对这些行为的理解是多么具有可塑性。这个宗教行为涉及一个具有双重身份的神像，而对神像的解读则取决于它的崇拜者。一个经常到某个临街店铺庙宇拜祭并供奉的老太太，有一天带了一个锡制的骑手模型，并把它安放于供奉的主神坛（从此这个模型就一直放在那里），老太太宣称这是关帝——战争之神或忠诚之神。[②]正如中国的其他神一样，关帝的形象，只能通过背景和特征来辨别，其中一个特征就是赤兔马，没有赤兔马，人们可能会把他与其他军事方面的

---

① 见 David Freedberg, *The Power of Images: Studies in the History and Theory of Response* (Chicago: University of Chicago Press, 1989), 特别是第 2 章。

② 这个庙宇是由一个临街店铺改装的。

神灵相混淆。①从此以后，每当老太太前来，她还是继续向主神坛的神像鞠躬拜祭，但却总是抚摸这尊锡制骑手像。对于其他人而言，这尊锡制骑手像只不过是一个装有发条的美国牛仔玩具，还配有手枪、面具和皮护腿套裤（如图4-1所示）。②

图4-1　发条式美国牛仔

注：可能源于中国香港，20世纪60年代，锡制，由基思·史蒂文斯（Keith Stevens）提供。被一位信徒置于新加坡临街店铺庙宇的祭坛上，她将此视为关帝（战争之神或忠诚之神）的神像——在中国民间信仰的众神中，关帝是一位重要的神。

---

①　譬如佛教四大天王以及韦陀，佛经的保护者。关羽是史上有名的将军，他在以东汉（25—220年）灭亡以及三国鼎立为背景的史诗般的传奇《三国演义》中成为中心人物。对神像传统形象的描述有一些另类的描述方法是可接受的，譬如地藏菩萨，作为灵魂导师，他的传统形象是一个和尚，但同时以精神的执政官形象出现。

②　感谢基思·史蒂文斯给我提供这个故事，并允许我翻印他的照片，他认出照片中的玩具是独行侠。参见他的 Images of the Other Side：Folk Gods of China（Durham：University of Durham Oriental Museum，1992），Chinese Gods：The Unseen World of Spirits and Demons（London：Collins＆Brown，1997），Chinese Mythological Gods（Oxford：Oxford University Press，2001）。

从这个例子中我们可以清楚地看到，尽管敬神者的礼拜看起来不恰当，或者对于其他信徒来说显得荒唐可笑，但运用图像作为神的"角色"媒介，既非取决于自然主义的对应，也非取决于图示法上的准确性。这个故事是有价值的，因为它提醒我们，在信徒看来，神、祖先或灵魂作为演员，与某个形象深深相连，而对于许多宗教而言都是如此。对于中国文化来说，死者仍然具有工具意义的活动，这就很难说他们的图像"仅仅是一个图像"了，正如我们不能说乔治·华盛顿的蓝斯多恩肖像画仅仅是一个画像而已一样。同样的道理，天主教堂里的圣人像，对于许多信徒而言，不仅仅是一种描绘。在这里，演员和角色的类比很贴切。在传统中国文化或其他多神文化中，雕塑像或绘画像是自然神或其他神灵展示自己的一种方式，对信徒而言，每一个神祇展示自己的具体方式是帮助它们的角色进入表演。在上述故事里，神的角色（关帝）对该寺庙来说是合适的，但是它的演员（牛仔玩具）缺乏服饰以及举止气韵方面必备的特质，在面对广大的社区群众时无法把角色演绎成功，结果导致在它的个人意义和公共意义之间产生了巨大的鸿沟。换个角度，从审美判断的观点看，锡制的牛仔不属于中国雕塑的艺术形式，而属于玩具生产的实践活动，这种玩具可能只对未成年人有独特的魅力和吸引力。

在下文中，就有一处回应。观音菩萨是一位伟大的佛教神，在古代中国还承担起了一个新增的角色，那就是作为制造奇迹的社区群体的神（如图4-2所示，中世纪后期木雕的观音菩萨像，原有彩色的表面缺失）。12世纪，一位中国官员刘一止向居久法师问及人工制作的神像和有能动性的神灵之间的内在张力，特别是在涉及观音菩萨时，居久法师的回答如下：

图 4-2 观音像

注：中国，宋朝或金朝，12 或 13 世纪，木质并伴有颜料的痕迹，175cm。由宾夕法尼亚大学博物馆（the University of Pennsylvania Museum）提供（54-6-6）。在中国，最初的男性佛教神观音（梵语中的 Avalokiteshvara）到中世纪晚期，被广泛看作一位女性，而且进入民间信仰，成为一种区域性的农业神。

观音菩萨的展现方式是无穷无尽的。因为她没有自己唯一的位置，而是被信徒放在心里信奉，她才因此有了一个位置。我看到和尚和平民走到佛像跟前，捋好自己的衣服，鞠躬焚香跪地祈祷，告知菩萨他们所有的病痛和烦恼，祈求她的帮助……我欣赏供奉她的地方，因此我把它装饰得庄严宏伟来增强他们的信仰……他们会知道菩萨并非从神像里出现。她无处不在，无论任何方向。每个地方都是信奉她的地方。而这个祭拜地点并没有任何特殊之处。[①]

在大多数文化里，人们认为社群或个人与神、祖先或其他神灵的关系会影响他们的生活幸福；然而，尽管很多人把他们信奉的神当作本社群社会和道德伦理生活的积极贡献者，但让他们对他人信奉的神灵或者代表神祇的神像或象征给予同样的兴趣，却几乎是不可能的。

《美国原住民墓葬保护与归还法案》(Native American Graves Protection and Repatriation Act) 旨在保护的文化形式中，比较典型的是祖尼人的战争之神，这些神像从周围西南部的山区转移，被重新安置到博物馆和私人藏馆。祖尼族的领袖与人类学家和考古学家合作，令34个组织信服了他们宣称的正当性，到1991年为止，他们已经成功地修复了65件神像，据了解，这些神像几乎都收纳进美国的博物馆和私人藏馆。[②]他们成功地回收如此多神像的事实，不仅证明了宣传活动的力量，同时也证实了美国国内在政治上可行而有利的前提下，纠正过去的不公，并承认土著民族自治的重要性的这种对应的思潮。这种回归，具有一种非常强烈的象征性的成分。这些战争之

---

① 1157年的佛寺碑文，见 Valerie Hansen, *Changing Gods in Medieval China, 1127–1276* (Princeton: Princeton University Press, 1990), 169–70. 观音本来都是男性，除非在特殊情况下以女性身份出现；白衣和送子观音很可能主要是女性。据权威经书记载，观音居住在印度南海岸的补怛洛伽山 (Mt.Potalaka)；但是自12世纪起，中国东南部宁波港附近的普陀岛被当地人视为补怛洛伽。

② Adele Merenstein, 'The Zuni Quest for Repatriation of the War Gods: An Alternative Basis for Claim', (1992) 17 *American Indian Law Review* 591–2.

文化遗产的观念

神出售或经第三方捐赠给博物馆或其他收藏机构，对这些神像的所有权，并非建立在审美基础上，而是建立在这些自然神是祖尼族生活积极参与者的事实基础上。因此，人们就能够轻易地观察到祖尼人和博物馆馆长们之间紧张氛围的增加，前者担忧这些神像不被允许回归他们的土地并腐朽，后者担心的则恰恰相反。对于祖尼族而言，这些神像据说具有固有的（宗教的）和实用性的价值（带来丰收以促进政治上的自治）。博物馆馆长们虽然可能对他们充满同情，但是由于双方有不同的目的，他们的价值观有时会不一致或相互抵触。

林德尔·普罗特和帕特里克·奥基弗在引用1925年由加尔各答最高法院上交到英国枢密院的普拉玛萨·穆立克（Pramatha Nath Mullick）诉帕丢姆那·穆立克（Pradyumna Kumar Mullick）的案件时观察到，"财产"和"所有权"从本质上看是西方的概念，在当地人都"对遗产实物有着深深的恭敬"[1]的非西方文化中，这些概念可能与他们的社会习俗毫不相干。"穆立克"诉"穆立克"一案，提出了有关对待"异族"神像的三个不同的议题：第一，其他宗教以及它们神像的异族性；第二，一个神像的宗教有效性；第三，我们对宗教神像的处理方式与对其他更世俗资产形式的处理方式截然不同[2]。这个案件是关于一个家喻户晓的印度重要神像的监护权之争，这个神像先是从它的制作者传到其遗孀，再从遗孀传到他们的养

---

① (1925)L.R.52 Ind.App.245；Lyndel V.Prott and Patrick J.O'Keefe,'"Cultural Heritageor" or "Cultural Property"?'(1992)1 *International Journal of Cultural Property* 310.枢密院的司法委员会有权审判英联邦自治领或附属国的上诉案件。

② 又见 *Salmond on Jurisprudence*,ed.P.J.Fitzgerald(London：Sweet and Maxwell,1966), 12th ed.,299.

子和养子的儿子们手中。①枢密院认为，神像本身和它的女性崇拜者的利益应该要受到保护。萧勋爵（Lord Shaw）认为，根据印度法律，神像是一个法律上承认的实体，尽管它象征着神，但它拥有独立人物的法律地位。他说：

> 神像拥有法律地位，有起诉和被起诉的权利。它的利益由它的掌管人处理，掌管人在法律上是它的管理者，在这种情况下，他的权利正如一个为婴儿继承者管理其庄园的管理者一样……在事情的本质上，根据神像保护以及神像所处地点的具体情况和要求来调整神像的法律地位，也许是有难度的，毫无疑问，可能也会有各种各样的从世俗角度出发的关于神像的案件。但是，枢密院完全不能支持把家族神像贬低为仅仅是一份动产的观点。

在当代文化财产的争论中，神像不仅仅是一项动产这一思想，是极为重要的。但是，达夫（P.W.Duff）指出，枢密院所谓的神像本身的意志和利益，究竟指的是什么？②如果萧勋爵梦见这座神像出现在他面前，并向他解释它想怎么做，他大概会把这个梦归因于自己消化不良——但是宗教文学却充满了神指示人或者代替人行动的梦境。③达夫指出，神像的利益和意志取决于法律的规定，而法律会考虑敬神者和神像虔诚的制作者的利益。根据英国法律，合法的个人通过神像制作者的委派或通过遗产继承的方式，有监护人角色的头衔——shebait④，就可以诠释神像的意图。法律的理解是，能胜

---

① 争议的焦点是，上诉人是否有权在其保管期内把神像从制作者遗孀建造的供奉地转移到他的住处。

② P.W.Duff,'The Personality of an Idol',(1927) 3 *Cambridge Law Journal* 42–8.

③ 譬如贯穿《圣经》全书。关于中国方面的例子，参阅 Alexander Coburn Soper, *Literary Evidence for Early Buddhist Art in China*(Ascona: Artibus Asiae,1959).

④ Shebait,印度语，译文为英语 manager,管理者。——译者注

任监护者角色的人，也能够正确理解神的意愿。达夫考虑到神像的权利，正如萧勋爵所暗示的，神像的权利就好比一个非常年幼的孩童或弱智者的权利，法律会倾向于保护他们的权利。他拒绝这个比喻，同时也拒绝这种信任，他认为神像的权利与法人团体的权利最为相似。达夫的文章写于1927年德国与英国在集体身份的本质展开激烈讨论的大背景下，他不是为了证实把神像理解为法人团体最恰当的这个假设，而是为了提出法人团体不仅仅是神像而已——这个适中的现实的假设。①

　　这个关于神像的讨论源于霍布斯（Hobbes）《利维坦》（*Leviathan*）的第3章。利维坦是霍布斯虚构出来的人物，与诸如"教堂、医院、桥梁"之类的其他种类的完全虚构的事物区分开，后者毫无生命，"它们不能成为创始者，因此不能给予它们的演员以权威"。他把不能成为权威的"异教神"孤立出来，"因为神像其实是无"。即便如此，根据昆汀·斯金纳对霍布斯的解读，在古代，人们经常认可自然神不仅有能力拥有财产而且可以行使权利。至于医院和桥梁，这些能力源于它们授予委任者（这里指的是主持宗教仪式的牧师）以它们的名义采取行动的法定权利的这个事实。②在探究任何特定行为的授权者身处何方的背景下，霍布斯论断，当异教神由牧师所代表的时候，他们的权力"源于国家"。然而，倘若当地没有牧师去代表神，或者如果国家拒绝的话，将会是什么情况呢？倘若国家本身决定废除神像，正如在宗教改革时期和联邦时期的英格兰所发生的一样。答案贯穿于历史之中。神

---

　　①　见 Duff,'The Personality of an Idol'.他在引用《萨尔蒙德法理学》(*Salmond on Jurisprudence*)时,提出尽管国家可以把一个法人团体视为神灵——授权 shebait(其行为将赋予他权利和义务)的认命,以及指定亲近的助手以 shebait 为标准保护他——团体组织拥有集体行动的能力,而神灵没有。

　　②　Quentin Skinner, *Visions of Politics*(Cambridge:Cambridge University Press,2002),3:194-6.

坛、教堂以及博物馆里的神像是利维坦的"空瓶子"还是活跃着的神灵的栖身之所？既然各种文化里无数的故事告诉我们，神能意识到人对他的敬畏，那么这个问题的答案如何就取决于被问者是谁。

在泰米尔纳德（Tamil Nadu）一座寺庙的空地下发掘出了一尊12世纪的印度南部的印度教湿婆神（Shiva）铜像，这座铜像后来被加拿大的保险杠开发公司（Bumper Development Corporation）获得。关于该神像所有权的争端，成为斯蒂芬·威尔一篇文章的素材，该文主要讨论有关解决文物归还诉求的最佳体系。①威尔从某些诉讼的衍生后果开始谈起，讨论例如神祇是否拥有财产，起诉和被起诉，神圣化的神像是否能成为传统意义上的财产等问题。他表明，此案件涉及文化与法律的细微差异，极为复杂，对以案件为单位探讨文物回归将产生不利影响；他指出，一个强大的、可预测的、更兼容并包的国际机制会更可取：

> 我们西方伟大的藏品已自然而然地变成文化手工艺品。凌驾于过去的单一文化之上的，是今天的集体的文化遗产，这份遗产通过历史的流动、交汇与混合而形成。它瓦解的可能性是一个如此深刻的问题，我们不能随意处理……作为美国收藏团体的一员，我们被建议或许要加强、扩大联合国教科文组织大会之类的国际机构的力量，使它们更具专业的适用性。那些利害攸关的东西也成为我们的遗产。

---

① Stephen E.Weil,'Who Owns the Nataraja?'*Rethinking the Museum and Other Meditations* (Washington D.C.:Smithsonian Institution Press,1990),157-60.1988年英国高等法院审理此案,法官支持佛寺。1991年2月上诉法庭维持原判。6月英国议会上院支持法院的判决。见[1991]4 All E. R. 638. 见 Jeanette Greenfield, *The Return of Cultural Treasures* (Cambridge: Cambridge University Press,1998),177-86.

4.2 佛 指

为了强调这种"遗产"的复杂性，我现在想集中谈谈中世纪时期中国佛教与本土信仰之间的冲突，以及遗址和神像是如何导致将本土叙事、角色和风俗凌驾于外国之上的文化巨变；正如第3章所示，自己人和外人之间的分裂正是构建遗产的力量之一。

马丁·斯科塞斯（Martin Scorsese）的电影《纽约黑帮》（*Gangs of New York*），讲述了19世纪在美国第二次独立战争期间（1812—1814年）美国人与英国人的交锋中，自诩为"土生土长美国人"的曼哈顿与新近爱尔兰天主教徒移民之间爆发的冲突。占有土地（无论是哪里的土地）是原住民定义的一部分，因此最新移入的——不论是风俗还是人——只会相对更加非本土，而更显异质性。另一个定义自身以及自身传承的方法，是发扬与传承自身的传统习俗。

中世纪时期，佛教对中国统治阶层失去吸引力是东亚文化的一个巨变。作为一种中国的思想体系，儒学再次上升到足以挑战佛教道德和智识的高度。尽管佛教既作为一个独特的宗教又作为大众信仰的组成部分在宋朝（960—1279年）仍然兴盛，但是作为探讨个人在社会和政治生活中的角色的工具作用，已逐渐失去引领力。[1]新儒学开始主导中国上层社会，使文学和社会文化水平提高，同时也使佛教信仰贬值。完全抹掉一种文化往往比空想家想象要

---

① 皮特·格雷戈里（Peter Gregory）挑战了中国佛教是在中世纪晚期没落的这个传统观点。参见 'The Vitality of Buddhism in the Sung'，见于 Peter N. Gregory and Daniel A. Getz, Jr., eds., *Buddhism in the Sung*(Honolulu：University of Hawaii Press, 1999), 1-20.

困难，虽然有可能使皇帝不再支持佛教，但是佛教仍然贯穿中国宗教、社会和艺术的方方面面。结果中国发展出一套复杂的、不同信俗并存的混合宗教。中国思想体系的这种转变，威胁到佛教信俗的影响范围和多样性。从 9 世纪开始，这种转变可以说也使得中国历史的发展进程被文化财产的争论所改变。

公元 819 年，儒学捍卫者韩愈严厉讽谏唐宪宗对佛教的支持，认为佛教是一门与唐朝法律不相融合的异质宗教。韩愈的奏章如同 17 世纪的英国对天主教、君主专制和诺曼人法律的攻击一样，涵盖了语言、风俗、政治关系和宗教各个方面。他批评把佛指骨舍利从法门寺迎奉至长安城（现今的西安）的皇宫：

> 夫佛本夷狄之人，与中国言语不通，衣服殊制；口不言先王之法言，身不服先王之法服；不知君臣之义，父子之情。假如其身至今尚在，奉其国命，来朝京师，陛下容而接之，不过宣政一见，礼宾一设，赐衣一袭，卫而出之于境，不令惑众也。况其身死已久，枯朽之骨，凶秽之馀，岂宜令入宫禁？孔子曰：敬鬼神而远之！①

韩愈极其厌恶在宫廷进行这种来自异域的宗教仪轨，同时也意识到人类遗物可制造恶剧，并非因为它们是恶劣的或非恶劣的遗产，而是因为它们与神灵的沟通。他认识到，宗教或者世俗的故事都有一种最强大的吸引力——魔法的力量——譬如这里的圣人的遗物。韩愈没有质疑舍利子的真实性，此舍利子很可能是 1987 年从法门寺的佛塔（从印度圣骨盒演变而来的中国建

---

① 'Memorial on the Bone of Buddha'，见于 Wm. Theodore de Bary，ed.，*Sources of Chinese Tradition*（New York：Columbia University Press，1960），1：373. 佛骨舍利属于都城长安郊外的法门寺，它被存放在皇宫三天。类似的皇家迎接礼是极为罕见的，仅在 660 年、790 年、819 年和 873 年发生过。见 Kenneth Ch'en，*Buddhism in China：A Historical Survey*（Princeton：Princeton University Press，1972），280；以及 Carson Chang，*Development of Neo-Confucian Thought*（New York：Bookman Assoc，1957），1：89-91.

筑样式）的地宫里挖掘出的四颗舍利子之一。①韩愈抗议的核心是大家对舍利子的崇敬颠覆了国家的正统性，耗空了国库。他是一个理性主义者，有着极其道德的非个人的宇宙观，比起形而上学，他更关注政治行动和政府效率。不管是不是超自然的力量从中作梗，韩愈的这份奏折给他带来了严重的危难。他的奏折被认为是对唐宪宗的人身攻击，他因此被贬至南蛮之地南粤，在那里写下了寓言《送穷文》，但具有讽刺意味的是，该文中的神灵被视为政治和社会财富的源泉。②

不亚于佛教作为一种外来宗教的吸引力，个别法师声称自己拥有在神灵之上的力量，譬如东晋时期竺昙猷被召入朝廷以驱走"妖星"的影响③。唐朝的许多精英都从佛教中寻找精神慰藉或超能力的支持；其他人则信奉道教，道教植根于本地萨满教、行医治病以及星象崇拜，相信能通过人的自我修炼达到长生不老。无论是佛教还是道教，韩愈都拒不接受，因为他看到的是它们对远古流传下来的社会角色和道德规范的抛弃，"今其法曰，必弃而君臣，去而父子"④。

中国的佛教是一门系统宏大的宗教，晚唐时期已有几个宗派在争夺关注和扩大势力。它们同属一个信仰体系，都可以追溯至印度以及中亚大乘佛教的宇宙观，公元1000年初，印度和中亚大乘佛教传入中国，再由此传播到韩国和日本。有些派别，譬如净土宗，强调在庄严天界的重生；有的派别则强

---

① 对大量类似圣物的分析显示，圣物成分中含有马齿、珊瑚片和鹅卵石。见 John Kieschnick, The *Impact of Buddhism on Chinese Material Culture*（Princeton：Princeton University Press, 2003），38.

② David Pollard, trans., *The Chinese Essay*（New York：Columbia University Press, 2000）, 35-7.

③ 东晋统治着中国东南部。见 E.Zurcher, *The Buddhist Conquest of China：The Spread and Adaptation of Buddhism in Early Medieval China*（Leiden：E.J.Brill, 1972）, 146.

④ 'What is the True Way（Yuan Dao）', 见 de Bary, *Sources of Chinese Tradition*, note 246, 1：378.

调个人心智的启迪。佛教团体的教徒对活法、社会关系网以及价值的理解与信奉儒家的官员迥然不同。因此，一旦一名信徒入了佛教，在佛理上他就脱离世俗生活的约束关系，而这样一来他在世俗社会中的基本位置就受到了威胁。对一般佛教徒而言，建造、翻新或用其他方式支持佛教机构以及制作佛像，都是建立在可让渡功德这种信条的基础之上；通过可让渡功德，有功德的行为会有好报，而且这种好报可以让渡给别人，包括逝者在内。佛教组织具有免税的权利，而且佛教庙宇和寺院都装饰着各种壁画和镀金塑像，装潢极尽华丽之美，这一点使佛教成为非信徒利用的对象，地主乡绅常常利用佛教从事逃税活动。[①]因此，尽管佛庙主要与个人的救赎有关，而非与国家、地区的福祉相联系，但它们总能成为税制改革的对象。如果说关于毁灭神像在思想方面的原因尚不充分，那么在经济方面的原因总算是能撑起这场灭佛的做法。韩愈进谏佛指舍利奏章 25 年后，中国佛教遭受了第一次最严重的肃清。唐武宗的恐外症与韩愈的激辩如出一辙，出于恐外症的影响以及经济上的权宜之计，唐武宗勒令熔化所有金属佛像，把它们收归国库或者铸成农事工具。[②]

儒学从有关祖先、星象、尘世以及其他自然神灵的本土信仰中发展而来；相形之下，佛教更容易被指责是舶来品。中世纪晚期的中国社会，同时充满着自信和忧虑——自信于自身优越的统治制度，但又畏惧异族入侵和政治动荡。当

---

① Kieschnick, *The Impact of Buddhism on Chinese Material Culture*, 157-64, 185-99. 佛教机构可以附加在世俗地产的资产中，这样全部的资产作为一体都可以免税；见 Ch'en, *Buddhism in China*, 271-2.

② 845 年的佛教肃清，摧毁了约 4 600 座寺庙和 40 000 座神坛。见 Valerie Hansen, *The Open Empire: A History of China to 1600* (New York: Harper, 2000), 241-2; Edward H. Schafer, *The Golden Peaches of Samarkand: A Study of Tang Exotics* (Berkeley: University of California Press), 268; 以及 L. Carrington Goodrich, *A Short History of the Chinese People* (New York: Harper, 1951), 12.5-7. 宋朝建立之前四年，后周世宗皇帝再次下令禁止生产铜像以维持金属流通；见 Mark Elvin, *The Pattern of the Chinese Past* (London: Eyre Methuen, 1973), 153.

时，中国的已知世界是南亚和中亚。但是在大多数汉族人的观念中，定居在边疆以外的人，以及许多疆界内的非汉族人，均为蛮族。因此，中国佛教神学家的一项主要任务是调和佛教和当地习俗的关系：例如，他们声称超度亡者（把父母的灵魂从佛的地狱中解救出来——这项风俗为宗教神职人员提供了谋生之计）不仅与履行子女的义务相符，而且其效果还超越了祭祖上供。超度，成为本土重视家庭为基本社会单元与佛教否定亲属关系思想之间矛盾的解决方法。①

我们可以通过一个广为人知的佛教传说，来管窥这个问题的解决之道。禁欲的妙善公主牺牲了双眼与双臂，来拯救她罪恶深重的重病父亲，后来她成为"千眼千手"观音。②在1100年时任河南汝州知州的佛教徒蒋之奇撰文之后，这个故事更加广为流传。蒋之奇还把这个故事传播到南宋首都杭州的一个供奉观音的寺庙，1104年他的文章被碑刻在这座寺庙。③宋朝时期，乡

---

① 见 Stephen F. *Teiser*, *The Ghost Festival in Medieval China* (Princeton: Princeton University Press, 1988).

② 这种密教哲学式的显示代表了观音菩萨全知全能的法力及其以慈悲为怀。一座追溯到971年的22米高的铜像在河北正定保存下来，其42只手臂当中的40只由木头代替。见 Shi Yan, *Zhong' guo meishu quanji: Wudai Song diaosu* (Beijing: Renmin meishu chubanshe, 1988), pl.33, 以及 Angela Falco Howard, Li Song, Wu Hung, Yang Hong, *Chinese Sculpture* (New Haven: Yale University Press, 2006), 383–6 and pl.4.24.

③ 1104年的碑文被刻在上天竺寺。一份12世纪的文件记录了祖秀法师讲的一个故事，他总结了选址在香山的原因："在中国国土的所有选址中，香山最为突出，该山离嵩山南部二百里。今天汝州的香山也是一样。"Glen Dudbridge, *The Legend of Miaoshan* (Oxford: Oxford University Press, Oxford Oriental Monographs, revised ed., 2004), 141. 同样参见 Glen Dudbridge, 'Miao-shan on Stone: Two Early Inscriptions', (1982) 42 *Harvard Journal of Asiatic Studies*: 589–614; Chi-chiang Huang, 'Elite and Clergy in Northern Sung Hang-chou: A Convergence of Interest', 见于 Gregory and Getz, eds., *Buddhism in the Sung*, 326–7; 以及 Chun-fang Yu, 'Guanyin" The Chinese Transformations of Avalokiteshvara', 见于 Marsha Weidner, ed., *Latter Days of the Law: Images of Chinese Buddhism 850-1850* (Honolulu: University of Hawaii Press in association with the Spencer Museum of Art and University of Kansas, 1994), 161–3. 妙善也可能运用了至今还流传甚广的一个故事：出色的住持宝志法师；临死前显现自己为十二面观音。见 Soper, *Literary Evidence for Early Buddhist Art in China*, 72–3, 以及 Gregory P. A. Levine, *Daitokuji: The Visual Cultures of a Zeti Monastery* (Seattle: University of Washington Press, 2005), 297–9, 见周季常对宝志变形的再诠释，4.4节将讨论这组12世纪的画。

绅与新崛起的商人阶级内部流动性加强，随之而来的是朝圣和旅游活动的活跃。因为任意一间寺庙都与神意的显示有关，甚至拥有相关的圣物都能轻易攫取经济利益。事实上，根据香山寺1185年有关观音故事及塑像的铭文，确实发生了这样的灵事：

> 自宋元符年间（1098—1100）起，这个佛寺的住持把它成功扩建成规模宏大、奢侈华丽的寺院。常住的僧人超过一千人。由于观音的遗物存放在寺庙的佛塔，而且创造了很多奇迹，每年春季的第二个月，全国各地的人们无论距离多远，都要来朝拜。朝拜者多达数万人，根据自己的经济状况进行捐款。寺庙的僧人没有入不敷出去乞讨的必要，他们的生活相当殷实。①

杜德桥（Glen Dudbridge）指出了理解妙善的三个层次，帮助我们理解在外来文化与本土文化之间的复杂关系中叙述的地位。第一个层次是认可佛教的禁欲制度对女性大有裨益。第二个层次是宣称佛教信仰与传统中国生活息息相关，是践行孝道的最佳途径。第三个层次是把佛教僧侣合法化为灵魂从罪恶中得到救赎的媒介。每个层次都认可佛教信仰对中国社会各阶层具有重要价值。妙善强调了祖先（无论是国家的还是个人的）在本土文化生活中扮演的角色，除非这种中国化的传说，佛教的自然神，例如观音，是否定这种角色的。

中世纪时期，中国宗教最引人瞩目的一个发展，是宗教朝着由佛教、道教以及地方神灵组成的混合宗教演进，其中地方神灵以前所未有的数量增

---

① Dudbridge, *The Legend of Miaoshan*, 17–18.

长，以适应宋代社会经济的复杂性需要。①譬如12世纪初，作为慈悲典范的观音被东南部湖州乌镇人当作土地神，每年都游行庆祝，认为观音菩萨能在旱灾时带来雨水，在水灾迫近时赶走乌云。②土地神和水神非常重要，因为肥沃的土地很重要，这是农业社会的主要生活来源。

在讨论集体权益的背景下，林德尔·普罗特注意到本土文化的特征，并且认为这个特征适用于全世界，即"对土地的监管权、对祖先与家族的尊敬、把人类视为自然界秩序中的核心部分，同时尊重这种秩序的世界观"③。当然，后两个特点在中世纪的中国也是存在的。但值得质疑的是对土地的监管权，当时的中国社会迎来了工农业的巨大发展并引入新的经济发明，包括政府发行流

---

① 1008年，宋真宗（998—1022）复兴了拜祭当地土地神、河神的旧俗——又增加了一项规定，即道教神也可以有头衔。北宋时，道教已经沾佛教的光，赋予了自己尽善尽美的存在权，因此当1014年真宗授予玉皇大帝一系列称号（"太上开天执符御历含真体道昊天玉皇上帝"）时，玉帝的能力与地位已经被认为与佛祖同等。11世纪末，更多神和官方神灵被认可，这意味着政府给予死者扮演更多重要神灵的角色（例如逝世的士人）。这个本土的天庭官僚体系由各种来源拼凑而成，它与中国政府民事服务大为相似，都强调解决法律、农业和商业问题的（理论上的）能力的重要性。许多被尊奉的神，本质上是人间神灵的变体，他们关注社群环境的福祉，特别关注丰收与降雨——这些因素对定居型农业社会的昌盛十分重要。他们的职能与祖尼战争神相似，他们保护社群免受自然灾害和疾病，帮助人民抵抗强盗土匪和邪恶鬼怪，他们像人间的地方官一样执政和司法，维护着当地界的秩序。处于这个官僚体系的最底层的灶神从属于地区性的城隍，后者按等级向上汇报；沃尔夫在中国台湾北部进行田野调查时发现，一般人会认为，家庭的灵魂和共同命运由灶神掌控。尽管灶神在官职上地位较低，但是他和作为社会基本单元的家庭联系紧密，受到人们的极大敬重。当然还存在女性的神，譬如金坛圣母、太元圣母（可追溯到1087年）、福建的妈祖（天庭女皇）以及观音菩萨的女性身份，但总体而言，佛教诸神的性别反映了男权思想的主导地位。Arthur P.Wolf,'Gods,Ghosts,and Ancestors',见于 Emily Martin and Arthur P.Wolf, eds., *Religion and Ritual in Chinese Society*（Stanford: Stanford University Press,1974）,133-7.

② Hansen, *Changing Gods in Medieval China*,35.

③ Lyndel Prott,'Understanding One Another on Cultural Rights',见于 Halina Niec, ed., *Cultural Rights and Wrongs: A collection of essays in commemoration of the 50th anniversary of the Universal Declaration of Human Rights*（Paris and Leicester: UNESCO and Institute of Art and Law,1998）,168;同样参见 Patrick O'Keefe,'Review of Joseph L.Sax, Playing Darts with a Rembrandt: Public and Private Rights in Cultural Treasures,'（2000）9 *International Journal of Cultural Property*,386.

通的纸币。①我认为，普罗特所讲的监管权并非指集约化农业生产的土地。中世纪的中国农民，并不像狩猎和采集社会中的游牧民族、半游牧民族甚至定居民族那样，一直或者有时会让土地处于自然状态。事实上，中国社会早就对半游牧民族和自己的农业社会作了区分。汉森（Hansen）指出，在宋代：

> 经济迅猛发展，神和敬奉他们的人一样，都多样化起来。他们不再仅仅发挥带来雨水、驱赶蝗虫、预先阻止干旱和保佑社群不受蛮族入侵等老套的作用。有些神开始涉足全国粮食市场，为他们的信徒提供商业贸易的咨询，偶尔甚至能给他们的信徒带来十倍的利润。简而言之，到13世纪为止，在商业活动最活跃的地区，少数神祇对市场机制了如指掌。②

在宋朝，中国的神灵世界成为男性主导的监督网，这个监督网不仅管制着个人的道德行为，还管制着社会的交往制度。至少在理论上，这个制度足够复杂，能够管理人口众多、高密度分布的领土，支持和制约个人、家庭或地区的人口流动。地方神是这个制度的组成部分，祈求者认为他们与地方神之间是互惠关系。在此，我们再次引用汉森的话：

> 神想要的，或者说，人们认为神想要的，是美丽的神像、簇新的寺庙、雄伟壮观的梵唱和赞美的铭文。这种对外在形式认可的追求，意味着有钱竖立华美神像、建造崭新寺庙、赞助雄丽法事表演和雕刻赞美铭文的个人或组织，比没有钱的占据明显优势。③

但本土的神灵在故事中也会以带有自身目的的个人形象出现：他们本来

---

① 纸币(交子)于1023年出现在四川。见 Hansen,The *Open Empire*,261-97.
② Hansen,Changing Gods in Medieval China,27-8.
③ 同上,161。

有官帽而选择不戴；有角色却选择不演；认识到标准的期许却考虑是否满足他们。[①]确保祖先以及其他神灵的协作，可以帮助人们存活和带来兴旺。

可能在有的文化里祖先都是宽厚仁慈的。但是在中国，如果祖先被冷落，他们有像其他神灵一样的能力去惩罚后代，而且人们还要注意提防其他宗族的神灵。如阿瑟·沃尔夫（Authur Wolf）所说，在泛神论的世界里，你的祖先对我而言就是鬼魂，我的祖先对你而言也是鬼魂，"中国人自己变成了神；包括家族世系里年长的成员，还有祖先；但是陌生人却以危险的被鄙视的鬼魂形式一直保存着"[②]。沃尔夫指出，与西非社会相比，中国人相对而言对祖先缺乏敬畏，他把原因归结为传统中国里长辈的权威远远低于政府官员的权威。尽管神、祖先和鬼在某些地域只被视为社会经济秩序的反映，但我们也可以把他们理解为积极的演员，他们的角色与尘世间凡人的角色一一对应。因此有的祖先表现得像宗族的首领，有的鬼魂表现得像陌生人，有的神表现得像仆人、国王或横跨大陆帝国的皇帝——所有这些都指向一个问题：祖先和神的匾牌或画像，事实上不过是霍布斯的空瓶子，又或是人类把世俗的权力投射到虚拟实体身上的产物。不管是不是空瓶子，我还是照旧把中国本土宗教视为一系列关于神灵和人的相互关联的故事，它与从农民阶层到朝廷的各种各样的社会风俗息息相关。

---

① 这并不适用于佛教神灵或天界神灵官僚体系中级别稍高的神。祖先或神祇可能由于发挥的作用不如人们的期待而受到威胁，关于周朝时期的这种情况，参考 James C.Y.Watt,'Antiquities and the Importance – and Limitations – of Archaeological Context', 见于 James Cuno, ed., *Whose Culture? The Promise of Museums and the Debate over Antiquities* (Princeton: Princeton University Press, 2009.99 – 101；关于宋朝，参见 Hansen, *Changing Gods in Medieval China*, 52, 57–8；关于明朝，参见 C.R.Boxer, ed., *South China in the Sixteenth Century: Being the Narratives of Galeote Pereira, Fr.Gaspar da Cruz, O.P., Fr.Merlin de Rada, O.E.S.A. (1550–1575)* (London: Hakluyt Society, 1953), 214–15.

② Wolf,'Gods, Ghosts, and Ancestors', 168, 173–5.

马丁·霍利斯认为，参与这样的活动（例如祭拜祖先）与玩游戏不无共通之处。我们在玩游戏的时候，会在遵守规则的同时诠释和发展规则。每一次，我们都理性地努力改善自己的结局，但我们扮演的角色在支持我们的同时也在制约着我们。

> 借用维特根斯坦简练的说法，在学习游戏规则的过程中，我们也在学习"如何接下去"，学习怎么按规定去做、去避免禁止的以及小心翼翼地在游戏精神所允许的范围进行。[1]

但是霍利斯指出，

> 维特根斯坦……从来没有迹象显示，他想要把社会演员从人类的故事中砍掉。他坚持认为，光看规则不足以使我们辨认社会行为。社会规则的书总是不完整的，因为规则是什么取决于人理解它的方式。诠释总是有相当大的自由度，而在诠释的过程中，规则遵守者同时也完善了规则。然而，他们仅仅完成了部分，因为新的情况会催生更深层的理解。因此，我们在玩游戏时，同时也在帮助构建游戏；因遵守规则而让游戏束缚了玩家，使玩家沦为无足轻重的人，这种情况是不可能发生的……因此我们被嵌入社会生活的游戏中，但并未迷失其中。[2]

---

[1]　Martin Hollis, *The Philosophy of Social Science: An Introduction* (Cambridge: Cambridge University Press, 1994), 153. 正如大卫·布洛尔(David Bloor)所说，维特根斯坦的游戏,是一个"虽然至关重要,但却简单的制度例子"; David Bloor, *Wittgenstein, Rules and Institutions* (London: Routledge, 1997) , 37. 同样参见 Martin Hollis, *Trust Within Reason* (Cambridge: Cambridge University Press, 1998), 105-25, 152-5 and 161-2.

[2]　同上, 120-1. 塞缪尔·贝克特(Samuel Beckett)指出了解释所占据的空间,在他回应一位正要上演《等待戈多》且仍不确定让爱斯特拉贡(Estragon)的裤子落下多远的导演时说:"戏剧的精神,到了只有一个的程度。"转引自 Paul Taylor, 'Way Out of Line', *The Independent*, 18 March 1994. 关于艺术作品(包括戏剧叙事)如何解释的进一步讨论,参见 Joseph Raz, *Between Authority and Interpretation* (Oxford: Oxford University, Press. 2009), 241-64.

文化遗产的观念

中国的情况是，本土宗教建立于宗族成员和他们神灵之间的互惠性之上：人们期待祖先协助自己，保佑健康和兴旺，人类给予他们相应的祭祀品以作为回报。与此相反，宗族成员与鬼魂之间的交流一贯具有斗争性，后者会给人类造成伤害，除非人类驱逐鬼魂或者通过其他方式与之保持距离。任何社会都会对在社会规范以外操作的游戏者施加惩罚，16世纪由吴承恩所著的《西游记》就反映了这个事实，它借用早期的故事，在中国内外持续广受好评。①

故事的开头，拥有魔力的美猴王大闹天宫，连观音菩萨也被派去召唤如来佛祖，这向读者证明佛教自然神的法力大大超越本土众神。美猴王继而被压在五行山下数百年，然后因要护送唐三藏赴西天取经（是对著名的玄奘取经的改编）而被释放。②小说的一种解读是把孙悟空视为捣乱者，对社会标准进行讽刺，同时展现了恶作剧的价值。另一种解读则把孙悟空视为入世的无信仰的不法之徒，自私自利，不顾社会秩序，但通过辅助三藏、皈依佛法（非儒家规范），还清因果报应的债，修成正果造福中国社会。更深层次的解读是，孙悟空是凡夫俗子，按麦金泰尔的说法，只有在迎接更高尚的目标，有增益人生的追求时，他本真的善才显露出来。然而无论我们如何解读他，他都不属于"高雅文化"（文人雅士的"斯文"，一个追溯到孔子的词语）。在不同历史时期，"斯文"都是由贵族、官僚集团和当地精英家庭所界定。③

佛教被视为外来元素，卷入这场争论，正是因为由韩愈领导的依据经典写作的学术流派认为，无论其他形式有多么优雅，古文比其他所有形式都更

---

① 见 Glenn Dudbridge, *The Hsi-yu chi: A Study of Antecedents to the Sixteenth-Century Chinese Novel* (Cambridge: Cambridge University Press, 1970).

② 我沿用约翰·梅杰 (John S.Major) 把五行译为五个阶段而非五种元素的译法。

③ Bol, *"This Culture of Ours"*, 3-4.

优越。①关于"文"（依据经典的、文明的文化）的争论固然是上层社会的活动，但对于与政府政策、程序密切相关的人而言，这样的辩论也越来越不可避免。如阿尔伯特·威尔特（Albert Welter）所言，"宋朝对文的复兴从一开始就标志着民族价值的回归和对相关经典文献的研究。然而关于民族价值由什么构成，选择什么文献包含这些问题的分歧仍旧存在"②。1044年，王安石提出建立一套整合统一的统治阶级的内部价值，并由此统摄整个社会价值的国家体系模型，他写道，"圣人之言行，岂有二哉？其相似也适然③"④。在现代人眼里，王安石的保守带有社群主义思想。与之相比，既是卓越的僧人也是学者的赞宁大师则认为，佛教在中国是组成"文"的核心部分，因此应当被纳入中国文化遗产的一部分。⑤根据威尔特所言：

> 赞宁大师认为佛教应当被纳入中国文化遗产，是基于中国传统是有活力并在不断进化中的这一观点。赞宁大师并不接受把中国的核心文化价值单一地植根于远古文化这个"黄金年代"的假设，他认为随着中国文化的进化，与之相对的价值也会逐渐改变。⑥

这种对高级文化的迁就通融既是对宗教寄予同情的文人学士提出的，也是佛教僧人本身提出的，因此，蒋子奇写道，要把他手上的妙善故事中"某些粗俗"语言删去；该故事出于唐代僧人义常法师之手，而他"也许缺乏文

---

① 文人阶级运用极其简练浓缩的语言写作，与方言口语截然不同。

② Albert Welter,'A Buddhist Response to the Confucian Revival',见于 Gregory and Getz, eds.,*Buddhism in the Sung*,22.

③ 出自王安石《同学一首别子固》，前文为"学圣人，则其师若友，必学圣人者"。——译者注

④ Bol,"*This Culture of Ours*",189.

⑤ 赞宁（919—1001）是北宋时期杰出的学者僧人，侍宋太宗一朝。Welter,'A Buddhist Response to the Confucian Revival',37,39.

⑥ 同上,46。

学造诣"。①两百年以后，在1306年，妙善的传说通过著名书法家、画家和诗人管道升（1262—1319）的书法抄本，其正统性再次被中国文人学士承认。管道升和她的丈夫赵孟頫（1254—1322）都是禅宗大师中峰明本的俗家弟子，赵孟頫后官至翰林学士承旨②。③

尽管两个思想体系之间建立起了沟通的桥梁——譬如，宗教神职人员的领袖会运用自己的影响力在地方政治经济问题上协助执政官员——但是佛教习俗仍然受到风貌焕发的新儒家的攻击，包括最具影响力的北宋政治理论家、散文家和诗人欧阳修（1007—1072）。作为古文运动的倡导者，他斥责佛教是从外国引进的宗教，与中国政治文化、道德文化的价值互不协调。④他痛诉如下的弊端（批评本土文化的常见修辞）：

> 后之有天下者，不能勉强，其为治之具不备，防民之渐不周，佛于此时乘间而出。……井田最先废，而兼并游惰之奸起。其后所谓狩、婚姻、丧祭、乡射之礼，凡所以教民之具，相次而尽废，然后民之奸者有暇而为他，其良者泯然不见礼义之及己。夫奸民有余力，则思为邪僻；良民不见礼义，则莫知所趣。佛于此时乘其隙，方鼓其雄诞之说而牵

---

① Dudbridge, *The Legend of Miaoshan*, 12.

② 中国古代官职。——译者注

③ 杜德桥认为，她的抄本（伴有观音的画像）可能是贵族阶级表达虔诚信仰的行为，同上，42。赵孟頫是当时最杰出的书法家；参见 Natasha Heller, 'Between Zhongfeng Mingben and Zhao Mengfu: Chan letters in their manuscript context', 见于 Stephen C. Berkwitz, Juliane Schober and Claudia Brown, eds., *Buddhist Manuscript Cultures: Knowledge, Ritual and Art* (Abingdon: Routledge, 2009), 109–23; 以及 Chun-fang Yu, 'Chung-feng Ming-pen and Ch'an' in Hok-lam Chan and Wm. Theodore de Bary, eds., *Yuan Thought: Chinese Thought and Religion under the Mongols* (New York: Columbia University Press, 1982), 433–4. 翰林学院是中国最重要的学术机构，建于唐朝。

④ 见 Huang, 'Elite and Clergy in Northern Sung Hang-chou, 325–6. 1057年，欧阳修被任命为礼部贡举的主考官，他坚持以古文标准作为科举考试的基础，由此把佛教经文排斥在外；Welter, 'A Buddhist Response to the Confucian Revival', 50.

之，则民不得不从而归矣。[①]

对欧阳修等人而言，佛教的不合时宜之处在于，它暗中对儒家道德习俗进行破坏。他明确指出，佛教之"疾"已经侵蚀本土习俗，包括宗教仪式、婚姻丧葬、谓狩乡射之礼。"凡所以教民之具"，在佛教的败坏下受到严重威胁。

从文的审美标准来说，管道升的书法对妙善故事的诠释，与锡制的牛仔关帝之间有遥远的距离，普罗特把后者完完全全排斥在"文化"（集体里最高级的知识或艺术成就）之外，但囊括在广义的"文化"（"从人类学的角度看，包括通俗技能、信仰和传统"）之内。[②]毫无疑问，世界各国的精英艺术家、鉴赏家都会在圈子周围设置屏障——在中国也一样——但高雅文化真的可以与通俗文化完全隔离开吗？妙善的传说在 12 世纪初传入文人阶层，但是在普罗大众中一直通过书籍印刷、故事咏唱和民谣、木偶表演和戏剧等形式广泛流传。这证明精英文化吸收并常常发展了通俗文化。[③]许多在世界各地无可厚非地被划分为高雅文化的艺术与建筑运用的都是共有的技术、信仰和传统。

4.3　期许与价值

评估宗教神像、其他艺术作品或者建筑环境，是一项几乎没有明确准则

---

① 'Essay on Fundamentals'(*Ben Lun*)《本论》,见于 de Bary, *Sources of Chinese Tradition*, 1:386-390.

② Prott,'Understanding One Another on Cultural Rights',164.

③ Dudbridge, *The Legend of Miaoshan*,36-7.

的差事。但是，共享标准的期许为社会不同层次的价值衡量和创新提供了背景条件。①例如，从文艺复兴的高潮到19世纪，人们一般公认西方画家都要理解和运用视觉准则，但在20世纪这种默认在慢慢减退。也是在同一时期，人物肖像画、静物画（往往是道德寓言）、城市生活风景画等流派的地位不及描述经典《圣经》叙事以及城邦或国家政治生活的重要事件的画派。

　　与其他社会一样，关于艺术形式在西方传统中的排位有一个不成文的观点，即五百年以来人们一直认为"高雅艺术"比陶瓷、玻璃、金属及家具等装饰艺术的地位更高。现今的西方，对绘画和雕塑的拔高虽然由来已久，但并不算年代久远。帕特农神庙建成时，今天被称为（视觉）艺术的东西当时被归类为手工艺，与木工、烹饪同列，柏拉图就把绘画与雕塑排在与玻璃装饰、魔术以及模仿动物叫声等表演同等的地位。只有经过艰苦的斗争以后，它们才在西方赢得尊为艺术的社会地位。②在中国，直到中世纪，绘画的价值一直位列音乐、诗歌与书法之下，到了北宋时期，绘画才通过"士大夫文化"获得如今的地位。③山水画取代人物画成为最具价值的流派（在它之下还有子流派，例如竹画，书法的技巧基本源于竹画），到14世纪为止，山水画已位列世俗人物画、宗教题材画、花鸟画以及动物画之上。

　　在西方国家，寻找审美经验内在价值的活动被标注为"艺术形式"已成为一种传统：如中国国画、意大利歌剧、俄罗斯舞蹈以及英国诗歌等。人们

---

　　①　这一点由斯金纳在讨论马基雅维利的《君主论》时明确提出，《君主论》使用的是政治文章的高度传统化的写作风格。见 Skinner's *Visions of Politics*，1：142-3。

　　②　见 Paul O. Kristeller，'The Modern System of the Arts：A Study in the History of Aesthetics'，(1951) XII *Journal of the History of Ideas* I：496 and 502，以及 M.H.Abrams，'From Addison to Kant：Modern Aesthetics and the Exemplary Art'，*Doing Things with Texts：Essays in Criticism and Critical Theory*(New York：W.Norton，1989)，159。

　　③　Susan Bush，*The Chinese Literati on Painting：Su Shih(1037-1101)to Tung Ch'i Ch'ang(1555-1636)*(Cambridge，MA：Harvard University Press，1971)，4-13。

对视觉艺术、建筑、文学、戏剧、音乐、舞蹈、朗诵和礼制等活动的实践及其价值的期许，经过漫长的时间发展起来，而不同文化间存在根本差别，即便是同一文化，也往往存在阶级与性别差异（例如，新儒学的保守派一贯否定女性，即便是社会上层女性，拥有受教育权也极其稀奇，中国文人画理应由男性主导，鲜有例外）。[①]任何特定艺术形式内部的传统与规则一般（但非总是）由个别作品首先确立。我们能想象立体主义离开毕加索和布拉克（Braque）的先锋实验，尤其是《阿维尼翁的少女》而凭空发展起来吗？因此，实践由接连不断的方法组成（例如，"多角度刻画人物"），作品亦然（例如《格尔尼卡》）。[②]

尽管有些实践与文字记录一样历史久远（中国诗歌与音乐、西方的经典艺术），有些实践刚刚萌芽（比如中国明代和18世纪欧洲的小说，20世纪的电影），但它们或融合既有形式，或认可新形式而得以发展。正如约瑟夫·拉兹所指出的：

> 许多价值都是混合价值：一出好的歌剧由视觉、音乐、语言以及动作融汇而成，每项都有自己的审美标准……我们可以把价值通过某一门类的审美标准去界定或组合。因为许多价值都是混合价值，它们的审美标准指向其他价值，它们特定的组合使得自身的价值与众不同。[③]

这些审美标准，经由那些对价值评估感兴趣的权威专家的口头或文字的

---

①　参见 Marsha Weidner, 'Women in the History of Chinese Painting'，见于 Marsha Weidner, Ellen Johnston Laing, Irving Yucheng Lo, Christina Chu, James Robinson, *Views from Jade Terrace: Chinese Women Artists 1300-1912* (Indianapolis: Indianapolis Museum of Art and Rizzoli, 1988), 16. 备受尊敬的管道升（见4.2节）不仅仅接受了全面的教育，而且与夫君赵孟頫志趣相投，赵成为她书法和绘画上的老师；同上，catalogue entries 1 and 2, 66-70.

②　制度本身没有必要遵循这些做法，但是它们经常如此；中国历朝都设有翰林画院，但从未设文人画室。

③　Joseph Raz, *The Practice of Value*, ed. R. Jay Wallace (Oxford: Clarendon Press, 2003), 132.

评论而不断发展；而那些鉴赏专家通过价值评估，可以与内在价值对话，进而获得贵族阶级的认可甚至物质的奖励。艺术家、鉴赏家、学者、评论家、收藏家以及经销商都为艺术品价值评估的流程做出了贡献。[①]当然，时尚和反传统的风潮也起着重要的作用。事实上，"传统"一词在西方自由文化中往往带有贬义色彩，由此可见，当今社会已向激进和意料之外的元素倾斜。传统不仅涵盖我们制造和欣赏实物的方式，同时也涵盖事物的消费与展示的形式。我们的期许，会给我们接触其他文化形式制造障碍，而当代艺术往往从自身的文化出发去接触艺术形式。直到20世纪中期，西方绘画仍旧保持着这样的传统，即把画作装裱在镀金或彩色、雕有建筑装饰风格的木框内。[②]这完全不足为奇，因为教堂、宫殿以及私人豪宅里收藏作品的缘饰，都是类似风格。甚至二战以后的抽象表现主义画派不采用装饰性画框的做法，也与风靡全球的现代主义不加装饰的建筑风格密切相关。然而，中国传统一般要求绘画携带方便，珍贵的卷轴只有在供权贵集团欣赏时方可从书库中取出。因此，中国画与建筑的关系跟西洋画与建筑的关系截然不同。对于看惯西洋画精致画框的人而言，中国画的装裱着实显得无足轻重。

根据西方传统，除非是出于保护的目的，否则画作不能触碰。然而，许多伟大的中国画，都有一个或多个当代或后世鉴赏家的题款。暂且抛开这些题款的内容不顾，如果是大书法家执笔，这些题款可以提升视觉上的愉悦，若非大书法家所写，视觉上的审美便会大打折扣。例如，18世纪乾隆皇帝在当时重要的画

---

① 在衡量什么时候应该遵循传统手法,什么时应该抛弃它的问题上,有些人更权威、更博学、更有洞察力、更有创造性和更成熟。John Henry Merryman,'A Licit International Trade in Cultural Objects'(1995)4 International Journal of Cultural Property 39.

② 关于画框的意义,参阅 E.H.Gombrich, The Sense of Order: A Study in the Psychology of Decorative Art(Oxford: Phaidon Press,1984).

作上都附加许多冗长无味的诗歌和箴语。这种做法仅在中国文人画背景内存在；自元朝起，画家们开始接受一个事实，即自己的画作能否长期保存是不得而知的。[①]因此，无论是锦上添花还是弄巧成拙，都不能在艺术品上添加任何东西这项规定，即便不是全球通行，至少也是西方的一个传统。梅利曼承认：

> 如何断定什么具有文化价值以及由谁断定，在一定程度上因时间和地点而异。因此很多美国人，非常在乎自由钟，但大多数外国人并不关心。同理，只有很少数狂热分子才关心装饰艺术建筑的保存情况。[②]

既然并非所有的价值都通行于不同文化，梅利曼想知道中国或日本观赏者，对布拉克的一幅立体主义画作持何种态度。

> 答案并不是显而易见的，因为即便是西方人自己，也可能对同一幅布拉克的画或鄙夷反感，或疑惑不解，或无动于衷。但是，对一位受过良好教育（此人完全与外界隔绝，甚至到了极度反感西方文化的地步）、在艺术上知识渊博而又饶有兴致的中国人而言，他会与这样一幅画的品质与内在艺术价值产生共鸣吗？

但是，对一位受过良好教育、知识渊博又对艺术饶有兴致的欧洲人而言，他面对一幅精美的中国画时又会作何评价呢？因此，我想考察中国中世纪晚期的两幅宗教画。第一幅是12世纪晚期为一座佛寺所作，恰逢欧阳修对宗教进行鞭笞后的100多年；第二幅画比第一幅晚100年，出自文人画家龚开之手，刻画了一个家喻户晓的神。两幅中国画现均收藏于华盛顿特区史密森学会的美国国家博物馆群中。

---

① 当画作进入公共收藏之后,这种做法现已消亡。

② John Henry Merryman,'The Public Interest in Cultural Property', (1989) 77 *California Law Review* 342.

4.4 《临流涤衣》和《钟馗出游图》

　　佛寺画《临流涤衣》（如图4-3所示），是100幅描绘五百罗汉画作中的一幅，于1178年由义绍住持为惠安院题献，该佛寺位于杭州附近的港口城市宁波，而当时的宁波已经成为佛教活动的集中地和天台宗的中心①。许多从中国传到日本的画作和早期佛教文化的器物都是从宁波起运，惠安院也不例外；这些佛寺画在13世纪被运到日本镰仓的寿福寺，又经过两个寺庙的购置，于16世纪末被安放在京都最宏大的禅寺大德寺。1894年，大德寺残破不堪急需修整，于是出借其中44幅画给波士顿艺术博物馆展出，此展由当时波士顿的日本艺术馆馆长欧内斯特·费诺罗萨（Ernest Fenollosa）策展，展览结束后波士顿艺术博物馆购买了其中的10幅。费诺罗萨向查尔斯·佛利尔（Charles Freer）谈道，当年展览结束后，日本画商希望赠送一幅画以表感谢，自己先是拒绝，但最后还是挑选了这幅《临流涤衣》，现在打算出售此幅作品。佛利

---

　　① 宁波不仅是宗教艺术的制造中心，还是世俗装饰艺术的制造中心，同时也是宋朝时期中国僧人东渡日本、韩国的最重要港口。天台宗取名于天台山——中国五座圣山之一，距宁波南部约50英里，当地有一座著名的天然石桥，这个画组中的一幅画描绘了该桥。该画组现藏于佛利尔美术馆。在此书中有讨论：Wen Fong, 'The Lohans and A Bridge to Heaven' 3, no.1 *Freer Gallery of Art Occasional Papers*（Washington D.C：Smithsonian Institution，1958），在文中，他指出，惠安院就是现在的青山寺，靠近城市东南。同样参见 Thomas Lawton, *Chinese Figure*（Washington D.C：Smithsonian Institution，1973），947；Wu Tung, *Tales from the Land of Dragons: 1 000 Years of Chinese Painting*（Boston：MFA Publications，1997）160 – 67；Levine, *Daitokuji*，287 – 313，以及 Sacred Ningbo：*Gateway to 1 300 Years of Japanese Buddhism*（Nara：Nara National Museum，2009）. 参见 Koichi Shinohara, 'From Local History to Universal History：The Construction of the Sung T'ian-t'ai Lineage'，见于 Gregory and Getz，eds.，*Buddhism in the Sung*，534-8.

尔很高兴能购得此幅画作，现在这幅画作由史密森学会收藏。①

图4-3 《临流涤衣》

注：林庭珪，南宋，公元1178年，111.8 cm×53.1cm。由华盛顿史密森学会的佛利尔美术馆提供，查尔斯·朗·佛利尔赠予，F1902.224。《临流涤衣》是最初供奉在中国东南的宁波一座寺院中的百幅卷轴中的一幅，之后，在13世纪被输出至日本。19世纪晚期，其中的44幅被运至美国展览，这幅画被赠送给画展的组织者欧内斯特·费诺罗萨。

---

① 波士顿展览之后，那些未被波士顿艺术博物馆收购的画，于1895年在宾夕法尼亚艺术学院和纽约世纪协会展出。佛利尔付给费诺罗萨1 640美元，购得《临流涤衣》。直到19世纪，这些卷轴画都被视为出自与罗汉绘画有关的中世纪著名艺术家贯休和李龙眠之手。尽管1850年日本鉴赏家养鸬彻定已经根据笔工上的不对应对此提出质疑，费诺罗萨还是坚持认为它们由12世纪李龙眠及其弟子所作。在这组画到达日本之前，有2幅画明显被调包，约1638年，又有6幅画作被狩野德翁（Kano Tokuō）所作的画调包。日本国立文化财产研究所以及奈良国立博物馆进行的最新调查显示，大德寺画组中有超过40幅有题词。*Tobunken Monthly Report*，May 2009.

文化遗产的观念

　　罗汉源于古印度和中亚的经文,历史上他们是佛祖最有学问的弟子。在中国,他们被认为是16人、18人或500人的组合,他们的文学和视觉形象明显借鉴了隐居深山的道家的长生不老的神仙传说。中世纪后期,他们戏剧化的塑像被供奉在禅寺和天台寺的大殿和洞窟中,充当保护神的角色(像观音一样),并明显成为人们朝拜和旅游体验的重要对象。在华北地区,每一个真人尺寸大小的釉上陶制著名神像,都有自己独特的神态(如图4-4所示)。①这些神像向一般信徒和佛教的政治敌人说明,佛教僧侣应被视为有权力的个人,他们被神像隐喻性地显现——隐居深山,半神,像世俗住持一样身披华美僧袍的圣人。的确,佛教在宗教救赎、强大社会和政治影响力方面的力量都是超越国界的,不仅北宋的佛教徒拥有这种力量,他们在大理国(今云南)、北部女真金国、韩国、日本以及其他周边国家或地区的教友也同样拥有这种力量。寺庙画像对不同人有不同价值。对于宗教神职人员而言,它们的价值在于提供关于天堂、地狱以及人类来生抵达彼岸的言说,关于佛

---

　　① 据推测,它们虽在河北省被发现,但当时的制作者并非打算把它们放置于河北的石窟,易县陶制罗汉像很可能原本计划被安置于紧靠寺庙大堂墙壁的平台上。这组神像可能本来有16座,现存的神像中,两座收藏在纽约大都会艺术博物馆(the Metropolitan Museum of Art);另外,宾夕法尼亚大学博物馆、纳尔逊·阿特金斯美术馆(the Nelson-Atkins Gallery)、大英博物馆、吉美博物馆(the Musée Guimet)、波士顿艺术博物馆(the Museum of Fine Arts Boston)、皇家安大略博物馆(the Royal Ontario Museum)以及西武现代美术馆(the Saison Museum of Modern Art)各藏馆中均收藏一座,后三个藏馆中罗汉的头像是修复替换的。这组像中还有三座像,据说在20世纪初从佛窟搬下来时,就已经被损坏了,还有一座似乎二战期间在柏林被毁。安吉拉·法尔科·霍沃(Angela Falco Howard)根据保存技术情况推测,这些罗汉像早在720年左右已经损毁;见 Howard, et al., *Chinese Sculpture*,303-5.宾夕法尼亚大学运用热发光鉴定法监测出的数据显示,罗汉像的损毁发生在11到12世纪;参见 Richard Smithies, 'A *Luohan* from Yizhou in the University of Pennsylvania Museum', *Orientations*, vol.32, no.2, February 2001,51-6.关于中世纪晚期华北地区的雕像更详细的讨论,请看 Derek Gillman, 'General Munthe's Chinese Buddhist Sculpture', 见于 Tadeusz Skorupski, ed., *The Buddhist Forum 4* (London: University of London, School of Oriental and African Studies,1996),93-123.

教神灵慈悲为怀的故事，关于佛教僧侣通过利用自己的神职力量为已逝者超度而拥有的实用性价值，以及通过佛教仪式、寺庙捐钱和赞助、供奉神像和圣物等方式得以积攒功德。

图 4-4　罗汉像

　　注：中国，辽代或金代，公元 11 或 12 世纪，釉面陶器，120.6cm。由宾夕法尼亚大学博物馆提供（C66）。雕塑和绘制的罗汉（和尚外表的半神）神像，自 10 世纪起，越来越多地以群体的形式出现在中国寺庙的大堂内，吸引着朝圣者和地方信众。

文化遗产的观念

　　林庭珪和周季常两位艺术家创作的大德寺卷轴画，展现了五百罗汉（每幅画五个）参与各种各样的活动实践，既刻画了罗汉慈悲为怀的天性，又展示了他们魔法般的能力，林庭珪的画卷还描写了罗汉参与现实生活和世俗活动的场景。《临流涤衣》把六位罗汉分成三组：在画卷的正中央，一个罗汉和一个挑夫（很可能是一个神灵）正在下山，他们跟在两个正在交谈的罗汉背后，最前面的两个罗汉在河岸边洗涤衣物，同时展示了像农人一样肌肉发达的手臂。鲜艳矿石颜色的僧袍，在颜色单调但形象生动的背景衬托下更加抢眼，画的左边是一棵长满节瘤的弯曲缠绕的松树，环绕着罗汉，显示罗汉们定居在超越尘世的另一个世界。与西方的不同，也不是当时南宋权威学派流行的人物画、山水画的风格，林庭珪的画作百里挑一，精湛地创造一个封闭的舞台，舞台主演强调他们与敬神者和朝圣者的共性，通过全神贯注参与卑微的活动来教化百姓。①

　　在另一幅周季常的画作中（如图4-5所示），罗汉展示了佛教经文无可匹敌的本质，画中一卷佛经发射出耀眼的光芒，光束穿过了一群道家修行者的头顶，道家修行者们充满敬畏地聚拢在一个佛窟里，他们在情感、肉体和精神上完全臣服于佛经的力量。然而，我们不能由画中展示出来佛的力量，推断作者本人就是佛教徒，因为和其他宁波画家一样，他们收取佣金，也可能为道观作画（尽管林、周二人这两幅画对佛教主题明智的处理，暗示他们对佛怀有极大的同情和尊敬）。

---

　　①　吴同提出，画中人物在风格上接近林、周二人同代的宫廷画家刘松年的风格，*Tales from the Land of Dragons*，160；画的山水背景则是画家李唐的风格，他在20世纪初经历了从北宋翰林院转到南宋翰林院的变化。

图 4-5 佛经的威力

注：周季常，中国，南宋，公元 1178 年，111.5 cm×53.1cm，收藏于波士顿艺术博物馆，登曼·罗斯（Denman Waldo Ross）收藏，06.290.图片来源：@波士顿艺术博物馆 2010。

这样的画作强调了给予百姓在佛教组织内部合法性和接受性的角色。然而，对欧阳修而言，佛教给中国人民树立了不好的榜样，修佛会使人在生活中做出各种不智之举。尽管佛教在中国已传播千年，但他希望占主导地位的是儒家经典人物及其身上的道德品质（官员正直良善，子女孝敬恭顺）。如果有人反驳他，欧阳修也许会发现很难忽略佛教慈悲、慷慨的道德品质，但也一定会指出这些品质不足以支撑承担儒学国家精神、政治权力的复杂社会活动。佛教的住持也许有管理和政治方面的才能，但是他们缺乏公正、高效地管理一个幅员辽阔的帝国并为自然灾害、政治波动和经济危机未雨绸缪所需要的品质。

把佛教的道德否定为非中国的，这种做法并非针对外来语本身，因为遭受新儒家百般诋毁的佛教经文其实在很久以前已经被翻译成汉语（或者事实上，创制成汉语），许多宗教借经文翻译维持自己的信徒。尽管研习经文还是阅读原文最好，但对于普通信众而言，口语化的表达就已经足够——这既出于必要也出于选择。因此，佛学可以用汉语、泰语、日语和英语来教学，正如基督教新教教义可以用汉语、德语、斯瓦希里语和阿拉伯语来教学一样。但并不是说，所有的思想体系都可以跨越文化。许多部落文化尽管与附近其他部落文化有"亲缘关系"，但它们都有自身独特的思想体系。然而，宗教故事在数不清的国家疆域之间演变，却仍旧存活下来。例如，关于佛祖生平的《本生经》里的故事，已经通过方言在印度、斯里兰卡、柬埔寨、泰国、缅甸、印度尼西亚、中亚国家、尼泊尔、中国、韩国和日本不断重述。但是，与故事相关的人物形象，风格却随着时期的不同而各不相同。尽管中国宋朝的审美价值与当代日本和韩国的审美价值有联系，但它仍独具一格。对12世纪的中国鉴赏家来说，《临流涤衣》是宁波的画坊作品，不能与禅宗佛图、翰林院画或者文人画相提并论。对这种画坊作品的鉴赏，主要看技术

水平、刻画的精致程度和戏剧效果。①然而，伯纳德·贝伦森（Bernard Be-
renson）却认为大德寺画卷真是令人赞叹：

> 他们的人物或人物组的构成，完美而简洁，我们欧洲人能达到的最
> 高水平也不过如此……我佩服得五体投地。费诺罗萨看到画时整个人都
> 颤抖了。我以为自己会死去，即便是长得矮胖的登曼·罗斯（Denman
> Ross）都蹦蹦跳跳的。我们都要捏一下对方的脖子，以证明这并非梦
> 境，然后激动得流下泪。是的，我从未有过这般艺术体验。②

第二幅画作由广受尊敬的文人龚开创作于元朝初年，也收藏在佛利尔美
术馆。正如 1700 年高士奇所写的那样，在某种程度上《中山出游图》（钟馗
出游）"必引起哄堂大笑"（如图 4-6 和图 4-7 所示）。画卷中的主角是维护秩
序的神灵（与前文所述的关帝不无共同之处），他在唐明皇（713—756）发烧
时出现在其梦中。③神灵把他从邪恶的魔鬼手上解救出来，为表谢恩，唐明皇
赐他"赐福镇宅圣君"的封号，钟馗由此游遍全国，为民驱除魔鬼。在龚开
的画作中，一群粗野习武的鬼——有的抬着钟馗，有的围绕着钟馗和他闷闷
不乐的妹妹，时刻准备战斗。龚开敏捷有力的笔触，创造了围绕在亦学者、
亦神灵的钟馗周围的近乎混乱的氛围：一个受人尊敬的反叛者的狂热、超自
然的版本，以及对"他界"栩栩如生又极具讽刺意味的刻画，画中充满恐怖、
捣乱的鬼怪和恶魔，他们被绑在柱子上，不断蠕动而想要逃走。

---

①　与欧洲画室一样，画室助理可能负责了画的某一部分，比如矿石颜料的上色。
②　Wu, *Tales from the Land of Dragons*, 160.
③　故事的经过是，唐明皇梦见一只小鬼"虚耗"偷走了他的玉笛，在小鬼淘气地蹦蹦跳跳之际，
突然闯进一个高大的、须髯满脸的、穿褴褛官服的人，他将小鬼一把抓住，吞下它的一只眼睛。皇帝的
这位救命恩人自称钟馗，他自述是前朝的学者，因在科举考试中被骗去状元资格，为官的凤愿破灭，于
是自杀身亡。见 Lawton, *Chinese Figure Painting*, 142-9；这幅画是于 1938 年从纽约的运通公司
获得。

图4-6　《中山出游图》（钟馗出游）

注：龚开，中国，元代，13世纪晚期，32.8 cm×169.5cm。由华盛顿史密森学会的佛利尔美术馆提供，购置，F1938.4.

图4-7　《中山出游图》，局部

由于表现了本土宗教中的一位人物，龚开的文人画将吸引系统阐述"斯文"概念的儒家精英成员。

　　龚开究竟想表达什么？他的画与以宁波画卷为代表的对佛寺的描绘大相径庭。他笔下的山水风景沿袭11世纪画家和书法家米芾的风格，他本人也积极参与文人发起的绘画书法化运动。尽管他展现神灵的形式很可能源于唐代画家吴道子，但他的目的显而易见是通过书法的技巧展现所有的人物。①该画带有一个更深远、更明显的信息。龚开还以画马而闻名——这被解读为政治压迫的象征，因为缰绳牵着的马比喻为国家任劳任怨的政府官员。②钟馗用同样的方法象征性地把恶魔从中国国土上赶走，不仅仅包括鬼怪之类的恶魔，还包括外国野蛮民族。《中山出游图》与其说是一个口号，还不如说是龚开的美好愿望，它表达了作者对恢复当地秩序、结束政治与社会混乱局面的内心渴望。除此以外，托马斯·劳顿（Thomas Lawton）还指出另一层次的讽刺，认为画中的主要人物代表唐明皇和他的妃子杨贵妃，明皇逃往四川，这一次出逃令他从此声名狼藉，一般认为杨贵妃对唐明皇出逃负部分责任。这与画中钟馗跨肩怒视而稍显畏惧的妹妹完全吻合。③

　　在中国宗教形象的范围内，一端由处于工匠地位的职业者所占据（例如，在宁波画坊的职业者）；另一端，则被属于文人阶级的文人艺术家所占据。龚开的《中山出游图》或管道升关于妙善传说的书法作品，都以宗教为

---

① 见 Sherman E.Lee，'Yan Hui, Zhong Kui, Demons and the New Year'，(1993) 53 *Artibus Asiae* 211–227；及 Judith T.Zeitlin，'Luo Ping's Early Ghost Amusement Scroll: Literary and Theatrical Perspectives'，见于 Kim Karlsson, Alfreda Murck and Michele Mat-teini, eds., *Eccentric Visions: The Worlds of Luo Ping(1733–1799)* (Zurich: Museum Rietberg, 2009).

② Bush, *The Chinese Literati on Paintings*, 105.

③ 这可能会引起第三种解读，即该画描绘的是导致宋朝疆域缩减的重要事件，钟馗象征着北宋皇帝宋徽宗，1127年他被入侵的女真军队抬走，抬轿的人则是劫持者。

题材或者含有宗教思想，但对百姓的精神生活却影响甚微。[①]根据当代文人画的标准，龚开的画，不但富有创新性，又在艺术执行上相当出彩，欣赏他的画作需要各种书法风格的知识。他用优雅的隶书解释道：

> 人言墨鬼为戏笔，是大不然，此乃书家之草圣也，世岂有不善真书而能作草者？在昔者善画墨鬼，有姒颐真、赵千里，千里丁香鬼诚为奇特，所惜去人物科太远，故人得以戏笔目之；颐真鬼虽甚工，然其用意猥；近甚者作髯君，野涧一豪猪即之，妹子持杖披襟赶逐，此为何者耶？仆今作《中山出游图》，盖欲一洒颐真之陋，庶不废翰墨清玩，譬之书犹真行之间也。[②]

像龚开那样明智的"演员"，会按照自己的社会角色适当解读、筛选那些有关视觉艺术、规范性、制度性的规律要求，然后根据自己的技术水平和理解去演绎。艺术家创作中的决定，都必须有好的理由来支撑（至少对他们自己而言是好的），无论是绘画、写诗、导演电影还是管弦乐演奏会。尽管这些抉择取决于他们的技术能力和理解、创作水平，但也深深植根于共有的期许与价值。因此，对这幅画更全面的赏识，要结合南宋时期中国政治背景

---

① 关于宁波画坊画家金大受所作地狱十王的画，参阅 Craig Clunas, *Art in China* (Oxford: Oxford University Press, 1997), pi.55. 柯律格注意到，宁波画坊的模板印制法既提高了生产效率也促进了规范化，114-15. 关于浙江职业画的种类，也可参阅 Roderick Whitfield, *Fascination of Nature: Plants and Insects in Chinese Painting and Ceramics of the Yuan Dynasty (1279-1368)* (Seoul: Yekyong Publications, 1993). 很明显文人界对宗教题材世俗化心存忧虑，我们可以从郭若虚在1080年左右的评论看出这点："论者或曰：不宜收藏佛道圣像，恐其衮慢荤秽，难可时时展玩。愚谓不然。凡士君子相与观阅书画为适，则必处闲静。但鉴赏精能，瞻崇遗像，恶有衮慢之心哉？……是知云不宜收藏者，未为要说也。"Susan Bush and Hsio-yen Shih, *Early Chinese Texts on Painting* (Cambridge, MA: Harvard University Press, 1985), 107.

② Lawton, *Chinese Figure Painting*, 145. 在元朝的统治下，龚开因为生活贫困，确实用画交换过钱财和实物。用画交换实物，被视为画家用以避免职业化污名而采取的送礼的形式。James Cahill, *Hills Beyond a River: Chinese Painting of the Yuan Dynasty (1279-1368)* (New York and Tokyo: John Weatherhill, 1976), 17-19.

方面的知识，以及乡绅阶层与他们仆人之间的伦常关系，中国书法的审美规则与传统手法，佛教鬼神图，宋代文人图，讽刺文学以及通俗戏剧等知识。这幅画折射了一系列社会与艺术方面的期许。如果我们作更深入的了解，它还可以帮助我们理解它的新鲜和智慧。歪曲或者破坏传统，是一个具有极大风险的策略，它既可能招致抨击也可能赢得赞赏。然而，当有的艺术家在同代人或后世眼中成功做到时，人们就会赞誉他们有穿透力和洞察力。从文人画上的画跋及其评论性文章中，我们可以看到市场上鉴赏中国艺术的各类玩家的观点，从画家的朋友或同代人到后来的收藏者和鉴赏家。龚开之后的3个世纪，或许确实有一个志同道合的人被明代画家徐渭的"泼墨"技巧所启发（把菲尼斯提出的两种价值连接起来——审美经验和游戏），但是偏保守的同代人则对他不置可否，视之为儿戏。①然而，我们可以从徐渭这个例子了解到，之所以会这样是有原因的。徐渭也是一个极具天赋的书法家、诗人和剧作家，他对个人生活中的各种危机十分焦虑、反应强烈。

老夫游戏墨淋漓，花草都将杂四时。

莫怪画图差两笔，近来天道够差池。②

徐渭认为自己的艺术超越了高雅文人阶级的界限（和龚开一样，他因穷困所迫，不得不出卖画作）；但是像林庭珪和周季常一样恪守规范的职业画家，却达不到"花草都将杂四时"的境界，因为受委托的宗教画传统比文人

---

① 关于游戏，菲尼斯写道："我们每一个人都知道欣赏演出的意义，表演本身是没有意义的，它是为享受而享受的。一场表演在规律方面，可以是个人的也可以是社会的，可以是智力上的也可以是体力上的，可以是紧张的也可以是放松的，可以是高度结构化的也可以是相对非正式的，可以是遵照传统的也可以是即兴发挥的。"John Finnis, *Natural Law and Natural Rights* (Oxford: Clarendon Press, 1980), 87.

② Yang Xin, 'The Ming Dynasty (1368-1644)', 见于 Yang Xin, Richard M. Barnhart, Nie Chongzheng, James Cahill, Lang Shaojun, Wu Hung, *Three Thousand Years of Chinese Painting* (New Haven: Yale University Press, 1997), 232.

传统更少地使用诗的格律。职业画家的艺术是公众性的艺术，其与塑像的交叉之处在于，两者都创造神灵和著名信徒的戏剧性画面，正如中国西部地区的敦煌石窟佛寺所展示的一样。相比之下，龚开、徐渭等画家的创作目的，只有那些能接触深奥文献的人才能明白。

梅利曼问道，对一位受过艺术教育但完全与外界隔绝甚至反西方文化的中国人而言，他会与布拉克画作的"品质与内在艺术价值"产生怎样的共鸣。我认为，他会发现，如果离开历史悠久的欧洲传统的空间表现形式，去试图解读一幅立体主义画作极其困难，连布拉克和毕加索也运用许多复杂的方式呼应这种传统。与之相对应，我提出的问题是梅利曼问题的反向：西方人如何评价中国画——这里指龚开的《中山出游图》。让我尝试给出一个推断性的答案。首先，遵循贡布里希的精神，我可以做出如下假设，她在评估画作的不同层面时，事实上会运用之前西方绘画的评价方法，因此，她对该画书法方面的特点的任何确认都会受到她掌握的西方绘画知识的限制，这证明当我们看到新的艺术形式时，会不由自主地带有通识性的期许。其次，鉴赏的结果与她在西方艺术方面的品味有关。尽管我们假设她看到的画是原作本身而不是复制品，我也非常怀疑她除了感受到中国画的奇特以外，还能脚踏实地地收获到什么。而如果她寻找的是数学视角、人体解剖学上的精确以及色彩缤纷的世界，那么她会大失所望（正如梅利曼本人推测的许多西方人至今仍然对布拉克大失所望一般），如果是这样的话，她对《临流涤衣》的评价可能还会更好一点。她或许会把《中山出游图》归类为次艺术形式，或者认为它是一幅完成的画作（像蓝斯多恩肖像一样）的前身。然而，宋朝以后的中国文人画家一般都反对三维模型法，因为他们相信幻觉式的表现手法损害了对本真的描绘，正如20世纪初欧美现代主义艺术家所认为的那样。①反之，如果我们把一幅平庸的文人画摆在她面前，由于她缺乏足够的知识和经验去辨别精神饱满的原创性文人画和俗套的毫无独创性的庸作的区别，因此她可能会认为它是上乘之作。

如果我们让一位中国画专家以作品本身为证据，解释为什么龚开是一个超凡的艺术家，梅利曼可能会说因为他想象力的质量和品质，他对创作的感觉以及他最高水平的身体控制力。然而，如此简短而隐晦的说法，掩盖了她的鉴赏和评价都是基于经验性的基础这一事实，这说明，我们有必要细察这种特定艺术形式的许多最优或者次优的例子，同时深入理解其变幻无常的限制与实现条件：煤灰底的墨汁通过毛质的笔触涂画于吸水的纸上，一笔一画尽显画家气韵。除此以外，她可能已经与老师或其他专家讨论过文人艺术作品，因此可能对评估的材料相当熟悉。

尽管现在只为艺术形式的特征而欣赏艺术已经理所当然成为了可能，但我认为，如果我们问大部分"受过教育的"观赏者，他们应该不想仅仅停留在审美层面的对话上。虽然有这样的期望，但是受过教育的西方人因为不熟悉中国传统，几乎肯定会无法理解《中山出游图》的智慧和社会目的，不仅无法理解它为了创造秩序和反秩序的寓言而运用的体裁，也无法理解它刻意与传统（职业化的）宗教艺术保持距离的原因。梅利曼会把作品误读为，"仅仅是"一幅插图，而非发表提防性政治评论的工具，她会无法理解该画描绘的饱受中伤的中国学者保卫本土中华道德秩序，抵抗把社会变成地狱的蛮族入侵的意涵。正如我们可以阅读《麦克白》并理解其中诗歌和戏剧的内

---

① 以下是汤垕(活跃于14世纪初)的话："观画之法,先观气韵,次观笔意、骨法、位置、傅染,然后形似,此六法也。若观山水、墨竹、梅兰、枯木、奇石、墨花、墨禽等,游戏翰墨,高人雅士寄兴写意者,慎不可以形似求之。先观天真,次观笔意,相对忘笔墨之迹,方为得之。"Bush, *The Chinese Literation Painting*, 127.

在价值，但却对其政治意义惘然不知一样。

如果把梅利曼提出的问题提升一层，难道我们不想超越对龚开的《中山出游图》或毕加索的《格尔尼卡》的审美方面的鉴赏，去理解艺术家的真正意图，认识他们对外族入侵和社会混乱的直接或含蓄的描述，以及他们渴望指明自治和民族国家自主的重要价值诉求吗？正如1945年毕加索质问西蒙娜·戴丽（Simone Tery）："你所认为的艺术家是什么样的？……一个人怎么可能完全不在乎其他人的利益，把自己与其他人带给自己的丰富的生活完全割裂开？不，画作不是用来装饰公寓的。它是战争的工具。"①毕加索的这一面被大卫·霍克尼（David Hockney）记录下来，他在描述一幅关于1951年朝鲜战争的画作时写道：

> 我认为这幅画具有《格尔尼卡》所没有的一种力量，毕加索画《格尔尼卡》是因为他了解这座城市。毕加索以西班牙人的身份向一座西班牙小镇所遭遇的暴行表达抗争。除了抗争他别无选择。他以人类和画家的身份在做抗争。他向人们指出绘画除了关注比例、彼此角度关系的精确性以外，应当与事物互相融合，甚至在主题上也是如此。②

中世纪的中国是一个包含意见各不相同、价值观无法统一的许多派系和阶级的复杂国度。《临流涤衣》对于纯新儒家而言，可能毫无价值。相比之下，至少在欧阳修看来，《中山出游图》毫无疑问是儒学的文化遗产。至少两千年来，佛教一直是中国文化的一部分，虽然它时而被抵触，时而被推行，时而备受帝王推崇，时而为朝廷所排斥，在有些地方盛行，而在有些地

---

① Russell Martin, *Picasso's War: The Destruction of Guernica, and the Masterpiece that Changed the World*(New York:Dutton,2002),175.

② David Hockney, *Picasso*(Madras:Hanuman Books,1990),60-1.

方衰落。在日本，佛教则在整体上保持了更高的社会与政治地位，因此《临流涤衣》对它仍有价值。

　　然而，日本像中国一样，它的本土文化对外来文化持抵触态度。19世纪60年代，在信奉神道教的明治维新之初，佛教寺庙和佛像被猛烈攻击（正如845年的中国），这反而导致了1871年《古器旧物保存法》的颁布。25年以后，也就在大德寺画组的波士顿展览前几个月，大德寺住持在未征求县政府的正式允许和监督的前提下，提议出售几幅佛画，前京都府知事北垣国道在其日记中表达了他对住持提议的反对。因此，1908年保留在大德寺的画卷被列为日本国家珍宝就不足为奇了。①

---

　　①　见 Levine, *Daitokujiy* 305-9, 他在书中指出，19世纪末，日本曾经设置了一套伪政府系统作为往海外出售艺术品的渠道，大德寺僧人可能以此为媒介进行交易。他还指出，1907年间佛利尔在东京花费1 500美元购买了第二幅画，即周季常的《天台石桥图》。1897年，兼任京都和奈良帝国博物馆馆长森本后凋(Morimoto Kōchō)就这笔交易致信波士顿："最近这些画被售往外国，外国人获取了12幅画……我对此损失深感愧疚"。Wu, *Tales from the Land of Dragons*, 160.

第三部分

规章与权利

第5章
规章与个人权利

在我看来，正如我们无权占有我们的配偶一样，我们亦无权认为艺术品就该为我们所有。因此，我们不应该源于不喜欢就扼杀它们。当然，如何对待自己的肖像画，或亲人的肖像画是一个特例，依然存在争论。

大卫·西尔维斯特（David Sylvester）[1]

---

[1] Joseph Sax, *Playing Darts with a Rembrandt: Private and Public Rights in Cultural Treasures*(Ann Arbor: The University of Michigan Press, 1999), 39.

5.1 出口禁止反言

到目前为止，我们探讨了有关遗产及其建构和争议方式的不同论点。现在想谈谈贵重物品和建筑物的监管。21 世纪初，几乎每个国家都对文化事业的监管采取严谨态度，包括从严格的国家控制到权力下放和区域管理的法律。我把重点放在三个普通法国家，即英国、澳大利亚和美国。这些国家强大的私人权利制度，对以遗产为名的财产诉求提出了有趣的挑战。①

可以这么说，我同时考虑艺术和建筑的普通法监管的事例，是因为管控（或不管控）可移动文化遗产和历史建筑一般都具有相同的理由，并采用类似的修辞手段。这源于本书第 3 章中提到的"辉格党版本的历史"。1882 年《古代遗迹保护法案》（*Ancient Monument Act*）颁布以来，英国已将伯克关于限制继承不动产保守意识中的拉斯金建筑版本纳入立法。这一历史，在英国足够平衡财产私有权与尊重建筑环境，外部和室内设计的关系。相比之下，美国有一种全然不同的自我革命意识。刚开始关注遗产的美国人，已快速采取英式修辞，这非常令人惊讶。

在英国，人们认为国家珍宝的流失问题可追溯到 20 世纪初。当时，大

---

① 虽然英联邦的成员国有许多成文法，但苏格兰与英格兰、威尔士有不同的国内法律制度。

文化遗产的观念

量的绘画作品为了抵消农业衰退和1894年引入的死亡税的影响①，退出了不动产行列。1952年，韦弗利委员会（Waverley Committee）被委任，以促使英国出口制度更加合理，却被艺术机构认为是不公平和靠不住的，这段历史已由克莱尔·莫里斯（Clare Maurice）、理查德·托马尔（Richard Tumor）和薇薇安·王（Vivian Wang）②讨论过。总体来说，管控应适用于较少数量、较高质量的项目，而且管控必须在较早阶段实施，需要有明确的政策声明。普遍的看法是，一些文物应该留在本国，但"应该"和"必须"之间的

---

① 欧洲谷物和肉类价格从19世纪80年代以来急剧下降，这是由美国新种植的植物，以及铁路线路、冷藏船的发展造成的；Meryle Secrest, *Duveen：A Life in Art*(New York：Knopf, 2004), 43-4；又见于 Robert Hewison, *The Heritage Industry：Britain in a Climate of Decline*(London：Methuen, 1987), 54. 根据1894年的《金融法案》(Finance Act)，应税财产被广泛认为甚至包括被继承人可能享有终身财产所有权的家庭协议。1975年，遗产税在新的法案中，被首次更换/更名(为资本转移税)，然后在1984年更名(为继承税)；不论是在死亡时还是在死亡前7年内，捐赠者的财产都需要纳税。一般参见 Julia Simmonds, *Art and Taxation*(Leicester：Institute of Art and Law, 2001).

② 1911年，国家画廊的受托人成立了一个委员会，主席是柯曾勋爵(Lord Curzon)，用来调查重要绘画的国家保留情况，并得知在过去几年中，500多幅作品已经出口，包括50幅伦勃朗的绘画，21幅鲁本斯的绘画，5幅委拉斯凯兹的绘画，11幅霍尔拜因的绘画，4幅柯勒乔的绘画，7幅维米尔的绘画和29幅盖恩斯伯勒的绘画。1913年12月，委员会反对限制或禁止出口，或征收出口关税，但它确实提出了一些建议，以帮助国家收藏受到威胁的艺术作品。第一次世界大战加上洪水，因为战壕地带的大屠杀留下了有双倍或三倍遗产税的家庭(从继承人到同样的财产)，明显的支付资金来源是继承的绘画收藏。1922年，再次提出了出口税提案，并列出了该国"最重要"绘画的名录，将不时予以审查。这些作品中的任何一件，都符合由国家用议会根据财政部建议投票得出的金额购买，(1929年，威尔顿双连画(Wilton Diptych)就是以这种方式获得的)。1939年，随着《进出口和海关权力(防卫)法》(Import, Export and Customs Powers(Defence)Act)的出台，情况发生了变化，该法旨在不以一种限制性措施控制出口，而是确保出口货物获得适当的外汇配额。在接下来的一年，艺术作品受到这个法律的管制，到1944年，人们意识到这确实是一个可以保护"国家珍宝"的工具。该制度在战争结束后停止运作，但是供应商抱怨的原因是，国家画廊和博物馆的负责人倾向于对他们有利的领域，没有相应的机构的报价，物品被拒绝授权。因此，这正是由于韦弗利委员会形成的不公正。参见 Clare Maurice and Richard Turnor, 'The Export Licensing Rules in the United Kingdom and the Waverley Criteria', (1992) *International Journal of Cultural Property* 273. 另见 Vivian F. Wang, 'Whose Responsibility? The Waverley System, Past and Present' (2008) 15 *International Journal of Cultural Property* 227-69；以及 *The Export of Works of Art Etc.*, *Report of a Committee Appointed by the Chancellor of the Exchequer London*(London：HMSO, 1952).

差距并不算小。达到物品的使用年限、财务价值以及其在英国的时间设定限制之后，任何物品都不应被重新授权。当出口被停止时，通常需要两三个月时间，以公平的市场价格从公共机构找到资金，还要考虑过去的报价，相似或可比对象的报价，市场趋势和其他相关因素等。①如果提出一个合适的报价，那将会有一个进一步的延期，通常在时间上相等，在此期间资金必须到位。②韦弗利委员会推荐的判断作品是否适合离开该国的标准如下：

这件物品是否与我们的历史和国家生活密切相关，它的离开会不会是不幸的？

这件物品具有非凡的审美意义吗？

这件物品对某些特定的艺术分支领域，在学习或历史上具有突出的研究意义吗？（重点强调）

在此，我将第一个标准视为"遗产价值"。回顾约翰·菲尼斯的基本价值清单（本书第1章），保留与"我们的历史和国家生活"相关的物品，将有助于我们实现诸如知识、游戏、友谊和宗教之类的内在价值。儒家的"斯文"概念与"遗产"做了类似的工作，却以更精明的方式，融合了菲尼斯的

---

① 1990年，在"美惠三女神"禁止反言期间，雅各布·罗斯柴尔德（Jacob Rothschild）提出为国家购买它，并将它在沃德斯登庄园（Waddeston Manor）展示（前罗思柴尔德财产，目前由国家基金会持有），贸易商业部部长尼古拉斯·里德利（Nicholas Ridley）修改了只有公共机构可以出价的韦弗利标准。这座雕塑由苏格兰国家美术馆和维多利亚和阿尔伯特博物馆联合多种资金购买，其中包括约翰·保罗·盖蒂二世（John Paul Getty II）的资金。根据1997年出版的修改版指南，如果有一个公共机构的协议，来确保合理的公共权利，提供令人满意的保存条件，在特定的时间不出售这件作品，那么私人报价可以被接受。参见 Sara E. Bush, 'The Protection of British Heritage：Woburn Abbey and The Three Graces', (1996) 5 *International Journal of Cultural Property* 269-90；Richard Crewdson, 'Waverley Adrift', (1997) 6 *International Journal of Cultural Property* 353-4；以及 Edward Manisty, 'UK Export Licensing for Cultural Goods', (2007) XII *Art Antiquity and Law* 317-35.

② Maurice and Turnor, 'The Export Licensing Rules in the United Kingdom and the Waverley Criteria'.

审美经验、知识、实践理性和宗教等独立价值。

第二和第三个韦弗利标准只关注审美经验价值和知识价值（直接对应到菲尼斯清单）。这些标准原想成为务实的准则，而不是排他性的类别，并且设想不对自由贸易施加限制性做法，而是提请一些机构留意可能会输往海外的文物。而且在必要的时候，会给购买珍贵物件提供特别的援助。例如，假设蓝斯多恩肖像画在6个月临时执照期满之前已经按时退回，随后在英国出售，那么毫无疑问将会被韦弗利标准阻止。如果英国的机构可以接受匹配的报价，那么不管美国方面对此多么有兴趣，这幅画都会留在英国。①

英国最初的想法是，向国家博物馆提供的充足的财政补贴，将通过慈善机构得到公众的支持，如国家艺术收藏基金会（现在的艺术基金会）。但正如审查委员会和其他人所强调的，只有政府提供资金，系统才能较好地运作，既能保证购买到重要且价格合适的物件，也能保证购买到重要且非常昂贵的物件。但理论和实践往往是不一致的。因为，向国家机构提供的采购补贴，远远赶不上艺术品价格在20世纪80年代不可预知的大规模上涨。而实际上，这一补贴在事实上已停滞发展；因此，当1990年巴德明顿柜的购置计划被提交到委员会时，购买补贴的额度还是与1985年相同。②尽管国家遗产纪念基金（National Heritage Memorial Fund）仍然存在，但是该系统已然成为一个摆设，直至英国文化遗产彩票基金的出现。巴德明顿柜禁止反言期结束的前3天，在关于艺术公共资金的辩论中，比尔克男爵夫人（Baroness

---

① 供应商没有义务接受家庭机构的出价,但已经提出了避免这种做法的建议;参见 *Quinquennial Review of the Reviewing Committee on the Export of Works of Art*(London:HMSO,2003),24,以及 Sir Nicholas Goodison, *Goodison Review:Securing the Best for Our Museums:Private Giving and Government Support*(London:HMSO,2004),37-8.

② 国家机构每年提供850万英镑。

Birk）注意到，维多利亚和阿尔伯特博物馆获得的购买补贴目前为114.5万英镑，几乎低于10年前的水平：

> 虽然博物馆努力维持它们的收藏品，但伟大的作品仍然轻而易举地离开英国，这很令人沮丧。虽然许多作品被保留下来，但留下的通常是较便宜的作品。如果部长说，我们已经设法保留了超过51%的作品，那么他还必须考虑它们的价值。剩余作品的价值只是那些离开的1/10。[1]

1990到1991年，审查委员会的年度报告将其中一个主要遗产事物的外观描述为"这是那些古老的英国仪式之一，像莫里斯在草地上跳舞，是一种无害的习俗，但其最初的目的几乎被遗忘"。只有从20世纪90年代中期开始，通过英国文化遗产彩票基金的大量注入，国家遗产基金会才再次发挥作用；虽然存在这样的情况，正如薇薇安·王所指出，最初对乐透彩票乐观主义的迎接态度，随着它对韦弗利作品相对稀少的补贴而逐渐受到抑制。[2]

在首次拍卖后，巴德明顿柜及时通过了审查委员会的审查。考虑到这一过程还有对抗性质，我们非常惊讶地发现，申请人的代表争辩说，该橱柜令人满意地满足任何韦弗利标准：它与英国历史或国家生活没有关系，它也很少被评论，很少被流行的或研究类的出版物提到过，它的审美价值也被质疑，其对研究的特定分支的重要性非常低，虽然可以想象到佛罗伦萨人对于该橱柜的兴趣，但它的半宝石制作很难说对英国具有重大意义。[3]尽管有这

---

① 艺术领域之内和之外的许多人，都关心巴德明顿柜。这是美第奇工坊为当时的博福特公爵定做的。它承载着金雀花王朝的纹章，是我们遗产的一部分。*Parliamentary Debates（Hansard）: House of Lords Official Report* 528，no. 87（London：HMSO，15 May 1991），1616–17.

② 阿什莫林博物馆（Ashmolean Museum）用彩票的资金购得了卡诺瓦的"理想的头像"，韦弗利标准在财政部直接支持时非常有效，但1965年它正式从中分离出来。Wang，'Whose Responsibility？ The Waverley System，Past and Present'，248–51.

③ *Export of Works of Art 1990–91，Thirty-seventh Report of the Reviewing Committee appointed by the Chancellor of the Exchequer in December 1952*（London：HMSO），11–12.

些争论，但是委员会仍然认为，巴德明顿橱柜符合第二和第三个韦弗利标准
（审美价值和知识价值），并且执照已被推迟了2个月，如果提出正式的报
价，还可以再选择推迟4个月。

对于英国的管控来说，物件的起源其实并不重要，允许在别处生产的作
品在全国范围内得到授权才是最重要的。事实上，审查委员会希望看到被保
留下的重要作品，"被民意普遍接受为我们的文化，构成艺术或历史遗产的
重要组成部分……我们必须强烈反对所有遗产物品必须携带'英国制造'标
签的这种绝对偏见。"①在1991—1993年期间，当时的库克子爵（Viscount
Coke）（现在是第七代莱斯特伯爵（Earl of Leicester））计划出售在诺福克郡
（Norfolk）②霍尔汉姆宫（Holkham House）的欧洲绘画之后，审查委员会收
到了25份购买这些绘画的许可证申请。③专家顾问认为，这一收藏体现出一
种独特的、明智的偏好，第一代莱斯特伯爵委托威廉·肯特专门设计了霍尔
汉姆宫，以收藏他在"大旅行（Grand Tour）"④期间的绘画和素描作品，
后者仍然被放置于它们的原始位置上，并且许多作品都有当代的注释和编
号。1990年7月，当这批作品被宣布出售时，博物馆联盟进行了会面，以共
同计划如何防止这些作品被分散，并保存那些被视为是幸存的、大旅行偏好
的轨迹；但是，试图通过谈判整体获得这批作品的计划并不成功，佳士得共
拍卖了320万英镑的作品。⑤在拍卖中，有10幅绘画作品被英国的博物馆收

---

① *A Review of the Current System of Controls on the Export of Works of Art*(London：HM-SO,1991),3.

② 英国地名。——译者注

③ 包括圭尔奇诺、贝尔尼尼、德·里贝拉、雷尼、普桑、罗莎、寇西斯、斯奈德斯和卡斯蒂廖内的作品以及16世纪班迪内利、维罗纳、萨尔维亚蒂和万尼的作品。

④ 旧时英国贵族子弟遍游欧洲大陆，作为他们教育不可缺少的一部分。——译者注

⑤ 联盟由大英博物馆、苏格兰国家美术馆、阿什莫林博物馆和菲兹威廉博物馆(Fitzwilliam Museum)组成。

入囊中。①

在巴德明顿柜和霍尔汉姆绘画销售之后，英国艺术部长要求审查委员会再次审查现有的出口管制制度。他们的结论是，只要有充足的资金，韦弗利标准仍然是防止重要国家珍宝（或"遗产物件"，一个"难看却很方便的词组"）出口的最有效的手段。如果没有获得充足的资金，那政府可以列出一些物件的名录，在没有对所有者进行补偿的情况下，禁止物品离开该国（正如澳大利亚在没有名单的情况下所处理的一样）。②审查委员会认为，排除书籍、手稿和档案，这样的英国名录可能包含约2 000件作品。③补偿作品的所有者，被认为会带来许多困难，包括计算市场价值的困难（在英国和国际上），当价值降低时达成日期一致的困难，支付时间选择的困难和调整假设的市场行为的困难。名录将防止伟大作品的流失，同时允许博物馆馆长集中精力于自己的优势事项，而不是总帮国家解决问题。只有少数人会受到影响，因为会对那些名录物件的持有人征收财富税，正如委员会所说，"这是特定类型的资产，国家对它提出了要求，但却不乐意支付公开市场的价值"。审查委员会注意到一些特别重要的明星项目（例如"美惠三女神"和18幅霍尔汉姆绘画）的做法，表示需要尽一切努力去获得一个补偿性的报价；并且遗憾地表示，没有将巴德明顿柜标成星级。④委员会还建议国务大臣增加遗产的第四个标准，即覆盖关键性整体收藏中的对象（"其整体内容的价值

---

① 分布在阿什莫林博物馆、菲兹威廉博物馆、苏格兰国家美术馆、沃克艺术画廊、维多利亚和阿尔博特博物馆、巴伯艺术学院（Barber Institute）、伯明翰博物馆（Birmingham Museum）（合作）。*Export of Works of Art 1991-92, Thirty-eighth Report*（London：HMSO），3-4, 26-39, 以及 *Export of Works of Art 1992-93, Thirty-ninth Report*（London：HMSO），16-17.

② 参见1986年《可移动文化遗产保护法》（Protection of Movable Cultural Heritage Act）以及该法第八条的"国家文化遗产管理名录"（National Cultural Heritage Control List）。

③ *A Review of the Current System of Controls on the Export of Works of Art*, 6.

④ 开始于1987—1988年间。

大于每个单元的价值，并且可以从整体上被列出"）。这一构想，在10年后的委员会五年期审查中，经过修改而重新出现。①

在持续停滞的资金和失去重要的"明星"遗产物的两难选择之间，审查委员会支持列出名录，而不补偿所有者的价值损失。②在战略上，这为保守政府提供了一个不受人青睐的选择，因为正如博物馆和画廊委员会（现在的博物馆、图书馆和档案委员会）所观察到的，名录违背了本国的传统。就作品所有人的权利，委员会认为：

> 这是一个具有根本重要性的哲学和法律领域，是我们社会历史和社会结构的核心。遗产项目方面是透明的，因为广大公众对这些物品的处置有合法关注的权利，无论是公开的还是私人所拥有的物品。③

这个想法6个月后才得到官方的回应，管理国家遗产的国务大臣否决了

---

① 出售中包括卫理公会传教士乔治•布朗（George Brown）的收藏，他在1880年左右从太平洋地区收集了大量作品，这一收藏于1954年被纽卡斯尔国王学院（King's College），后来是纽卡斯尔大学（the University of Newcastle）获得（最初是被鲍斯博物馆（Bowes Museum）购得）。大阪的民族学博物馆于1986年从纽卡斯尔购买了布朗的收藏品，将该收藏品的总体价值除以作品的数量，使得作品的单价低于出口限额。审查委员会随后暂停对更有价值的作品（例如来自新爱尔兰的彩绘雕刻品）发放许可证，其中一些由英国机构以公平的市场价值收购；参见 Steven Hooper, *The Robert and Lisa Sainsbury Collection*（New Haven：Yale University Press and UEA，1997），II，305 et seq. 审查委员会1991年的报告，讨论了公共和私人收藏品之间的差异，并列出了重要的例子，包括由重要收藏家或机构形成的收藏品；对于研究历史或审美方面非常重要的收藏品（例如第一代莱斯特伯爵"独特、明智的审美"）；"家具，画作或其他配件被放在一起作为整体的一部分，是这类中一个杰出的例子，并仍然保留在原来的位置，例如，诺斯特尔修道院（Nostell Priory）的齐本德尔式家具或奥斯特利（Osterley）的亚当式家具和设备"的收藏品。但目的并个是要"让几个世纪以来建成的乡间别墅的所有积累令人注意，尽管这样的建筑的一部分内容可能确实有资格"；参见 Committee on the Export of Works of Art, *A Review of the Current Controls*（London：HMSO，1991），15，and 51－4. 参见 Bush,'The Protection of British Heritage：Woburn Abbey and *The Three Graces*',283. 2003年有提议，将第三条韦弗利标准进行改革，以注意到一个对象"可能由于其自身或由于其与某个人、地点、事件、档案、收藏或集合的关系而被认为具有突出的重要性"；*Quinquennial Review of the Reviewing Committee*,32-3.

② *A Review of the Current System of Controls on the Export of Works of Art*,11.

③ 同上，第52页。

名录这一构想：

> 名录的缺点远远大于优势。名录将会削减所有者处理他们认为合适的财产时所享有的权利。不论对于杰出的遗产物件还是其他一般的物件而言，禁止出口杰出遗产物件将会扭曲市场价值。因此，我坚决反对委员会的提议，极不希望列出艺术作品的名录。保护遗产是我最关心的问题之一。但是，除了列名录以外，还有实现这一目标的其他方法，例如承兑汇票替代征税计划。①

所谓名录违背了该国的传统，这种传统是指一种自然权利的思想传统，在 17 世纪法律理论家，包括格劳秀斯、塞缪尔·普芬多夫（Samuel Pufen-dorf）、约翰·塞尔登和约翰·洛克的努力下，该传统获得了现代转向。②洛克对于财产的自然权利极具影响力的捍卫的中心，是历史权利的概念。财产

---

① *Parliamentary Debates*(*Hansard*)：*House of Commons Official Report 208*, no. 22 (London：HMSO, June 5 1992), 646. 以及 Goodison, *Goodison Review*, 11.

② 16、17 世纪的发现，为军舰和私掠船攫取财产提供了前所未有的空间，因此新兴的、强大的北方海洋强国有一种迫切需要，不仅要拥有征服领土的合法权利，还要确定领海的范围。格劳秀斯被荷兰东印度公司的阿姆斯特丹分公司的董事留用，以证明 1602 年年底在圣地亚哥的捕获和占有——一艘运载瓷器和其他中国商品的属于托斯卡纳商人弗郎切斯科·卡莱蒂（Francesco Carletti）的葡萄牙商船——是合理的。卡莱蒂（作为西班牙/荷兰战争的中立者）为了获得赔偿一直起诉了很多年，这个案件为格劳秀斯提供了主要材料来源。这船货物经常与第二年被捕获的卡特琳娜号（Calliaina）混淆，后者也运载中国瓷器，报告的重量约为 60 吨。亨利四世在阿姆斯特丹的拍卖会上享受了"最好质量"的晚餐服务，正如詹姆斯一世一样。参见 C.J.A. Jörg, Porcelain and the Dutch China Trade (The Hague：Kluwer, 1982), 16−17, 以及 T. Volker, Porcelain and the Dutch East India Company (Leiden：Brill, 1971), 22. 在 1609 年的《海洋自由论》中（唯一出版的一章是《战利品的诱惑》，其余的章节一直是手稿，直到 1864 年被重新发现后，1868 年得以出版），格劳秀斯认为，对共同财产（在这种情况下是海洋）的性质有一种误解，这种性质远远不是某些人独有的，而是在根本上空缺的。对共同财产的自然权利，是通过占领获得的，通过相似或类比的所有权。参见 Richard Tuck, Natural Rights Theories：Their Origin and Development (Cambridge：Cambridge University Press, 1979), 17−31 and 59−61. 塞尔登写于 1618 年的《闭海论》（但直到 1635 年才得以出版），是为反驳《海洋自由论》并确定英国周围水域的权利。约瑟夫·拉兹提请注意对洛克的重新评价——将他看成相较于权利，更全神贯注于法律和义务；Ethics in the Public Domain：Essays in the Morality of Law and Politics, revised ed. (Oxford：Clarendon Press, 1994), 29.

文化遗产的观念

权通过个人行动偶然在历史进程中建立起来，应该抵御民间团体征收不合理的费用。[1]一方面，社会有责任保护可以确定来源的私人财产；另一方面，社会有责任纠正历史上的不公正行为，但它没有对私有资源进一步的管辖权。对于自由主义哲学家罗伯特·诺齐克（Robert Nozick）来说，文化事业的实践运动不应受到限制，无论是在国内还是国外，因为自决权通过自我所有权来保障，自我所有权又通过不限制行动的权利来保障。[2]诺齐克论点的吸引力在于它强烈地尊重康德的直觉，把人当作目的而不是手段。但是，他对个人行动不受约束权力的捍卫，仍然有将个人的不合群概念化之嫌。

因此，英国在出口管制方面的解决办法是，冒着损失康斯特布尔或特纳作品的风险，通过临时禁止反言来达成"保护遗产"和保护自然财产权利的折中。虽然没有承诺增加补贴，但对于部长来说，国家彩票的起步将会是一剂良药，彩票的一部分收益在理论上是专门用于艺术的。对于国家来说，最简单的方法是，保证给予美第奇柜所有者公平的市场价格，而不是将传家宝卖给远方表亲。另一不太直接的方法是列出补偿的名录，但英国审查委员会并没有采取这一方法，这不仅因为理由是不切实际的，也是因为如果国家有补偿的手段，那么它就有在市场上购买的手段。此外，即使能够迅速或者至少在一个"合理的"时间段内找到足够的资金来竞争拍卖，但国家除了康斯

---

① 西塞罗(Cicero)的著作仍然是人类主义者决心在整个欧洲建立新的政治和法律规范的重要来源，特别是《论义务》，其中经济"夺取"被认为是一种合法的盗窃形式。格劳秀斯使用西塞罗对剧场的比喻，说明一旦无主的座位被占用，占有者将拥有专用的使用权。参见 Hadley Arkes,'That "Nature Herself Has Placed In Our Ears a Power of Judging": Some Reflections on the "Naturalism" of Cicero',见于 Robert P. George, ed., *Natural Law Theory : Contemporary Essays*(Oxford : Clarendon Press, 1992), 245-77.

② 但是，威尔·金里卡问道："如果自主权在根本上有所帮助，那为什么不能追求其他实现自决的方式？" Will Kymlicka, *Contemporary Political Philosophy : An Introduction* (Oxford : Clarendon Press, 1990), 123.

特布尔之外，还有其优先发展的重点，比如可能更倾向于补贴医院。当巴德明顿橱柜第二次被拍卖时，英国的机构显然因为极低的购买补贴而不得不离开，维多利亚和阿尔伯特博物馆的馆长说，"由于公共资金不可能实现；因此，只有在个人有条件的情况下，购买才能实现"。①这一次，并没有禁止反言的机会了，因为韦弗利的规则不适用于已经给予无条件许可的物件。

在英国，"遗产"明显被认为不仅仅包括英国本土，因此，康斯特布尔和特纳的作品虽然值得拥有，但也不是稀缺的迫切需要之物。从 1991 年其许可证被暂时扣留就可以看到，康斯特布尔 1824 年在皇家学院的毕业证书照片显然被认为是英国遗产的一部分；那么我们可能想知道，于 1951 年被购买的墨尔本的一幅非常相似的绘画——《船闸》（*Study of a Boat Passing a Lock*），是否现在同样被认为是澳大利亚遗产的一部分？ 1996 年在澳大利亚与上述英国例子不同的一个有趣情况是，当时从英国进口画作仅仅是为了公开拍卖。

尤金·格拉德（Eugene von Guerard）的《吉朗风光》（*A View of Geelong*）在墨尔本的佳士得打破拍卖纪录后，澳大利亚媒体和艺术界对这幅海外绘画将要发生的回归表示强烈抗议，维多利亚州一些有影响力的人将之视为悲剧。最强烈的谴责来自墨尔本的艺术收藏家和经销商约瑟夫·布朗（Joseph Brown）博士，据报道，他认为允许这一殖民标志的画像离开这个国家，是"叛国行为"；此外，这样历史悠久和技艺高超的绘画应该留在澳大利亚。②但这幅画确实要离开澳大利亚，这是拍卖商非常明确的——其持有

---

① Mark Jones, *Western Daily Press*, 10 September 2004.

② *The Age* 以及 *The Sydney Morning Herald*, 7 May 1996. 布朗博士在 2004 年 5 月向维多利亚国家美术馆捐赠了 150 多件收藏品。

文化遗产的观念

未提前确认的出口许可证；自19世纪50年代冯·格拉德的画作创作以来，就一直收藏在多格蒂（Dalgety）家族，绝不会从英国归来。《吉朗风光》从其最近的收藏者安德鲁·韦伯（Andrew Lloyd Webber）爵士（现在是勋爵）回到维多利亚州，出现在了吉朗美术馆的百年庆祝活动上，随后于2006年被吉朗市政府购得。

　　澳大利亚的另一个例子是关于约翰·格洛弗（John Glover）的，他是澳大利亚最重要的移民艺术家之一。他于1767年出生在英国的莱斯特，60多岁移民到澳大利亚的塔斯马尼亚（Tasmania），1849年去世，这期间他一直在那里生活和工作。[①]对他的作品《戴安娜的沐浴》（*The Bath of Diana*）（如图5-1所示）出口许可证的驳回，成为澳大利亚出口限制的一个检验案例。虽然澳大利亚还没有创建描述详尽的国家珍宝名录（跟日本不一样），但通过1986年《可移动文化遗产保护法案》（Protection of Movable Cultural Heritage Act）可以看出，如果文物的流失会"显著减少澳大利亚的文化遗产"，那么流通财产的自由也可能受到限制。大卫·沃特豪斯（David Waterhouse）于20世纪80年代中期在澳大利亚收购了《戴安娜的沐浴》，并于1989年在墨尔本的苏士比拍卖行以176万澳元拍售给洛杉矶的经销商，这个价格是澳大利亚艺术市场上创纪录的拍卖价格。然而，在出口许可证遭拒，随后沃特

---

　　① 格洛弗在30多岁后期开始在伦敦画画，走进韦斯特、特纳和康斯特布尔的圈子。雷切尔·布坎南（Rachel Buchanan）在《澳大利亚时代报》上指出，泰特美术馆将西德尼·诺兰（Sidney Nolan）归类为英国艺术家，以及伦敦经销商阿格纽斯（Agnews）出售诺兰庄园的作品，包括他那些描绘凯利帮的系列著名绘画。他引用亚尼内·布尔克（Janine Burke）（诺兰前同事艾伯特·塔克（Albert Tucker）的传记作家）的话说："他们不应该出售（早期在墨尔本的作品）……很遗憾，澳大利亚不能达成某种合约形式，以让政府可以把这些作品还给我们。这些作品是我们国家珍宝的一部分，我们希望能够在这里看到它们。"正如文章指出，诺兰在33岁时离开澳大利亚，在英国生活了40多年，直到他1992年去世。'The Hijacking of Ned Kelly, How Did Sidney Nolan and His Works Become British Property?' *The Age*, 12 December 1998.

豪斯的申请复审也失败之后，1993年11月悉尼联邦法院宣布，这幅画作最终以不到100万美元的价格卖给了澳大利亚国家美术馆。[①]

图5-1 《戴安娜的沐浴》

注：约翰·格洛弗（1767—1849），范迪门斯地[2]，1837年，布面油画，96.5 cm×134.5cm。藏于澳大利亚堪培拉国家美术馆。《戴安娜的沐浴》被一位美国商人购买，但出口许可证被当局拒绝。最终，澳大利亚国家美术馆以低于市场拍卖价的价格购得。

---

① 此类任何项目都必须属于"法案控制名录"类别，它的形成是为了应对1970年联合国教科文组织公约的第5条规定。第5条b款要求"建立并更新国家受保护财产名录，这是一份重要的公共和私人文化财产名录，名录上的文化财产的出口将造成国家文化遗产的严重匮乏"。参见 Gregory J. Tolhurst, 'An Outline of Movable Cultural Heritage Protection in Australia', (1997) II *Art Antiquity and Law* 139, 以及 *Waterhouse v. Minister for the Arts and Territories* (1993) 43 Federal Court Records 175.

② 澳大利亚塔斯马尼亚岛的旧称。——译者注

文化遗产的观念

　　澳大利亚继续完善对具有遗产价值的文化物件的出口管制，这些管制比韦弗利标准更全面，尤其对土著的材料更为敏感。[1]禁止出口的法定权利很少被使用，它代表一种相较于英国截然不同的做法，日本也是如此，在那里注册的"国家珍宝"和"重要的有形文化财产"可能不会出口。[2]艾莉森·英格里斯（Alison Inglis）强调对澳大利亚的作品所有者的限制，指出尽管最初的立法意图是通过建立国家文化遗产基金会来避免对私人所有者造成不利影响，但实际上该基金会没有资金，因此供应商不得不去澳大利亚市场上销售。[3]虽然这对于那些让澳大利亚收藏家和机构感兴趣的物件来说是好的，但是像早期绘画大师的作品一样，其必然会受到竞争的限制。一位记者观察到，如果基金会真正有用的话，那澳大利亚古董交易协会（Australian Antique Dealers Association）肯定支持立法，反对遗产立法"就像正式废除

---

　　① 评估对澳大利亚文化意义的标准包括"作品对于了解澳大利亚史前史、历史和文化的贡献；作品对澳大利亚文化发展的贡献；作品与知名人物、商业、企业或事件的关联；该物件在澳大利亚历史或史前技术发展中的重要性；澳大利亚持有或代表澳大利亚公共收藏中的类似物品的存在、相关性和数量……任何其他有关情况"。1999年的修正法案将与澳大利亚有关的作品描述为一件由澳大利亚人在澳大利亚以内或以外创作的作品；或由一个在澳大利亚工作或居住的外国人创作的作品；或由在澳大利亚以外的外国人创作，但该作品包含澳大利亚图案或主题，或者与澳大利亚有其他相关性。*Amendments of Protection of Movable Cultural Heritage Regulations commencing on 1 May 1999*，19。参见 Barbara Adamovich, 'The Protection of Movable Cultural Heritage and the Waverley System：A Study of the Australian and United Kingdom Export Controls Relating to Cultural Property'，(1998) 3 *Media and Arts Law Review* 4-17，以及 Hugh H. Jamieson, 'The Protection of Australia's Movable Cultural Heritage'，(1995) 4 *International Journal of Cultural Property* 221-2.

　　② 日本的第一个管控法是1871年《古器旧物保存法》（见本书4.4节），第二个是1897年《古墓和寺庙保护法》、1929年《国家文物保护法》、1933年《重要艺术品保护法》和1950年《文化财产保护法》。参见 Michihiro Watanabe, background on Cultural Properties and Programs in Japan，见于 Joyce Zemans and Archie Kleingartner, eds., *Comparing Cultural Policy：A Study of Japan and the United States*(London：AltaMira Press, 1999)，75-6.

　　③ Alison Inglis, 'An Earthly Paradise in Adelaide'，*Art Monthly Australia*(June 1994)，17.

母亲身份"一样。①这意味着叛国。

让我们回到中国的例子。假设《临流涤衣》和龚开的卷轴画跟美国有相关性，那么现在根据韦弗利的价值观（"遗产"、美学经验和知识）来思考它们对国家遗产的价值。在这个国家半个多世纪里，它们可能会成为这两幅画与美国关系的标志；这两幅画在美学上很重要，并对早期中国人物绘画的研究有重要意义。它们很容易被看出对中国人所具有的美学价值和知识价值。

最难达到的是"遗产价值"，因为它是服务于其他有争议对象的内在价值。正如我们所看到的，这一价值的特征之一就是社区生活与社会主体之间存在实际或虚构的联系。因此，英国遗产的构建涉及圣经人物、撒克逊人和对习惯法的捍卫。对于帕特农/埃尔金大理石雕来说，其联想价值可能涉及雅典娜女神、菲狄亚斯、伯里克利和苏格拉底学派哲学家；对蓝斯多恩肖像画来说，其联想价值可能涉及华盛顿、斯图亚特和蓝斯多恩侯爵；对《中山出游图》来说，其联想价值可能涉及钟馗、唐明皇、龚开和题款的作者；对于《临流涤衣》来说，其联想价值可能涉及神话人物罗汉（在中国和印度出现）、林庭珪、大德寺、费诺罗萨和佛利尔。罗汉卷轴画被购买，正是因为精明的美国收藏家意识到亚洲文化传统的丰富性，因此它与美国鉴赏家的早期历史，特别是与查尔斯·佛利尔有关联。罗汉是否"属于持有了它6个多世纪的日本？它最适合属于什么地方的遗产：中国、日本、美国还是佛教遗

---

① Terry Ingram, 'British Players Invoke Patriotism to Keep Treasures', *Financial Review*, 11 July 1996.

产？同样，巴米扬大佛是属于阿富汗人、佛教徒还是全世界所有人？[1]这些例外是否与区域遗产的例子明显不同（例如格林菲德在其书中提出的那些）？我倒认为，有价值的文物和建筑物的复杂关联，并不是非典型的。

如何最好地重视"我们遗产"的价值，仍然是文化遗产争论的一个持久的特征。例如，帕特农/埃尔金大理石雕为人们所拥有的价值范围，并不仅仅局限于其对希腊公民的价值。对于世界上许多人来说，他们会受益于这些石雕所提供的美学经验和知识。[2]我们可以选择在希腊以外的国家参观古希腊雕塑，或在中国以外的国家观赏宋代绘画。并非所有人都会这样选择。但对于那些这么做的人而言，这些物件的美学和知识价值可能与在希腊或中国所得到的价值一样大。因此，探讨这样的问题是有理由的，就是希腊和中国艺术对于英格兰个人居民和游客的内在价值是否可以被这种作品对于希腊和中国公民来说的广泛的"遗产价值"所超越。

5.2 监管和征用

政府对于文化事物可以采取的约束措施，不仅仅局限在国家层面，还可以是区域层面的（例如区、州、省、县和城市等）。约束措施涵盖考古发掘和发现、历史遗迹的维护以及建筑环境的监管。适用于文化遗产的修辞，大

---

[1] 西格蒙德也就《蒙娜丽莎》和圣马可（San Marco）的马提出了类似的观点，见 Some Thoughts on the Importance of Cultural Heritage and the Protection of Cultural Goods，(2005) X *Art Antiquity and Law* 68.

[2] 古希腊的机会和生活方式，虽然受到现代希腊和其他地区公民的重视，但是现在可能我们中的任何人都不会选择它；Raz,*Ethics in the Public Domain*,179–180.

多数同样也适用于建筑遗产。

在英语语言国家中，最早关注这些问题的主要是约翰·拉斯金和威廉·莫里斯，后者于1877年创立了古建筑保护协会（Society for the Protection of Ancient Buildings），这是许多此类自发组织中第一个成立的机构。[①]5年后，《古迹保护法案》（*Ancient Monuments Act*）在议会通过，其中的附录一就列出了需要保护的英格兰和威尔士的29处古迹以及苏格兰的21处古迹。到1979年其后继法案通过时，有12 000处遗迹被列入法案的保护范围，还同样列出了英国境内不同等级的26万处建筑。[②]在这里，建筑名录和我们要讨论的问题是相关的，因为"遗产"和私人权利之间存在的冲突对于蓝斯多恩肖像画、巴德明顿柜和历史建筑物来说是一样的。在联合投资财产有限公司诉约翰·沃克父子有限公司案中，上诉法庭所听到的情况是，巴克利（Buckley）法官承认英国在建筑环境中的公共利益与私人财产权之间存在冲突：

> 在我看来，财产被列入建筑或历史古迹遗产名录的风险，是存在于所有建筑物的所有权中的一种风险。在许多情况下，它可能是一种非常遥远的风险。在许多情况下，它的风险也可能极小。在一些情况下，它的风险也可能很大。但是，我认为这是一种附加到所有建筑物的风险，并且每个财产所有者和购买者必须承认受制于这种风险。[③]

---

① 包括 Society for the Protection of Ancient Buildings（1877），the National Trust（1895），the Ancient Monuments Society（1921），the Council for the Care of Churches（1922），等；参见 Hewison, *The Heritage Industry*, 26. 关于拉斯金和莫里斯在社会改革中使用艺术的不同方法的叙述，参看 Frances Borzello, *Civilising Caliban: The Misuse of Art 1875-1980*（London and New York: Routledge, 1987）.

② Roger W. Suddards, *Listed Buildings: The Law and Practice*（London: Sweet and Maxwell, 1982），1-2.

③ 同上，第13页；[1976]3 All England Reports, 509.

文化遗产的观念

与美国不同，英国名录的相关规定不仅驱动了室外和公共室内的改变，而且还改变了"定义下的建筑物的任何部分"。[1]建筑的定义是宽泛的，但也有一些被排除在建筑外，如鸟笼、狗窝、鸡舍、运河和田埂。[2]英国审查委员会（为艺术作品的出口设置）已经明确指出，现在关于建筑的认定是不言而喻的：

> 例如，人们都接受位于一个优美的自然风景公园名录中的建筑物的所有者，不能拆毁其门廊，不能出售三角门楣上的雕像，不能拆除由肯特设计、莱丝布莱克（Rysbrack）雕刻的烟囱，以及不能将能人布朗（Capability Brown）[3]式园林划为建筑用地。[4]

那么问题是，如何分清建筑物和可移动的动产？在"美惠三女神"出售的时候，就有人质疑卡诺瓦的雕塑是不可分割的内部装置（作为乌邦寺结构的一部分）还是一个可销售的装配。[5]1990年，当时负责环境事务的国务大臣彭定康（Chris Patten）创建了如下标准，以帮助区分：

> 在某些情况下，可能需要考虑……给予一些可能性的重视，如这样的物品被转移并在另一个地方展示，或者被带到可以被更广大公众参观和欣赏的地方的可能性，或者不管它是否会或曾经是，都将之视为一件

---

① 在美国流行的想法是，室外和公共室内是公共利益的问题，而私人内部仍然属于私人问题。此外，这种监管的热情因城市而异，波士顿和纽约有相当详细的保护法律，而一些城市，如芝加哥，"专注于不受限制的私营企业"，严格的规则较少；参见 Paul Spencer Byard, *The Architecture of Additions : Design and Regulation*(New York : Norton, 1998), 81.

② Suddards, *Listed Buildings*, 15.

③ 指兰塞罗特•布朗(Lancelot Brown)，18世纪英国著名的园林景观设计师。——译者注

④ *A Review of the Current System of Controls on the Export of Works of Art*, 47.

⑤ Bush, 'The Protection of British Heritage : Woburn Abbey and The *Three Graces*', 274-275.

与建筑物本身分离的物件，譬如出于税务目的。[①]

他的继任国务大臣迈克尔·赫塞尔廷（Michael Heseltine）总结道，如果一件雕塑是为了装饰或丰富建筑而设计的，那它就会受到监管；但如果一座建筑是为了收藏一件雕塑而建，那么这件作品可以被视为一个动产。[②]除了这个特定的解释，还存在一个引发更大关注的问题，那就是相对于"征用"来讲，在没有补贴的情况下政府监管的合理性。在普通法国家，如果以公共使用为目的被国家征用，并且给予公平的市场价补偿，那么在很大程度上是没有争议的，这是地方和国家发展政策的重要的法律特征。[③]然而不给予补贴而直接征用的情况，仍然存在极大的争议。在美国强大的个人权利制度中，对监管和征用之间的这种区分存在相当大的敏感性，因为这会涉及对宪法的一种敬畏，一些保护法通过对建筑工作施加短暂的延迟而站在了监督的立场，这与英国韦弗利标准的禁止反言是不同的。监管与应被补偿的征用之间的区别，"从历史的观点来看，在宪法判例中，这被认为只是程度的问题"[④]。马格莱特·莱丁注意到：

> 当政府监管"过度"时，跟告知我们将之视为征用相比，法院也无法做得更好了，否则它们会将之视为国家正常的"管制权"。当然，这

---

① Bush, 'The Protection of British Heritage: Woburn Abbey and The *Three Graces*', 274-275.

② 布什指出，虽然杰弗里·怀亚特（Jeffrey Wyatt）的"美惠三女神神庙"被添置到乌邦寺以收藏美惠三女神，但是"美惠三女神"的雕塑也可以说是被购买以装饰现有的雕塑馆（由亨利·哈兰德（Henry Holland）设计）的；同上，第276页。

③ Margaret Jane Radin, *Reinterpreting Property*(Chicago: University of Chicago Press, 1993),136.

④ Byard, *The Architecture of additions*,81. 托尼·奥诺尔（Tony Honore）指出，即使在最个人化的时代（"罗马和美国的"），财产权也具有社会方面的意义；A.M. Honore, 'Ownership', in A. Guest, ed., *Oxford Essays in jurisprudence*, first series(Oxford: Clarendon Press, Oxford, 1961), 107-47.

只是在重复这个问题，因为"过度"是"征用"的同义词。[①]

在美国，历史上具有标志性的事件是美国宾州中央运输公司诉纽约市一案：最高法院在1978年判定，纽约地标保护法的应用没有违反第五和第十四修正案，不允许在第42街和派克大街上的纽约中央车站建设办公大楼，并且也不是没有合理补偿而征用宾州中央运输公司的财产。最高法院的这一判决支持了纽约上诉法院的裁决，裁决驳回了不征用的要求，因为法律没有将财产的控制权移交给地方城市，但限制了上诉人对其的利用。布伦南（Brennan）法官就这个问题发表了他的意见：

> 作为保护历史地标和历史街区的综合规划的一部分，城市可以限制个别历史地标的发展……而不影响需要支付"合理补偿"的"征用"……具有特殊历史、文化或建筑意义的建筑提高了所有人的生活质量，这是一种被广泛接受的观念。这些建筑及其工艺不仅代表了往昔的经验，体现了我们遗产的珍贵特征，而且也成为今天建筑品质的榜样。[②]

具有历史意义的保护最初是为了提高人们的生活质量。这是一个促进共同利益的公共方案，但没有"固定公式"来确定何时"正义和公平地"要求赔偿经济损失。[③]正如莱丁所说，法院采用了"多要素的平衡测试"，其中一个因素是促进"健康、安全、道德或公共福利"。[④]大多数意见是非常清楚的："旨在促进普遍福利的立法通常比其他立法负担更重。"伦奎斯特（Rehnquist）法官则持不同意见，他把在个人财产所有者的地标上征收保护

---

① Radin, *Reinterpreting Property*, 146–147.

② 438 U.S. 104(1978).

③ 同上，以及 Radin, *Reinterpreting Property*, 131–132页。

④ 同上，124–125页。根据城市的分区法,允许所有者将发展(空间)的权利从历史特定的地点转移到相邻的地点,在那里,他们将拥有一个编号。

费用看成是违宪的：将保护纽约中央车站的费用（也即所谓的宾州中央运输公司的经济损失）分给整个纽约，"每个人的负担将是每年几分钱"。然而，对于自由意志论者来说，税收都是一种初级的"征用"，所有福利保障也是如此。[1]1993 年，宾夕法尼亚最高法院否决了 1987 年费城历史委员会对一家装饰艺术剧院（萨姆埃里克，之前是博伊德）室外和室内的认定。虽然地方法规被认为与国家环境权利修正案相一致，但"保护条例"被认为是"不公平、不公正，相当于不给予合理补偿的违宪征用行为，违背了宾夕法尼亚宪法的第一条第十款"。[2]

5.3 《梦花园》

1915 年年底一件巨大的玻璃马赛克艺术作品被安置在费城——距离独立大厅[3]并不远的柯蒂斯（Curtis）出版大楼的主厅；在这样的情况下，我们

---

[1] Radin, *Reinterpreting Property*, 122.

[2] 宾夕法尼亚州最高法院,联合艺术家联号剧院公司诉费城历史委员会一案,于 1991 年 7 月 10 日正式开庭,1991 年 10 月 23 日重新展开辩论,1993 年 11 月 9 日最终判决。1989 年,联邦法院维持这项判决(萨姆埃里克诉费城案)。在 2002 年,有人试图将建筑的室外部分列入名录,但这被费城历史委员会拒绝,理由是单独的外观不能保证被认定。2009 年,费城市委员会考虑修改其关于历史建筑的规则,使其包括公共内部建筑(遵循纽约、波士顿、芝加哥、旧金山和洛杉矶的做法),在那时,博伊德的内部建筑才令人同情地得到恢复;参见 Sass Silver, 'Not Brick by Brick : Development of Interior Landmark Designation Policies in Washington, DC', (May 2004) *Georgetown Law Historic Preservation Papers Series*, paper 15.

[3] 位于费城,《独立宣言》签字处。——译者注

可以看到这一行为的公益想法是非常明显的。①《梦花园》(*The Dream Garden*) 是由路易斯·蒂芙尼 (Louis Comfort Tiffany) 的纽约工作室和美国插画家麦克斯菲尔德·派黎思 (Maxfield Parrish) 合作创作。这一作品闻名遐迩，提供了一种当代的乐园图景，描绘了田园般意大利风景中的理想青年。一个深度参与伟大的资本主义实践去实现城市现代化的国家，同时也面临严重的社会问题，包括大量的移民，极大的城市贫困，以及对几乎所有阶层和民族历史习俗与惯例的破坏等；因此，逃避现实的梦想是一剂缓和剂，而其画作者就是描绘这些梦想的艺术大师。②尽管派黎思担忧与蒂芙尼一起工作，但是蒂芙尼工作室法夫赖尔 (favrile)③镶嵌的色域、结构色和绝对数量，都给派黎思拉斐尔前派式的想象带来了惊人的光辉，也扩充了他的想象范围（如图5-2所示）。

随着柯蒂斯帝国的消失，这座建筑最终被费城房地产开发商约翰·梅里安姆收购。梅里安姆于1984年将大厦出售，但保留了《梦花园》的所有权，并告诉柯蒂斯中心的新主人，他打算适时将画作的所有权转移给大厦紧挨着的独立大厅里的国家公园管理局。④他立下遗嘱，将宾夕法尼亚大学（给予

---

① 这件马赛克艺术品大约50英尺长，15英尺高。直到华尔街危机之前，费城一直都是美国的出版中心，柯蒂斯的出版物包括一些最成功的杂志，如《星期六晚报》和《妇女家庭杂志》。《妇女家庭杂志》的编辑，同时又是赛勒斯·柯蒂斯 (Cyrus Curtis) 牧师的爱德华·博克 (Edward Bok) 构思了这样一个想法：一幅大型壁画横跨前大厅的墙面，并且直接面向大门入口。因为被委任作品的其他艺术家的去世，委员会似乎是不幸的；因为他的其他承诺，派黎思不情愿地接受了任务，包括仕柯蒂斯大厦的女士餐厅的壁画创作。参见 Kim Sajet, 'From Grove to Garden: The Making of The Dream Garden Mosaic', 见于 *Pennsylvania Academy of the Fine Arts: 200 Years of Excellence* (Philadelphia: Pennsylvania Academy of the Fine Arts, 2005), 42–51.

② 派黎思在宾夕法尼亚学院学习，他是一个早慧的美术家和插画家，他的日历挂在无数美国人家庭的墙上。他把这个主题与自己对园艺的热情联系起来，并坚持在《梦花园》前安装一个倒影池和栏杆；同上，第49页。

③ 蒂芙尼申请的一项商标专利，主要产品是精致的彩色玻璃。——译者注

④ 柯蒂斯中心后来被凯文·F.多诺霍 (Kevin F. Donohoe) 公司收购。

图5-2 《梦花园》

注：麦克斯菲尔德·派黎思和路易斯·康福特·蒂芙尼，1914，法夫赖尔玻璃马赛克，4.57 m×14.93m。由费城宾夕法尼亚美术学院提供。部分由约翰·W.梅里安姆（John W. Merriam）捐赠；部分由皮尤慈善信托基金提供的资助购买；部分由布林茅尔学院、美国艺术大学以及宾夕法尼亚大学理事会赠予。1915年，被安置在柯蒂斯中心——费城一个主要的出版总部；在1998年它变成可出售的状态时，《梦花园》成为关注的焦点。对它可能离开的地区性的呼吁，指示着城市对其"历史文物"的认定。

双份额）、布林茅尔学院、美国艺术大学和宾夕法尼亚美术学院等四个地方教育机构作为遗产的受益人。但他没有在1992年与伊丽莎白（贝蒂）·梅里安姆的婚姻之后，适时修改或再确认这份遗嘱。1994年梅里安姆去世，梅里安姆夫人认为他应该被视为无遗嘱死亡。这件马赛克艺术品的命运要经过复杂的谈判，才能被公平和适当地作为财产分配。各方在谈判中都同意，遗孀应该接受41%的遗产；与此同时，为了体现原有遗嘱的意愿，剩余的59%应分配给遗嘱指定的受益人。其中大部分都是不动产，房屋价值的估算就达1亿美元左右。《梦花园》一直被置于幕后，直到1998年7月《费城询问者报》（*Philadelphia Inquirer*）发布公告，发现《梦花园》将要被出售给一位匿名买家，这位买家不仅要把它从柯蒂斯大楼移走，也要把它从费城移走。

在《费城询问者报》发布公告之后，寄往报社的信函以及为保有《梦花园》而收集请愿书签名的公开活动，都充分削弱了那些对美国遗产采取更加漠视态度的任何看法。美国建筑师协会费城区主席约翰·海斯（John Fox Hayes）义愤填膺，将《梦花园》的转移称为"'费城被掠夺的典型案例'……接下来就是本杰明·韦斯特和自由钟……真的需要把这些东西留在这里"。[①]在给《费城询问者报》的信中，艺术家布鲁斯·波拉克（Bruce Pollack）写道，"这幅画是我们文化历史的一部分，就像西斯廷教堂的米开朗琪罗壁画是罗马文化的一部分一样——这是对于我们所有人的一种盗窃"。[②]这不仅意味着《梦花园》应该在费城，还意味着在那里它是最有价值的。

在费城，《梦花园》被认为是有价值的，是否因为它是由麦克斯菲尔德·派黎思设计的，或是因为它是一件蒂芙尼马赛克艺术作品，又或是因为画作的主题是一个天堂般的场景，又或是因为它被视为一件优秀的艺术作品，又或是因为它是建筑美学中不可分割的组成部分？显然，如果向那些主张将《梦花园》保留在原地（如事实上的情况一样）的支持者问这些问题，他们会说就是因为上述所有原因，《梦花园》才具有价值。但这样有点太快了。如果《梦花园》有另一个主题（例如，来自《爱丽丝梦游仙境》"疯帽子"的茶会），或者是由一个完全不著名的人设计，或是一幅手绘壁画，或是被指定为建筑物的屋宇设计，随后搬到楼下，又会如何？它会引起争议吗？艺术家、体裁、主题、环境和美学品质等要素同等重要吗？如果50英

---

① *Philadelphia Inquirer*, 24 July 1998.
② *Philadelphia Inquirer*, 26 July 1998.

尺的作品被认为是一件平凡的艺术作品又如何？我们会兴奋吗？我想不会。对于优秀的艺术品或建筑物的评估至关重要。关于优秀作品的评估，由社会建构并符合传统，如第 4 章所述，受制于变动和叙述。事实上，许多艺术和建筑作品已经被允许衰败或者随后被毁灭，因为它们不再被认为有价值。然而，品味在变化，这代人不喜欢的，可能下一代会喜欢。

俄亥俄州立大学一位历史教授史蒂文·康恩（Steven Conn）写道：

> 欧洲国家有更严格的法律来管理文化遗产的销售和传播。我非常怀疑，如果壁画放置在伦敦或巴黎，它就不会被人从墙壁上扯掉。但在这个国家，卖给最高出价者在本质上仍然是我们如何在文化上定义自己。[1]

如果美国人真的以这种方式定义自己，那么尽管他们确实认为自己拥有强大的私人权利制度，也会出现不尊重个人自主权的强大的公共交易行为。尽管康恩没有解释法国和意大利统计方法的差异，以及英国普遍的个人主义传统，但他关于出口限制的说法明显是正确的。这当然暗示了在英国流行的更严格的名录规范，在其中，建筑的室内跟室外一样被保护。[2]拉斯金式"国家遗产的一部分"的假设已经被纳入了英国的成文法，可以保护几乎所有建于维多利亚统治之前的建筑物；除非有适当的许可，否则建筑的不可分割的所有权不可能被触及。[3]

在《费城询问者报》发布了关于《梦花园》的公告之后，费城历史委员会主席和其他重要人员参与了爱德华·伦德尔（Edward Rendell）市长主持

---

[1]　*Philadelphia Inquirer*, 28 July 1998.

[2]　Penelope Cooling, Vincent Shacklock, Douglas Scarrett, *Legislation for the Built Environment: A Concise Guide*(London: Don head, 1993), 60.

[3]　随着二级、二级*和一级的等级排名，审查也变得越来越严格。拉斯金的内容也见于 3.4 节。

的讨论，讨论的主要内容是关于对没有完全被控制的销售施加控制的行动。[①]市长召开新闻发布会宣布，该市将尽一切可能让《梦花园》留在原处，在此之后，委员会将《梦花园》认定为城市历史保护条例下的"历史对象"。在获悉这一前所未有的举措后，支持者们很高兴，而梅里安姆资产的执行人梅里安姆夫人则感到愤怒，并提出法律诉讼，要求裁定政府的宣布无效。由于间接卷入这一法律诉讼而陷入尴尬境地的四家慈善受益机构企图使自己远离诉讼程序。据《费城询问者报》报道，拉斯维加斯百乐宫赌场主人斯蒂芬·永利（Steven Wynn），在获悉该争议后，也放弃了购买行动。《费城询问者报》作者斯蒂芬·索尔斯伯（Stephan Salisbury）针对这个历史认定写了一篇事后研究总结：

> 派黎思–蒂芙尼壁画的近乎流失以及凯利（Ellsworth Kelly）作品的流失，使得保护主义者和文化官员质疑对于公共艺术的监管保护是否符合公众利益。他们也开始重新考虑一个棘手的问题，即是否所有公共艺术都有潜在的公共利益——即使它不被公共所有。[②]

最后一句非常好地描述了私人权利和公共利益之间的紧张关系。当然，上述句子中戏谑的一个词组是"公共艺术"，这反映了美国对于私有财产领域的过分追求。相比之下，在巴德明顿庄园的橱柜，或霍尔汉姆宫的霍尔汉姆绘画并不是公共的，但在英国，它们被认为是代表"国家要求的某种类型的资产"。当然，梅里安姆夫人的律师直截了当地指出了私人财产权和公共利益之间的冲突，"城市试图在不给予补偿的情况下剥夺其财产中的资产，

---

① 委员会主席是韦恩·史匹罗夫(Wayne Spilove)；其他人还有城市艺术和文化办公室主任黛安·道尔顿(Diane Dalto)，委员会成员迈克尔·卡斯洛夫(Michael Sklaroff)和市政府办公室主任马克·齐卡(Mark Zecca)。

② *Philadelphia Inquirer*，9 August 1998.

这违反了美国宪法，蔑视了我们国家基础中的私有财产的基本概念"，这与上文提到的英国国务大臣所得出的结论一致，即"名录将会削减所有者处理他们认为合适的财产时所享有的权利"。[1]

在《梦花园》宣布出售后，资产私人所有者和城市公共机构之间的激烈争论持续了三年，直到贝蒂·梅里安姆去世。[2]直到该国一个主要慈善基金会（位于费城的皮尤慈善信托基金会）慷慨地向宾夕法尼亚美术学院提供了大量赠款之后，允许慈善受益人（宾夕法尼亚美术学院是其中之一）购买梅里安姆夫人在《梦花园》中41%的受益，这件事才最终尘埃落定。宾夕法尼亚大学、布林茅尔学院和美国艺术大学随后放弃了各自在《梦花园》中的受益，并将其所有权作为一个整体转交给宾夕法尼亚美术学院，由其接受受托人义务，将《梦花园》保留在原地。私人慈善机构调停文化争端的能力不应被低估，当然也不应当作适用所有国家的典型：私人慈善机构在美国的实力是因为其特殊的税收制度在发挥作用。虽然英国也存在有能力提供经济援助的慈善基金会，但与美国相比，它们的活动在总体上规模较小。最近，尼古拉斯·古迪森爵士建议加强对英国重要文化财产所有者的税收激励机制，以鼓励给相关机构更多的私人捐赠，这不仅是作为对出口威胁的一种反攻，

---

①   Written to the Board of License and Inspection Review, 16 April 2001.

②   主要的焦点是，没有任何一方能够担负现金补偿额以购买梅里安姆夫人的权益，以足够的资金满足梅里安姆夫人律师提出的其在《梦花园》41%的权益的价值（数额与在终止销售时给出的金额有关）。慈善团体表示，他们愿意放弃对他们权益的任何补偿，以将《梦花园》保存在费城的合适的公共场所。在梅里安姆夫人去世后（当时提请人是宾夕法尼亚美术学院院长），慈善受益人试图劝阻"梅里安姆财产委员会"继续参与针对历史认定变得日益昂贵的诉讼。

也是丰富收藏品的途径。①

费城历史委员会的任务是保护和保留"有益于费城人民的健康、繁荣和福祉"的《梦花园》。出于两个原因,我建议在此将"福祉"解释为一些费城人的个人福祉,而不是将其视为功利主义关系的集合。第一个原因源于聚焦个人福祉的自由主义。第二个原因是,完全认识到了人类福祉是很难量化的:我们可能无法知道,在费城没有认定更多的建筑物或历史文物,是否会显著降低宾夕法尼亚人的福祉,或者对后代会产生什么影响。即使我们基于旅游收入的产生来确定货币价值,但是具体的公共事业却几乎不可能计算。②蒂博尔·马坎(Tibor Machan)提供了一种自由意志论的相对观点,即美国政体的一个中心问题在于宪法的修辞(保护自然权利的洛克学说)与主导公共政策的"公共福利"和"社区目标"的功利主义考量之间的冲突;例

---

① Goodison, *Goodison Review*, 10—11, 以及第5章。在英国已有50多年历史的遗产权益所有者,可以有一系列选择,可以筹集资本,也可以合法免税(直接或通过继承人)。他或她可以将其转让给另一个人,在这种情况下,该物品可能被免除继承税。遗产也可以保留在原处,但公众和访问学者可以有机会参观,这样,只要这种情况一直延续,物品的转移将有条件地免除继承税。所有人可能希望接受它以代替税务,在这种情况下,继承税责任将被取消(但不是资本收益或所得税责任)。他或她可以把它赠给国家,在这种情况下,财产的总体纳税责任将降低。它可以通过私人条约出售给地方当局、大学或国家博物馆,由此,销售的继承税或资本增值税将从相互约定的市场价格中减去,结果产生的数字增加了责任的25%的小费(或"贿赂费用"),在这种情况下会有利润,但自由市场价值并不是经过测试的(理性冒险)。所有者可以在自由市场上出售,在这种情况下将产生利润,但手头现金受资本增值税约束。通常来讲,继承税鼓励所有权转移,即使该物件仍在原处;而资本收益税鼓励保留。要满足的条件是,被转移的物品必须属于财政部指定的类别,部长必须确信它们对于国家、科学、历史或艺术的利益是"杰出的"。Inheritance Tax Act 1984, Pt VIII, Sections 230, 3—4. 参见 Vivian F. Wang. 'Deductions and Donations: Tax Policy as a Manifestation of Attitudes About Art in the United States, United Kingdom and Canada', (2009) XIV *Art Antiquity and Law 79—100*; 以及 Simmonds, *Art and Taxation*.

② 可以更准确地计算一些物质文化遗产的经济效益,例如临时展览,但是表演艺术相比视觉艺术更容易做到。

如，在劳动政策、国家健康与安全领域。[1]然而，查理·泰勒又使我们想起洛克对新教徒衍生问题的担忧，我们应该"积极和聪明地"给予自己有益的任务，这不仅是为了我们自己的利益，而且是为了共同的利益（虽然在物质方面有投入，但这就像是"人类的普通股"）。[2]与没有义务的地方政府不同，所有慈善组织的确都被委托保持或增加非经济利益。[3]因此，尽管有资格获得税收优惠的机构可以放弃这些机会，从而独立于政府，但我怀疑除了最富有的机构，没有其他机构可以做到。慈善企业希望被视为有益于公共利益，而不是私人利益。

5.4　完整性与尊重

假设《梦花园》被见多识广的行家视为一件普通的艺术作品，我们是否愿意用更好的作品去装饰柯蒂斯大厦的前厅？考虑到审美观点的改变，人们现在也许正仔细地考虑变换那些被继承者认为是好的东西。[4]

---

[1]　Tibor Machan, *Private Rights & Public Illusions* (Oakland: The Independent Institute, 1995).

[2]　John Locke, *Two Treatises of Government*, ed. Peter Laslett (Cambridge: Cambridge University Press, 1988), 294; 同时参见 Charles Taylor, *Sources of the Self: The Making of the Modern Identity* (Cambridge: Cambridge University Press, 1989), 238-9.

[3]　不论是通过直接免税，还是从免税的机构中收到资金，或者收到与个人应国家的税款平等的货币或货物。在普通法国家，慈善机构的良好管理对国家收入服务、首席检察官以及在英格兰和威尔士的慈善事务署负责。参见 Peter Cannon-Brookes, ed., 'University and Foundation Collections and the Law: Proceedings of a Seminar Held at the Courtauld Institute of Art, London, June 23 1994', (1994) 13 *Museum Management and Curatorship* 341-3 and 356-61.

[4]　英国法官强调建筑师对原始所有者的设计意图，特别是艺术装饰酒店的埃里克·吉尔 (Eric Gill) 雕塑的例子；参见 A.H. Hudson, 'Historic Buildings, Listing and Fixtures', (1997) II *Art Antiquity and Law* 182-3, for *Lancaster City Council v. Whittingham*.

专家们经常认为，一个历史建筑或遗址的原始结构有自己的完整性，这类似于艺术作品。然而，在不同阶层、地区和文化中，我们关于究竟是什么构成完整的建筑整体（或完整的绘画、诗歌或交响乐）的想法已经延续了几个世纪。我们是否认为，建筑物、雕塑、收藏品应该和人类一样，它们的完整性也不该受到危害？[①]普遍人权的举例基于康德假设，即认为人们应该被当作目的而不是手段，虽然他们可以同时作为他人目的的手段。[②]尽管我们可以说，建筑物及其内容是一体的，但它确实与人的完整性不一样。

我们应该记住，关于限定业主或租客可以对建筑物做什么或不能做什么的英国和美国普通法，是一个律师通常希望解决眼前问题的使用工具。因此，除非找出严格成熟的美学理论，否则我们不应该花太多心思，比如花心思在英国城乡规划法案的修订案上。当然也有这样的理论存在，比如四位伯克同时代的人，建筑师胡弗莱·雷普顿（Humphry Repton）和约翰·纳什（John Nash），以及辉格党的尤维达尔·普莱斯（Uvedale Price）和理查德·佩恩·奈特（Richard Payne Knight）提出的理论，他们认为"如画"的风景最终成为英国对于"遗产"的常见认知，正如罗兹玛丽·希尔（Rosemary Hill）所说：

"如画"在他们手中发展成浪漫主义审美的分支。它是一种艺术理

---

① 国际统一私法学会公约（第5条）建议保持建筑群的完整性；参见 John Henry Merryman, 'The Unidroit Convention: Three Significant Departures from the *Urtext*', (1996) 5 *International Journal of Cultural Property* 15.

② 在《道德形而上学原理》(1785) 的基础上，康德提出个人有尊严 (Würde)，这是一个无条件的、不可比拟的价值，不同于市场上有价格的实体；参见 Stephen R. Munzer, 'An Uneasy Case against Property Rights in Body Parts', (1994) 11 *Social Philosophy and Policy* 266. 关于艺术作品本身拥有权利论点的概述，参见 Ronald Moore, 'Moral Rights of Art: Historical and Conceptual Overview', 见于 Michael Kelly, ed., *Encyclopedia of Aesthetics* (Oxford: Oxford University Press, 1998), 3: 288-92.

论，将个人和少数人置于强权和公众之上。它处理了体验的一种半音程
状态，它的情绪是耽于冥想的，"它既不紧张也不放松"，普莱斯写道
……"如画"以记忆和联想的力量，主观、客观体验的交流作为
养料。①

最近出版的一份包含历史认定的有趣文献，阐述了我们认知建筑环境完
整性和整体性的主观方法。1944年秘密发布的"调查须知"，协助了那些正
在准备第一份具有特殊利益的英国建筑法定名录的人。②它的语言是散乱无
章而非势在必行，城乡规划部的官员对建筑和自然环境具有共同的期许：

> 建筑的第三种类型……可能符合基于审美要素的名录，是残缺美与
> 时间和好运结合在一起的杰出的组合。

进一步而言，

> 通过建筑上良好习惯的好运气，或对建筑的时间、地点的感觉和方
> 法的普遍统一，一排单独规划和建造的房子融合在一起成为整体；跟它
> 们单独矗立相比，成为一个整体会给其组成部分带来更大的价值。③

在这里，认定的初衷其实并非被推荐用于保护的目的，而是起因于适当
环境的审美整体，即"时间和好运"。完整性是一个变幻无常的词语，它的
多种用途代表了文化生活（严肃）游戏中的不同举动。所以，让我带着这个
关于完整性的疑问回到韦弗利标准。在第3章中，第一标准处理了伯克关于

---

① Rosemary Hill, *God's Architect: Pugin and the Building of Romantic Britain* (New Haven: Yale University Press, 2009), 16.

② John Delafons, *Politics and Preservation: A Policy History of the Built Heritage 1882 - 1996* (London: E & FN Spon, 1997), 194-200.

③ 这些语句也以文艺复兴和新古典主义关于艺术、建筑和音乐的和谐观点为背景。参见 E.H. Gombrich, *The Sense of Order: A Study in the Psychology of Decorative Art* (Oxford: Phaidon Press, 1984), 285-305.

连续性和习俗之间的关系思考，以及菲尼斯关于知识、审美体验、游戏、社交和宗教的基本价值。第一标准显然适用于属于地方的作品（因此其背后的思想与希腊关于帕特农/埃尔金石雕的论争相关）。但它也适用于可移动的文物，不论是世俗还是神圣的，包括那些在很长一段时间被委托的/或与特定地方相关联的物件，例如大德寺的《临流涤衣》、巴德明顿柜以及霍尔汉姆宫的托马斯·库克（Thomas Coke）壮游的绘画。

霍尔汉姆宫是一个第二标准开始的好地方。第二标准阐述了美学价值和归功于建筑和室内设计而形成的完整性。霍尔汉姆宫由伯灵顿（Burlington）勋爵为库克构思，由肯特设计，是基于"如画"风格而没有装饰的建筑；但现在，通过普桑和克劳德（Claude）的眼界，参照意大利建筑的帕拉第奥式和阿卡狄亚式的组合在英国也越来越常见。通过风格统一使建筑和内部设计成为整体的想法，被下一代新古典主义者提升到一个新的高度，例如亚当兄弟的建筑（蓝斯多恩酒店）是英国绅士展示古典知识、美德和礼仪的理想舞台。第五代敦福里斯（Dumfries）伯爵给亚当兄弟的一份早期委任，成为2006—2007年另一个遗产运动的焦点，当时比特（Bute）侯爵希望专心处理他的其他财产，因此将敦福里斯庄园放到市场上并打算在佳士得拍卖。尽管在第二次世界大战期间曾被军队使用，但是庄园的保存状况大体良好；而让艺术基金会和其他慈善机构尤其兴奋的是，隐约出现的从亚当房间分离出来的两组特别的现代家具，分别由托马斯·奇彭代尔（Thomas Chippendale）和爱丁堡家具大师亚历山大·彼得斯（Alexander Peters）制作。艺术基金会和威尔士亲王对于敦福里斯的拟定出售物所表现出来的强烈反响，反映了所有的韦弗利标准引起的敏感性：他们希望保持历史的关联（韦弗利标准一），保留在英国的重要的艺术和设计作品（韦弗利标准二），并鼓励那些针对作品的意图和风格的研究（韦弗利标准三）。事实上，当威尔士亲王筹到足够的资金（约4 000万英镑）时，就成功避免了这一出售。这些资金原计划用于在广阔的土地上建造典范式住宅。

在19世纪，一种对新古典主义的强烈反应，为城市和（即将成为）城郊的中产阶级提供了一种相当不同的装饰风格，这主要由奥古斯都·普金（Augustus Pugin，他的父亲与上述的"如画"理论家有关联）、拉斯金和莫里斯推动，他们认为，中世纪基督教的诚实和工艺远远优于"异教徒"。正如查尔斯·易司特雷克（Charles Eastlake）评论说："这是一个奇妙和有趣的风尚，这种'中世纪'的狂热现在在我们岛上流行……它填塞了我们的窗户，镶嵌了我们的橱柜，并将我们吃饭的盘子，坐的椅子，墙上的壁纸哥特式化。它影响了我们书籍的装帧，我们地毯的颜色，我们啤酒壶、相框、烛台的形状……还有什么不受影响呢？"①审美和道德品质与哥特式复兴主义者密切相关，这也许解释了当建筑计划受到威胁或修改时仍然感觉到的不适。然而，建筑不仅适应了人们世代生活的磨损，而且还适应了人类品味、风格和环境的变化，因此引用伯克的一句话：一座欧洲建筑可能成为"半哥特式，半希腊式和半中国式"的建筑。②

一些遗产的出售引发了相关建议的制定，即建立一项附加标准，以防止"重要的完整收藏品"的分散。因此，1986年年底成立了一个工作小组，主要研究收藏状况。该小组建议，公共收藏应该完整接受新韦弗利标准的管

---

① Charles Lock Eastlake, London Society, August 1861, 转引自 Clive Wainwright, 'Morris in Context', in Linda Parry, ed., *William Morris 1834 - 1896*(London: Philip Wilson Publishers in association with the Victoria and Albert Museum, 1996), 358.

② Walter D. Love, 'Edmund Burke's Idea of the Body Corporate: A Study in Imagery', (1951)27 *The Review of Politics* 189. 一张从佳士得销售目录中复制的，1927年敦福里斯庄园北面画室的照片，显示了四个层次的各种各样的物品，包括壁龛、挂在墙上的陶瓷盘，以及维多利亚时代晚期或爱德华时代的家具。

控，由于公共收藏比组成部分代表更大的整体（当然，这不会妨碍在国内的扩散），应该允许禁止反言；然而该建议没有成功通过。我认为，一种更有力、最理想的情况，是不同的珍贵或独特的系列物件，例如，一套日本大德寺的百幅罗汉图，其中包括《临流涤衣》，无论作为佛教徒或非佛教徒，我们都可以通过作品看到其作为艺术和文化的历史权威对于我们的价值；或是宗教价值，将罗汉视为佛教叙事中恰当描绘的角色；或是它们的审美价值，无论是作为独立作品，还是可能作为作品集的一部分。格雷戈里·莱文（Gregory Levine）关于"重聚展"的想法如下：

> 然而，鉴于文化遗产的重要价值以及艺术史、日本政府和大德寺自身的历史重建，有可能某些或所有绘画在某一天会暂时与其同胞重新团聚。这可能出现在一个"回归展览"上，也许在京都国家博物馆，也许在大德寺。也可能发生的情况是，作品从大德寺被送到西方博物馆，和那里的作品一起展览。无论如何，我们可以想象，当今时代的"重聚展"可能开始于大德寺高僧主持的佛教净化和开光仪式，这将给展览场地一个仪式性的复兴时刻。①

可以想象，这样的展览可能随后会从日本转移到中国的博物馆，或者受气候影响而来到杭州的灵隐寺。当林庭珪和周季常绘制五百罗汉图时，灵隐寺是南宋都城的重要寺庙，在遭受数次劫掠后，这座寺庙再次成为中国佛教实践的中心。

威廉·圣克莱尔注意到最近的学术研究暂时确认了一些不同的雕塑大师，但他反对帕特农神庙/埃尔金大理石雕带的分离，他认为"如果所有幸

---

① Gregory P.A. Levine, *Daitokuji：The Visual Cultures of a Zen Monastery*（Seattle：University of Washington Press，2006），313.

存的石雕板能聚在一起，可以进行精确的比较时，真正的研究才会充分有效"。①这是基于知识的基本价值的一个熟悉的观点。特展通常被设计为验证某个论点，或者，如此这般，以允许学者、管理者和其他科学家进行具体的研究工作。具体到大德寺的绘画，就是从宗教和审美经验的基本价值中进一步提炼观点。这些安排非常有价值，但不需要永久的结合。②

保罗·巴托（Paul Bator）谈道，将组成一套作品或整个系列作品的各个部分分开，在美学上可能等同于物理肢解。③但是，正如巴托所说，这得依具体情况而定：

> 保持作品组合或一套作品完整性（其中不涉及物理破坏或毁损的问题）的重要性，是程度上的问题。如果被看作规定组合的一部分，有些作品会变得更加美丽或有趣，而有些作品却只有很少的改变。关于"多少"的共识很难达成；关于既定案例中这个因素是否应该被限定的共识，则更难达成。总之，保持艺术组合、系列和收藏完整性的价值显然是相关的，但没有一个原则告诉我们赋予它多少权重，以及在任何特定情况下，这个权重是否足以起决定性作用。

然而，对作品的物理破坏明显不同，而且在性质上不同于将它们从一个地点转移到另一个地点。④因此，考虑到《梦花园》的命运，费城律师斯坦

---

① William St. Clair, 'Imperial Appropriations of the Parthenon', in John Henry Merryman, ed., Imperialism, Art and Restitution (Cambridge: Cambridge University Press, 2006), 87-8; 所讨论的研究是赛拉提斯·斯米雅农格娄（Sarantis Symeonoglou）的。

② 圣克莱尔认为，《关于普世性博物馆重要性及价值的宣言》的签署国，正在努力创造一个自主的美学领域；然而，只有相对少数的机构似乎刻意追求用"为艺术而艺术"的方法去展示。同上，94-95页；参见2.3节和4.4节。

③ Paul Bator, The International Trade in Art (Chicago: University of Chicago Press, 1983) 22-3.

④ 据报道，至少有三座罗汉像在从易县的洞窟运出的过程中被损坏。

文化遗产的观念

霍普（Stanhope）沉思：

> 一方面，它是公众绝对感兴趣的东西。另一方面，它是私人财产……如果我拥有《蒙娜丽莎》，我用斧头砍它，我是否会因破坏我自己的东西而犯罪？[①]

约瑟夫·萨克斯（Joseph Sax）在其《用伦勃朗的画玩飞镖》中，将这个问题进行了很好的处理。在发现丘吉尔夫人烧毁了格雷厄姆·萨瑟兰（Graham Sutherland）为丘吉尔创作的糟糕肖像画后，萨克斯提供了关于记录破坏艺术权利的系列观点。[②]对于某些人来说，这是一个私人所有者的合法行为，是对这幅一直让温斯顿爵士（丘吉尔）心烦的画像做出的可以理解的反应。但对其他人来说，则认为没有人有这样的权利可以这么做。在许多国家/地区以及美国境内的某些州，版权和相关的法律保护创作者及其财产权免受干扰。一些作家坚持认为这些权利起源于罗马；但是，有关保护创作者的声誉和非财产权利的个人主义道德权利的构想，实际上是源自18世纪末和19世纪作者对经济方面的关注。[③]

所以，除了经济原因，为什么我们不应该毁坏我们所拥有的艺术品？约瑟夫·拉兹认为，关于为什么我不应该毁坏我的梵高或毕加索的作品的主要原因，不是我可以卖出一大笔钱，也不是许多人看到它们被毁后会从中获得极大的乐趣，而是如果那么做的话，我会"看不见赋予生命意义的价值"。[④]

---

① *Philadelphia Inquirer*, 9 August 1998.

② *Playing Darts with a Rembrandt*, at 35–47. 史蒂芬·格斯特（Stephen Guest）认为，由于艺术的内在价值（或自然价值），艺术家未必有摧毁一件作品的权利，'The Value of Art' (2002) VII *Art Antiquity and Law* 6.

③ 参见 David Saunders, *Authorship and Copyright* (London: Routledge, 1991), 75 et seq. and 111.

④ Joseph Raz, *The Morality of Freedom* (Oxford: Clarendon Press, 1986), 212–13.

我们不应该因为不受尊重而毁坏艺术品：

> 不是每个人都有很多时间花在毕加索的画上，不关心它们也并不是什么错（只要不对它们或它们的价值存在错误的信念）。但没有人应该毁坏它们，或者以与它们存在美学价值的事实不一致的方式对待它们。没有人需要关心舞蹈。但没有人应该糟蹋（可能是其他人的）舞蹈。[1]

无论是工具性价值还是内在价值，无论你个人是否关心它，尊重有价值的事物的普遍原因都是对有价值事物的正确反应。[2]有价值的事物在任何地方都应该得到尊重：无论是在私人手中还是被公共持有，无论是在视线之外还是被公开展示，无论是在制作它们的国家之内或之外。无论机构还是个人，都有责任尊重有价值的物品和习俗，正如我们有义务尊重普通人：

> 尊重米开朗琪罗的作品，主要包括承认他对我们所说、所思方面的影响，以及关心作品的保存。这一事实反映出另一个事实：并不需要成为一个艺术鉴赏家来尊重米开朗琪罗的作品，也不需要花费时间成为检验并赞赏这幅作品的人。不是每个人都需要成为艺术鉴赏家，或米开朗琪罗作品的信徒，但每个人都应该尊重他的作品。[3]

这同样也适用于宗教神像，信徒所感知的物品和地点被神灵和鬼怪的刻画赋予了生命，例如那些与中国佛教和民间信仰有关的神像。我们是否可以

---

① Joseph Raz, *Value, Respect, and Attachment* (Cambridge: Cambridge University Press, 2001), 163-4; 158-75.

② 同上，第164页。乌尔丽克·霍耶尔（Ulrike Heuer）认为，拉兹认为保护、不破坏、承认价值的理由取决于价值参与的理由。（'Raz on Values and Reasons'，见于 R. Jay Wallace, Philip Pettit, Samuel Scheffler and Michael Smith, eds., *Reason and Value: Themes from the Moral Philosophy of Joseph Raz* [Oxford: Clarendon Press, 2004], 127-52). 由于有充分的理由做那些有价值的事情，她认为可以由我们的审美和倾向来决定采取什么理由。

③ Raz, *Value, Respect, and Attachment*, 161; 同样参见 Joseph Raz, *The Practice of Value*, ed. R. Jay Wallace (Oxford: Clarendon Press, 2003), 143.

说，这些神像、物品和地点本身就是目的？虽然没有解决这个问题，但我们大多数人仍然深切并恰当关注割裂和毁坏的行为。所以，虽然我个人不能说宗教神像是否真的是由神灵和鬼魂刻画的（因此，我们应该像尊重人类一样尊重它们），或者无论它们是否是霍布斯的空瓶子；但可以肯定的是，我们应该尊重它们，因为它们对创造它们的人和/或那些仍珍视它们的人是有价值的。在这个认同政治已非常突出的时代，人们对于尊重的符号表达特别敏感。①尊重延伸到所有有价值的生活形式中。虽然我们自己可能不认为它有价值，但我们应该尊重他人珍视的东西。我可能会试图说服我的朋友，让他们认识到一件特殊的宋朝观音像的价值，但如果他们的口味只限于观鸟、国际象棋、跳舞、棒球和加利福尼亚的画家，那我的热情对他们就不会产生什么影响。然而，他们应该尊重它，因为别人认为它有价值。事实上，当任何艺术作品展示在另一文化背景中时，都应该对形成它们的宝贵实践表示尊重。

---

① Raz, Value, *Respect and Attachment*, 171.

第6章
自由主义与有价值的实践

> 关于人类生活和社会活动的世界主义与社群主义叙述之间的紧张关系，不仅仅是舒适竞争的生活方式层面的分歧。它们不该被视为已经解决了彼此间结盟的术语和概念的基本问题的自由派同胞。它们在深刻的哲学层面依然存在着紧张关系。
>
> 杰里米·沃尔德伦[①]

译者讲解音频12

---

① Jeremy Waldron,'Minority Cultures and the Cosmopolitan Alternative',(1992) 25 *University of Michigan Journal of Law Reform* 761.

6.1　情理和叛国

"斯文"的修辞表达通常表明文化事物最好"在家"欣赏。因此，比起英国，帕特农/埃尔金大理石雕在希腊——这个创作它们的地方，会更加受到重视。为了平衡这一点，我们可以看到，《格尔尼卡》创作于法国先锋派艺术的背景下，而巴德明顿柜在佛罗伦萨工场制作完成。蓝斯多恩肖像画嵌入"我们的美国遗产"，也存于"我们的英国遗产"，有助于我们了解乔治·华盛顿的仪容、风度，以及画家吉尔伯特·斯图亚特作为新共和国的视觉建构者，还有独立战争后英美贸易关系的基本常识。

在寻求解决特殊主义与世界主义之间明显冲突的方法之前，我们先回顾一下通常在艺术、人类学和考古学世界中提出的文化遗产的立场。这也是梅利曼关注的争论焦点。一方面，它们通常代表那些提出公共利益的人（无论是代表宗教、民族还是国家）；另一方面，它们也代表强烈捍卫自由贸易和私人权利的人。当遗产游说集团就巴德明顿柜与博福特公爵发生冲突，或者就霍尔汉姆宫绘画与库克子爵发生冲突，或者就《梦花园》与梅里安姆财产的执行者发生冲突，或者就博伊德剧院与萨姆埃里公司发生冲突时，情况亦是如此。

当文化遗产寻求通过限制艺术品在当地市场交易来战胜私有权时，艺术品的价值更有可能减少。博福特公爵对出售巴德明顿柜的捍卫，建立于权力制度的基础上，在权力制度最严格时，几乎不允许侵犯或限制。这样的立场可能会轻易忽视共同资产和/或非经济价值的概念，"总而言之，它真的只是我从来就不是很喜欢的一个橱柜而已"。[1]第二次公开销售后，公爵评论该橱柜在历史上这一最新插曲，"我不关心它会去哪里，但我希望能得到15年前想卖掉它时一样多的钱"。[2]霍尔汉姆宫绘画出售的收入，被用来资助一个不动产的现代化改造计划，该计划包括在300所工房内安装浴室。为此，库克子爵（爱德华爵士的后裔）进行如下辩护："大家都知道，我受到遗产游说集团的诸多批评，说我卖掉的是国家的珍宝。它们怎么会突然成为了国家的财产呢？它们是我的祖先买的……在任何情况下，是几幅对光异常敏感而永远不能展出的画重要，还是向为你工作的人提供舒适和福祉重要？对我来说，没有别的选择。我肯定不会考虑卖房子"[3]。

所以，现在让我们来关注一场假想的"情理"与"叛国"之间的辩论；在这里，梅利曼的自由贸易的世界主义者将是"叛国的"（回顾约瑟夫·布朗的观点，允许像《吉朗风光》这样的画作离开澳大利亚，将是"叛国行为"），而特殊主义者将是合乎"情理"的。"情理"将反对这样一种观念，即文化产品应该为全人类服务，因此它们应有不受限制的贸易自由。他们的利益就是这些珍贵的艺术作品，如巴德明顿柜、《戴安娜的沐浴》、蓝斯多恩肖像画和其他已经或可能离开原初属地的作品，如帕特农/埃尔金大理石雕和《梦花园》，还有一些被认为对某些民族具有文化上的重要性，但经济价值较低的事物。他们主要争论的是对其他方所持有的文化物件的道德要求，以及国家对私人所有者的管控。"情理"者旨在控制国家珍宝的出口，在合适的时候复原和管理它们；而这些行为，"叛国"者都没有。这些主张占上

---

[1] Duke of Beaufort，引自 *The Sunday Times*，17 March 1991.

[2] *The Art Newspaper.com*，12 December 2004.

[3] 'How Eddie Became an Aristocrat'，*The Independent*，27 August 1993.

风，但并不是唯一的，我们将在下文看到其他主张。

支持"叛国"行为的人认为，权利自由胜于国家干涉；相反，支持"情理"的人则坚持认为，巴德明顿柜不仅仅是橱柜，盎格鲁–撒克逊宪章不仅仅是事务的记录，更重要的是精神品格可能与这些文化物件息息相关。[①]"情理"把文化遗产作为公共利益的一种形式来保护，而"叛国"则对公共利益漠不关心。支持"情理"的人让支持"叛国"的人清楚地知道，绘画、雕塑、仪式器物、建筑物和无数其他物质文化表现形式，都是与其他艺术形式截然不同的表现方式，如文学作品和通过再现而存在的电影。约翰·格洛弗只有一幅《戴安娜的沐浴》，在任何时间它只能出现在一个地方。而且，如此独特地表达一种特定文化的个人作品，应该被视为国家资源。"叛国"则反驳道，虽然许多文化形式对一个地区来说是特定的，但它们蕴含的价值往往是跨国性的。"情理"对"叛国"的回答是，人们的风俗习惯和伦理生活应该被高度重视，这被伯克和黑格尔强有力地提出，并指出即使可能出现一种全人类的文化遗产，但是它也不能讲述完整的故事。"叛国"回应说，伯克谈的只是基本制度，如宪法和普通法，但个人仍然享有优先权。关于促进遗产的价值，"情理"认为，有价值的东西在最初创造它们的地方，或者是与它们的制造最相关的人在一起，以及在与它们被委托的地点相关的地方是最好的（或最重要的）。例如，《梦花园》应该留在柯蒂斯中心，而不是在拉斯维加斯的一个赌场；并不是因为在那里它具有最大的审美价值或最高的研究价值（这不是说它不具有这些价值），而是因为"我们的遗产"的复杂价值在其原初地是最大的。

---

① 1991年，审查委员会推荐了戈德温宪章(1013—1020年)的禁止反言。专家顾问认为，盎格鲁–撒克逊宪章作为一个整体，是理解英国的语言、历史和文化的核心。

文化遗产的观念

即使允许存在一定程度的个人自主，但支持"情理"的人会将许多物质文化视为社会本身的产物。此外，审美欣赏具有道德甚至精神的维度，而且干预道德将冒着陷入恶习的风险。但是支持"叛国"的人指出，与价值相关不一定必然意味着与道德相关，因为个人可能会否认类似这样的对他人的承诺，并且实际上通常是压抑它们的。①

"叛国"也希望从"情理"那里知道，私人拥有的文化资源被视为公共物品并受到集体权利或政府干预的理由。虽然承认慈善企业持有财产的公共利益，但文化事物如何以任何实质的方式与集体身份或品格联系在一起，特别是当问题中的有关人群可能是极其多样化时，以及"情理"如何证明诸如帕特农/埃尔金大理石雕、巴德明顿柜等文化物件具有集体权利？

支持"情理"的人回应道，希腊人民有道德权利，因为归还对他们的福祉是必要的，这种福祉太强大而胜于私人权利。支持"情理"的人认为，在西方社会中，为了维护或保护公共物品而对私人生活中的"干涉"已经长期存在。如果获取特定的藏品对于文化连续性非常有价值（自由钟被永久地封存在费城银行的保险库中），那么"情理"应该试图通过一切可用的法律手段迫使该物品进入公共领域。但是，支持"叛国"的人认为，以公共福利的名义列出艺术和建筑的名录，是一个令人难以忍受和不合理的要求。因为国家最初并没有委托制作巴德明顿柜并付款，也没有购买并支付霍尔汉姆宫绘画的费用，那是什么理由可以限制现在的所有者为获取更高价格而把自己的财产拿到自由市场上出售呢？事实上，支持"叛国"的人指出，英国历史性建筑的所有者对其财产的连续性拥有可以理解

---

① 约翰·凯里(John Carey)引用了乔治·斯坦纳(George Steiner)关于"第三帝国"背景下古典音乐演奏的内容,*What Good Are the Arts?*(Oxford: Oxford University Press,2006),144.

的特许费（如1991年《出口管制审查》所表述，"他们的遗产物品，通常被视为支付资本税或建立维护信托或修理屋顶或资助维持资产发展所需的基本建设项目的第一份储备金"）。这激怒了支持"情理"的人，他们引用了拉斯金关于建筑物保护的伯克式警告，"我们是否应该保护过去的建筑物，再也不是私利或情感的问题。我们没有权利触及它们。它们不是我们的。它们部分属于建造它们的人，部分属于我们人类的后代。逝者也仍然对它们拥有权利。"①

支持"叛国"的人，还准备好阻止任何功利主义情况下的归还企图，因为公共福利作为一种国际偏好的集合的想法缺乏可信度。②平等的选择权，可能产生意想不到的后果：日本和缅甸公民对中亚佛教雕塑的偏爱可能大大超过阿富汗和巴基斯坦公民对它们的偏爱。

支持"情理"和"叛国"的人均同意，在任何具体案件中，审查所有与所有权有关的证据是正确和适当的。对支持"情理"的人来说，更大的问题不在于哪些国家法律更容易裁决这些争议，正如格林菲德观察到的那样，对于在殖民统治下或通过不平等条约或作为赃物获得的财产（包括土地），其分布体现出几个世纪权力的不平衡。怎样才能补救世界各地的统治集团对其他社会和本国成员无数次的贪婪行为（这在21世纪是不被允许的）？梅利曼

---

① *A Review of the Current System of Controls on the Export of Works of Art*（London：HMSO，1991），48；关于拉斯金的观点，见3.4节。

② 从大理石雕中获得（可衡量的）利益的希腊公民的数目，超过在英国所有可能获得平等福利的人（除了可以平等地访问雅典的外国游客）。因此遗产成为一个数字游戏，在其中，作品应该驻留在任何将它的作用最大化的地方。希腊政府可能会争辩说，因在希腊雅典卫城附近看到所有大理石雕而获得利益的希腊人口一定大于在伦敦获得类似福利的所有英国人。但是，这个论点假定所有希腊人都从中获益，是因为他们有成为希腊人的兴趣，或者，正如金里卡所说，是因为他们的文化归属；因此，实用性论点的版本将文化归属与偏好结合。

提醒我们，在国际法中交易的法律效力取决于当时的现行法。①因此，虽然1954年《海牙公约》和1970年联合国教科文组织公约都试图惩罚一系列现在不可接受的非法行为，但是"情理"的成功，取决于法院愿意摆脱对追溯性立法的偏见，并撤销法定时效。②所有这一切，不禁使我们质疑，相比其他固有利益，"情理"是否把"斯文"的利益看得过重；以及，看重这些利益是否是相称的。

"情理"和"叛国"结束了自由贸易商和特殊主义者之间关于遗产的一些冲突。然而，正如我在第2章中所说的，他们的关注也映射到了社群主义者，自由派和自由意志论者之间的当代论争（在这里，我所说的自由意志论者，是就威尔·金里卡所使用的层面而言的，是程序自由主义（procedural liberalism）代表的右翼与自由平等主义（liberal egalitarianism）代表的左翼）。③所以，现在我认为，向当代政治思想中相关的观念展现梅利曼的"两种角度"是有用的。

6.2 另一种思考角度

我们如何迫切地需要英国的天主教或美国的佛教，来过一种完整的生

---

① John Henry Merryman, 'Thinking about the Elgin Marbles', (1985)83 *Michigan Law Review*, 1881–923, at 1900, and Chapter 1, note 43.

② 同上，其中梅里曼还注意到诉讼规则（诉讼时效）；相反，存在消除时效的规则，其中权利随着时间的流逝而消失。参见 Jeanette Greenfield, *The Return of Cultural Treasures*(Cambridge: Cambridge University Press, 1998), 216–17, and 219. 对于收费法令，参见 *Erisoty v. Rizik*, 1995 WL 91406(E.D. Pa.). 英国宣布计划在2001年3月加入1970年公约。

③ Will Kymlicka, *Politics in the Vernacular: Nationalism, Multiculturalism, and Citizen-ship* (Oxford: Oxford University Press, 2001), 328–9.

活？没有给我们生活带来意义的包罗万象的英式作风、美式作风、天主教或佛教式作风，我们能否成为一个完整意义上的个人？像麦金太尔这样的社群主义者，推动"美好生活"成为一种根植于社会的理念，在一定程度上反驳了自由派在保护个人自由免受任何特定价值观损害方面的努力。他们怀疑自由主义或自由意志论能否成功论证自主权和特殊文化实践的价值。正如金里卡所说，"他们寻求推动一种'共同利益的政治'，即使这限制了个别成员修改其目标的能力"。[1]相反，虽然自由派看到了建立特定政治共同体的重要性（为个人福祉创造条件），但他们特别担心社群主义者在倡导特定实践和价值观念时是否能够保护所有公民的平等权利。此外，不仅在个人不能有意修改目标时自主权被减弱了，而且在他们获得允许考虑替代目标的信息受到限制时，也是如此。

实际上，自由派与自由意志论者的差异通常归结于他们对公共资金支持什么的意愿。自由派希望支持社会的基本基础设施需求，包括国防、警务、法院、海关、运输、能源、农业和贸易，以及有利于个人发展的计划，例如影响教育、健康、福利、体育、文化和环境的设施。[2]理论上，自由意志论者通常只支持基础设施和基本教育需求。而社群主义者则分成两派，但各方都需要税收来服务于"共同利益的政治"（包括宗教项目）。[3]然而还是在理论意义上，"左翼"社群主义者与自由派在这一观点上达成一致，即政府应

---

[1]　Will Kymlicka,*Multicultural Citizenship*(Oxford：Oxford University Press,1995),92.

[2]　例如,蒂莫西·奥哈根评论说,"除了最野蛮的自由意志论者,大多数自由派将会承认,存在这样的事物,例如自然环境,它的存在构成一种共同的利益,而不是一个特定利益的概念";'The Idea of Cultural Patrimony',见于 Richard Bellamy and Martin Hollis,eds."*Pluralism and Liberal Neutrality*(London：Frank Cass,1999),152.

[3]　最坚决的诺齐克式版本的自由意志论"不包括公共教育,没有公共卫生、交通、道路或公园",Will Kymlicka, *Contemporary Political Philosophy：An Introduction* (Oxford：Clarendon Press,1990),97.

该帮助个人创造发展的机会，而"右翼"社群主义者将倾向于只支持基础设施和基础教育。在实践中，个人会在政治选择上找到自己的位置。

在过去20年中，随着政治理论家试图更好地理解个人和社会，或是普遍主义和特殊主义的关系，许多自由派趋向于认同一种个人依赖社会实践的观念，但也要能修改或拒绝它们。正如霍利斯所说，自由派可以"接纳一个社群主义者关于人的观念，但又通过坚持群体必须接受自由派思想中关于权利和价值的普遍要求而超越它。这些要求是审慎地不完整的"。①金里卡认为，如果民族主义者/世界主义者的争论被框定在"对个人选择归属群体认同的非自由偏好"和自主的个性之间，那政治思想新近的转变就错过了。为了具有当代意义，这一争论的一方应该由自由世界主义者参加；另一方则应该由注重一些重要贡献的自由派参加，所谓重要贡献，就是社会实践对自主个体生活的重要贡献，对于这些自主个体来说，这些实践是有意义的。后者代表了另一种文化财产的思考角度。②

金里卡自己的"自由文化主义"的方法被大卫·莱廷（David Laitin）和罗伯·瑞奇（Rob Reich）描述为试图捕捉民族主义观点，但在自由派原则

① Martin Hollis, Trust Within Reason (Cambridge: Cambridge University Press, 1998), 162. 另见 Alan Patten and Will Kymlicka, 'Language Rights and Political Theory: Context, Issues, and Approaches', 见于 Will Kymlicka and Alan Patten, *Language Rights and Political Theory* (Oxford: Oxford University Press, 2003), 11. 以及 Will Kymlicka, 'Liberal Theories of Multiculturalism', 见于 Lukas H. Meyer, Stanley L. Paulson and Thomas W. Pogge, eds., *Rights, Culture, and the Law: Themes from the Legal and Political Philosophy of Joseph Raz* (Oxford: Oxford University Press, 2003), 233-4.

② 他总结了自由民族主义和自由多元文化主义作为自由文化主义的形式；参见 Kymlicka, *Politics in the Vernacular*, 42, 204, 220. 并不是所有同意自治和已建立的社会形式之间有强大关系的自由派，都希望被纳入自由文化主义的旗帜下。例如，大卫·莱廷和罗伯·瑞奇认为自己的做法是自由民主的：'A Liberal Democratic Approach to Language Justice', 见于 Kymlicka and Patten, *Language Rights and Political Theory.*

中也涵盖了它：

> 金里卡是自由文化主义最重要的代表。作为一个自由派，金里卡要
> 求国家保证所有公民的基本民事权利和政治权利，他捍卫个人自主权。
> 作为一个文化主义者，金里卡认为，个人只有通过他们与社会文化的联
> 系来实践自由；还认为这个事实应使得自由派对文化有道德兴趣。[①]

在系统阐述自由文化主义对公共政策究竟意味着什么的时候，金里卡借
鉴了罗纳德·德沃金1984年在一篇论文中所确定的，对于为什么自由派的
国家应该支持艺术所作的分析。[②]德沃金建议，由于"正统"的自由派将对
美好生活的不同理想保持中立，因此抵制优惠补贴，他们不会期望国家资助
提香（Tiziano Vecelli，意大利艺术家）而不补贴在电视上呈现的足球比赛，
反之亦然。如果让市场自己解决问题，市场就不会通过直接或间接的补贴来
完全资助昂贵的文化生活方式（例如去博物馆、公共图书馆、公园、剧院，
欣赏音乐会、歌剧和舞蹈）。所以为了确保我们享有这些文化生活方式，国
家必须介入。但是为什么应该这样，是由于外部利益的总和——如民族自豪
感以及对城市经济的经济效益——还不足以为实质性的支出辩护吗？[③]德沃
金所说的艺术与公共物品大不相同，后者是任何人都不能从中排除的，例如
必须对所有人提供的清洁空气和国防开支是非排他性的，不能划分为私人物
品。[④]在这一点上，德沃金与林德尔·普罗特不同。普罗特指出，有人将文

---

① Laitin and Reich,'A Liberal Democratic Approach to Language Justice',89.

② Ronald Dworkin,'Can a Liberal State Support Art?'首次于1984年4月发表于大都会艺术博物馆,出版见 *A Matter of Principle*(Oxford：Oxford University Press,1985),221-33.

③ 同上,第224-225页。

④ 因此,建筑外观将符合要求,一座免费访问建筑物的内部建筑也符合,但私人住宅的内部建筑不符合；参见 Idil Boran,'Diversity,Public Good,and Fairness',见于 Kymlicka and Patten,Language Rights and Political Theory,194,其中,列出了作为公共物品的以下特征:联合性、非排他性和不可分割性。

文化遗产的观念

化遗产法视为环境法的一部分，其遗产保护涉及集体财产，如清洁的空气和饮用水（我们可以在重要的城市中建造精美的建筑外墙、公共纪念碑和巨大的文化综合体）。①然而，由于艺术对非参与者的溢出效益，它们很可能被视为"混合公共产品"。但是，从经济角度来看，即使作为混合公共产品，它们也因价格太高而不能为高度的公共扶持辩护。②事实上，对许多人来说，在其他国家和城市还有进入成本（航空或铁路票价、酒店住宿费用等）时，混合公共产品的成本将令人望而却步。

德沃金对艺术采取非中立态度的特殊原因，是"一个丰富的文化结构……使价值的特殊可能性或机会更加多样化"，而且可以"让人们更好地把握他们开放的生活形式的复杂性和深度"。③我们应该将自己看作我们（特殊的）文化结构的受托人，代表我们的后辈保护它们。不这样做，子孙后代就会丧失我们自己现在所拥有的机会。在一种与赫尔德和黑格尔相呼应的表述中，德沃金认为文化结构基于共同的传统和惯例，以语言的形式体现：

> 我们艺术文化的结构方面，只不过是一种语言，是我们现在享用语言的一个特殊部分。艺术的可能性，在物品特定种类的表现或隔离中发现审美价值的可能性，取决于传统和惯例的共享词汇。我们语言中的这一部分可能更贫乏。④

在任何特定的语言中，如果没有人发现叙事创作的价值，那么就没有办

---

① 拉兹将牛津作为一个共同利益的例子（牛津大学的学院，在某些时候限制非成员的访问，在一些时候只是预约开放，但他显然指的是城市作为一个整体的价值）；Joseph Raz, *Ethics in the Public Domain: Essays in the Morality of Law and Politics* (Oxford: Clarendon Press, revised ed., 1994), 52.

② Dworkin, 'Can a Liberal State Support Art?', 224-225.

③ 同上，第229页。

④ 同上，230-231页，他认为语言既不是私有物品，也不是公共物品，因为它们产生了我们的评价方式，因此它们不是自己评价的对象。

法区分小说和谎言，因此也没有人能够写就一部小说。"这一点，显然同样也适用于绘画、雕塑和音乐"。[1]批评家和艺术家确实经常谈论语言方面的艺术，如"绘画的语言"，我自己也这样做。[2]例如，有人可能说，像龚开《中山出游图》这样的作品充分展示了视觉语言的表现能力，在这种情况下，中国绘画和书法的语言与《格尔尼卡》中表现的欧洲绘画的语言是一样的。音乐也受制于规则和约定（基于声音的物理现象和听觉系统的结构）。但我现在更喜欢将视觉和音乐"语言"更直接地描述为习惯——包含使用的规则、惯例和预期，指导它们的传送。也许这只是命名的不同，文化语言、文化习惯和文化传统是可以互换的术语。

德沃金总结说，为了保持文化结构，国家确实应该支持艺术。为了避免父权制和精英主义的指控，资金不应该推动任何特定的内容（"在特定场合的杰出"），而是要寻求促进"整体文化的多样性和创新品质"。[3]艺术应通过给慈善捐款免税而不是直接补贴来接受援助，除非是私人市场的交易无法合理维持的昂贵艺术形式或人文学科，例如绘画的完整收藏或综合性研究计划（"像伟大的大学中的大多数计划一样"），即使它们只是直接有益于"相对少的人"。[4]

金里卡强调，德沃金的"文化结构"应该被理解为罗尔斯意义上的主要利益（公共利益），代表了我们制订生活计划时选择的背景。[5]特殊实例化的

---

[1] Dworkin,'Can a Liberal State Support Art?',224-225.

[2] 在本书的第一版。除了德沃金,查尔斯·泰勒也使用"艺术语言"这一词组来论证"承认的政治";参见 Neus Torbisco Casals, *Group Rights as Human Rights：A Liberal Approach to Multiculuralism*(Dordrecht：Springer,2006)177.

[3] 同上,233页。

[4] 同上。

[5] WillKymlicka,'Dworkin on Freedom and Culture,'见于 Justine Burley,ed.,*Dworkin and His Critics*(Oxford：Blackwell,2004),116-19.

文化遗产的观念

国家补贴是否是家长式或精英化，取决于我们如何理解文化实践和个人自主性之间的关系，我将在下面回答该问题。现在，我将重复之前对艺术形式的评论，即它们不仅包括"继续的方式"，而且包括个人作品，其中的重要案例（"在特定场合的杰出"）正是艺术创新的渠道。①

如果德沃金认为文化语言主要是涉及使用的规则、惯例和期望等诸多方面，那么金里卡则倾向于行动方面。口语和书面语言是文化故事的主要载体，传达着价值观和美德。他认为，我们采取的行动方针有意义，仅仅是因为共同语言将它们的特征生动地展现在我们面前，这种方式"是我们的文化遗产，我们的传统和惯例的问题"。②

> 不同的生活方式不单单是不同的身体运动模式。身体运动只对我们有意义，因为它们被我们的文化认为具有重要性，因此它们适应某些活动模式，这些活动在文化上被认可是引领生活的方式。我们从听到的生活故事中，不论是真实的还是虚构的，以及其他形式中，了解到这些模式的存在。它们成为潜在的模式，并定义我们自己担任的潜在的角色……我们决定如何引领我们的生活，是通过定位自己在这些文化叙事中的位置，通过担任的角色，给我们留下一个有价值、值得一试的印象（当然，这可能包括我们成长中扮演的角色）。③

莱廷和瑞奇在金里卡看待文化和个人自主性之间关系的方法中，看到几

---

① 参见本书4.3节。

② Kymlicka, *Politics in the Vernacular*, 209–10, 以及 'Dworkin on Freedom and Culture', 118. 关于个人福祉与有价值的目标之间的关系, 约瑟夫·拉兹和阿维赛·玛格丽特（Avishai Margalit）采取了类似的立场, 认为关系取决于共同的期望、传统和惯例; 'National Self-Determination', 再版于 Raz, *Ethics in the Public Domain*, 133–134. 蒂莫西·奥哈根还假设"文化认同或文化遗产……通过共同语言表达或体现"; 这个观点的反面, 则是使持有者承受无创造性的语言的工具价值观; 'The Idea of Cultural Patrimony', 151.

③ Will Kymlicka, *Liberalism, Community and Culture*(Oxford: Clarendon Press, 1989)165.

种美德，其中之一便是拒绝文化本质主义或文化单一性的观念，同时适当重视自己的母语在单纯沟通之外的意义。①然而，他们质疑为我们自己和后代保持文化意义上继承语言的普遍吸引力，"当然，这可能是真的，大多数少数民族的大多数成员确实设法保留他们的母语，并将其传给子孙后代。但关键是，我们不能假设这是一个理所当然的事"。

杰里米·沃尔德伦观察到麦金太尔和金里卡的论点之间的一些相似之处（两者都强调了文化叙述的重要性）。他认为，金里卡对文化纯粹主义过于关注，并对文化结构的完整性巩固了有意义的选择的观点表示强烈质疑。②沃尔德伦同意金里卡关于接触各种故事和角色的重要性的观点，但不同意文化归属的重要性。他同意人类需要文化意义，而不是同质的框架。他认为文化材料可以从世界各地获得，并往往与原来的环境分离而进入人们的生活，"粗略地说，我们需要文化，但我们不需要文化完整性"。③在回应沃尔德伦时，金里卡写道，没有自由派会支持将互动视为威胁而不是一个充实提高机会（就个人成长而言）的文化概念。然而，我们不应该捍卫一种促进"来自不同资源的文化意义的混合"的自由主义的世界主义形式，而应该看看德沃金认为是什么形成了文化结构的基础——共同语言。④

沃尔德伦认为，为了有效评价文化角色，妥协的可能性或对忠诚的侵蚀就会存在。但是，如果这种认同不受金里卡的文化结构保护，那么它的性质是什么呢？沃尔德伦提议，"我"应该被视为一个朋友的协会，协会内部有

---

① Laitin and Reich,'A Liberal Democratic Approach to Language Justice',89-90.

② Waldron,'Minority Cultures and the Cosmopolitan Alternative',781-793.

③ 同上，第786页。

④ Kymlicka,'Dworkin on Freedom and Culture',121-123.他用沃尔德伦给出的例子来支持共同语言案例:格林"童话故事"已经成为英语国家文化的一部分，只因为它们被翻译成英语并以英语的形式广泛传播。

文化遗产的观念

各种各样的约束，有时是矛盾。这使我想到，管道升和赵孟頫提出的佛教和新儒家实践的调解，通过中国元朝的分工，即佛教从事形而上学以及儒家关注国家事务和社会关系，使其变得更为容易。通过转写妙善的故事——其中的孝子和慈悲的菩萨是一个人，管道升强调了自己的双重义务（是否任何人都可以成功管理超过两个潜在矛盾的观念还有待讨论）。沃尔德伦的自我管理不会没有冲突，但这些冲突应该形成一个更健康，而非精神分裂的性格。因此，每个（世界主义者）"可以有多种多样、完全不同，或者毫无联系的集体忠诚"。[①] "我"的这个版本的实践性，在文化人类学中体现得不如在个体人类学中那么明显，正如约瑟夫·萨克斯所说，最终还要面对文化遗产的辩论：

> 杰里米·沃尔德伦敦促，世界主义和社群主义对于美好生活的描述存在着深刻的紧张关系。有鉴于此，目前社群主义提出的流行的保护要求，需要提供一些重要问题的答案。[②]

沃尔德伦对于这种紧张关系的判断是正确的，这也是我试图在"情理"和"叛国"间的假想辩论中所呈现的（尽管"叛国"被置于自由意志的末端）。然而，自由世界主义者和自由派之间肯定存在一定差距，自由派认为个人依赖于社会性持续的有价值的实践。金里卡提出了针对少数民族文化成员语言权利的文化主义实践案例，因为他担心在某些情况下自由派的中立会对福祉产生负面影响。

塞缪尔·舍夫勒指出，除了"极端"世界主义者之外，所有的自由派都

---

① Waldron, 'Minority Cultures and the Cosmopolitan Alternative', 789.

② Joseph L. Sax, 'Introduction', (1992) 25 *University of Michigan Journal of Law Reform* 539–40.

采取一种特殊主义的形式，因为公民身份本身就对民族国家之外的同胞产生义务。他认识到，除了最受管制的社会，过去与未来之间的冲突在所有社会中都存在，他提出了一个稳健的世界主义项目，这个项目赞同文化忠诚，并且——"考虑到文化变革的不可避免性以及不同文化必然相互影响彼此"——这个项目关注的不是保持传统的纯洁性，而是传统的完整性。舍夫勒指出，道德孤立是随心所欲的世界主义者的潜在危险，要将其从"结构化和维持个人责任的社会支持形式"中剔除。[①]事实上，拉兹提醒我们，个人经常在寻求创新和"正常"之间保持平衡，以适应自我表达和文化形式跨代传播的需要。[②]

我同意金里卡和德沃金的说法，即接触丰富且具有特定结构的文化叙事和实践会增加福祉。人们需要有价值的实践来表达自己，并与其他人的优秀表达进行交流。在这些有价值的实践中，一些是地方性的，一些是国家性的，一些则是几个国家所共有的。其他实践则是真正全球性的，譬如国际象棋或足球等体育运动会在国际上拥有通行一致的规则。正如我们在第4章中看到的，世界主要宗教的典型形式可能是地域性的，但它们的内容被广泛分享，阿皮亚注意到文化实践交织、重叠或简单共存的不断增长的方式。他关于当代西方与其父亲的祖国加纳的传统阿桑特人习俗之间和解的论述，有说服力地告诫了任何"纯粹"文化的推定。[③]

在非常受限的文化之外，我们每个人都可以不拘一格地选择我们参与的

---

① Samuel Scheffler, *Boundaries and Allegiances: Problems of Justice and Responsibility in Liberal Thought*(Oxford: Oxford University press, 2001), 69-70, 111-30.

② Joseph Raz, *Engaging Reason: On the Theory of Value and Action*(Oxford: Oxford University Press, 1999), 192.

③ Kwame Anthony Appiah, *Cosmopolitanism: Ethics in a World of Strangers*(New York: Norton, 2006), 87-94.

实践。马丁·霍利斯认为我们是理性行动者，受制于我们占据社会地位的能力和限制；这是强调对常见冲突角色的个人解释的一种理解。①因此，在遵循社会生活规则和扮演我们的各种角色时，我们（可能经常）误读一些提示并做出错误的判断。相反，我们的决定可能是适当和明智的，我们的表现将超过他人的期望。关键是在自由民主制中，我们鼓励将自己作为个体选择者而不是自动地参与到社会生活中：决定维持、拒绝或彻底重新解释规则、角色和叙事。至少在理论上，我们每个人都必须决定接受或拒绝这个我们出生的特定世界的程度。②自主权是自由派的核心价值，菲尼斯在实践理性的价值观下承认，实践理性"就是通过塑造人在其他基本善中的参与，通过指导人的责任承担、计划选择以及如何执行来达成准确的参与"。③

正如奥哈根所说，霍利斯的英年早逝阻止了我们了解他"启蒙轨迹"的最终目的地，但"我们可以肯定，它一定在拉兹描述的一些国家之列"。④该景观的一部分包括个人和集体身份的问题，即"我是谁"的问题。我们身份的一些要素已经给出，无论是通过生物还是非自愿的联合，其他要素都是自由选择的。⑤重要的是，我们的角色不仅是意义的来源，也是责任的来源。⑥

正如拉兹在这个问题上所讲的，集体也有"由他们的文化、他们的集体

---

① Martin Hollis, *The Philosophy of Social Science: Art Introduction* (Cambridge: Cambridge University Press, 1994), 171-3; 以及本书4.2节。

② 史蒂夫·史密斯 (Steve Smith) 认为，霍利斯过分强调大多数人自由地解释他们角色的实际能力，'Many (Dirty) Hands Make Light Work: Martin Hollis's Account of Social Action', 见于 Preston King, ed., *Trusting in Reason: Martin Hollis and The Philosophy of Social Action* (London: Frank Cass, 2003), 145.

③ John Finnis, *Natural Law and Natural Rights* (Oxford: Clarendon Press, 1980), 100.

④ 旨在帮助我们了解行动的前瞻性原因。Timothy O'Hagan. 'Hollis, Rousseau and Gyges' Ring', 同上，第67页。

⑤ 参见本书3.5节。

⑥ Joseph Raz, *Value, Respect, and Attachment* (Cambridge: Cambridge University Press, 2001), 34.

记忆，以及他们的共同责任定义并由此产生的＂认同，但是集体认同＂就
跟个人角色一样，往往是好人、坏人和冷漠的人的混合物＂。拉兹的兴趣不
在于集体认同本身，而在于个体生活中人自身的角色：

> 这不是集体盲目崇拜，不是以对人类的关注为代价评价难以理解的
> 集体实体。它承认个人身份和个人意义对不同群体、国家、宗教、职业
> 等社会成员身份和认同的依赖性。①

6.3 集体权利和文化归属

显然，梅利曼的＂两种思考角度＂（自由市场世界主义与特殊主义/民族
主义）与自由主义的这两个组成部分（自由世界主义与承认社会实践的个人
自主权重要性的自由主义）之间存在着相似之处，但也有差异。正如阿兰·
斯科特（Alan Scott）所说，＂确实，在社会制度以及参与者的互动中，也许
最重要的是在每一个人自身中，社会和个人，单数和复数，都存在于一种恒
定的张力中＂。②然而，所有自由派都注重个人发展，而不是集体本身的福
祉。从自由派的角度来看，无论人们从群体归属中得到什么好处，关干遗产
争论的合宜主题仍是个人与文化角色、实践和故事的关联。

考虑到这些想法，让我再次回到一个虽贯穿本书但还没有回答的问题，

---

① Joseph Raz, *Value, Respect, and Attachment*(Cambridge: Cambridge University Press, 2001),35.

② Alan Scott, 'A Quick Peek into the Abyss: The Game of Social Life in Martin Hollis's Trust Within Reason', in King, *Trusting in Reason: Martin Hollis and The Philosophy of Social Action*,204.

即文化群体对那些与之有关但不具有法律所有权的艺术品、建筑物和其他文物是否拥有财产权？正如肯特·格林纳沃特（Kent Greenawalt）所说，这"依赖于文化财产对于国家成员的生活（现在和未来）的意义"。[①]在什么情况下，人们可能需要批准对"只属于原产国"的某些物件的集体权利？对于格林纳沃特来说，"这样的观点，似乎对大多数文化财产来说是不可信的，但它对于极少数对国家认同至关重要的文化物件可能是有强制力的"。对我来说，无论是国家珍宝还是其他杰出的文化物件，关键问题仍然是个人自主权和艺术珍宝之间的关系。对于自由派来说，诸如第1章和第2章勾画出轮廓的集体主张的理由，归还原产国会以某种有意义的方式促进个人自由和福祉。

照片15 雅典阿提库斯剧场

　　由于被古代的遗迹所包围，许多希腊公民肯定会非常熟悉希腊的艺术和叙事惯例，以及希腊风格的雕塑；并且，如莫斯塔卡斯所述，相比宋朝的佛像雕塑，他们会发现帕特农/埃尔金大理石雕与他们的生活更加相关。他们可能不希望与中国艺术或广泛存在的艺术（倾向其他物品）接触，但正如我在第1章中所提出的，他们可能会把帕特农神庙看作一种象征，特别是民族自治的象征。希腊公民认为帕特农神庙非常重要的深层原因，可能是对祖先习俗的普遍尊重，包括那些不再践行的习俗，我冒险将此认为是形成罗尔斯"自我尊重的社会基础"的一部分。[②]对于莫斯塔卡斯来说，这些雕塑是希腊人民"个性"的表现，它们的缺席会因为"不可挽回地减少了'作为希腊人'的庆祝活动的一个主要部分"，而影响所有希腊人。对于他而言，至关

---

①　Kent Greenawalt, 'Thinking in Terms of Law and Morality', (1998) 7 *International Journal of Cultural Property* 14–16.

②　当然,我们假定这种实践与暴政无关。还存在一些尊重祖先的其他原因,如中国的孝顺和互惠;参见本书4.1节。

重要的是集体应该掌控塑造集体性格所需的资源。因此，有特性的希腊公民的个性会被削弱——由于他们不能欣赏到雅典的雕塑。[①]然而，帕特农埃尔金大理石雕的离开，真的会对希腊公民和希腊个性产生不利影响吗？许多存在于伯里克利雅典时代的雕塑也已经离开了当今的希腊，因为它们已经遭到侵蚀或毁灭。

照片16　雅典
哈德良拱门

目前最令人信服的集体权利的基础存在于民族自治和语言机会的竞技场中，我们需要诘问的是，是否有相关的例子适用于文化物品的集体权利。在对民族自治价值的讨论中，约瑟夫·拉兹和阿维赛·玛格丽特明确表示，对集体权利实用主义和工具主义的方法不应该与"一种集中的客观的效果论"相混淆。[②]自由派认为关于民族自治的集体权利的正当原因，正是这种权利对相关集体的所有成员来说都具有工具价值。它不是从集体的偏好集结，或者从那些代表集体发言的成员中产生的。对于拉兹来说，集体归属很重要，因为：

> 社会习俗是相互交织的……这样环环相扣的习俗的组合，正是文化的本质所在；这些习俗的组合构成一系列的生活选择，向在其中社会化的人开放。因此，在文化集体中的归属对于个人至关重要就不足为奇了。[③]

主张拥有集体财产权的文化集体，大概与具有民族自治资格的人所具备的特征一样，具有"共性和包含许多、多样和重要生活方面的共同文化"的特征。人们期望，国家集体应该拥有"全国性的美食、独特的建筑风格、共

---

① 2009年，为帕特农神庙大理石雕和其他文物所建的博物馆在雅典卫城开放；参见本书1.3节。

② Raz and Margalit,'National Self-Determination',138.

③ Raz, *Ethics in the Public Domain*,177.

同的语言、独特的文学和艺术传统、民族音乐、风俗、服装、仪式和节假日等"。这些都是（但不是必要的）"表现作为自主权重要人选的人民和其他群体"的典型特征。①

现在，金里卡设法证明小范围的集体权利，尤其侧重于语言权利，他认为语言权利是理解多元民主国家中少数民族权利的重要途径，不论是在多民族还是跨国性的情况下。②尤为重要的是将语言权利理解为——语言使用者的特定社区可能有权享有的权利，这个理由是在某些情况下，语言可以平衡教育和民主进程中机会的不公平性，因此金里卡使用了"方言政治"这一术语。③但是，对于语言化的实践（艺术语言）也有类似的权利吗？

我认为，对于艺术形式（规则和惯例约束的实践）以及杰出的特殊作品的工具性的基本集体权利的最有力论据，与金里卡的语言权利的情况相似。金里卡提出，将口头语言（以及文字、写作）作为我们行动的主要工具肯定自有其理，"如果不能互相理解，'人民'如何一起管理？"④虽然其他实践也可能以各种形式对政治过程做出有力的贡献，但很显然，它们并不代表参与者的主要讨论形式。⑤作为一个有力的政治反抗的例子，《格尔尼卡》不能像演讲或写作一样，强有力地阐明对基本自由的渴望。因此，其权利主张对于

---

① Raz and Margalit, 'National Self-Determination', 129.
② 比如美国、加拿大、澳大利亚和新西兰这样的国家，它们将在殖民之前居住在这些国家的民族合并，但这些国家也是多民族的，通过移民潮吸引了其他文化（大多数欧洲国家也是如此）；Kymlicka, *Multicultural Citizenship*, 11-26, 79-80 and 107-30, 以及 *Politics in the Vernacular*, 54-5 and 156-9. 参见 Yael Tamir, *Liberal Nationalism* (Princeton: Princeton University Press, 1993), 42-8, 以及 O'Hagan, 'The Idea of Cultural Patrimony', 154.
③ Kymlicka, *Politics in the Vernacular*, 213.
④ Kymlicka, 'Liberal Theories of Multiculturalism', 139.
⑤ Boran, 'Diversity, Public Good, and Fairness', 195-6, 表明审美需求本身并不产生义务（例如，保护自己的基本自由的需要）。

其他不同的文化实践（视觉的和表演的）来说，是比较薄弱的。即使我们承认这些实践的权利，但这些权利是否适合特定的表达实例尚不清楚。对于希腊艺术的权利，并不能驱使政府为希腊公民提供参观从古至今希腊雕塑的每个重要例证的机会。然后，存在的问题是关于这些"其他"文化实践的普遍兴趣。定义明确的文化的成员可能赞成所有这些实践都是好的，但他们是否同意熟悉所有这些实践对个人福祉是必要的？我对这点表示怀疑，除非或许能在一种特殊的艺术形式中获得技能——例如诵唱——是参与宗教仪式的一个要求。

金里卡允许公共产品拥有集体权利的主张，例如语言和政治自主权，通过允许充分参与民主进程，使这两者都有助于个人的自主权。帕特农/埃尔金大理石雕的外流，并没有削弱希腊公民个体的民主选择，或限制他们的教育机会。大理石雕在伦敦的出现，是否大大减少了希腊公民理解他们文化的机会（以拒绝使用希腊口语的方式）尚不清楚。因此，撇开有效所有权的重要问题（这在现在的讨论范围之外），并没有一个针对帕特农/埃尔金大理石雕的集体权利的明显理由。这种权利必须有这样的理由——希腊公民需要接近古希腊的艺术形式，才能实现充分的文化归属和民主参与：这种权利使法定所有者有义务让其回归。许多希腊公民可能被剥夺了"亲自"在大英博物馆欣赏大理石雕的受教育机会，但是通常他们没有被剥夺获得良好教育的机会，或者了解希腊文化成就的机会，或者文化归属，或者民主参与的权利。但所有这一切并不是说，如果这种安排被认为是可取的，那么财产持有机构之间不存在合作协议。①

确实有理由认为，因为许多希腊公民对帕特农神庙感兴趣，因为他们强

---

① "美惠三女神"由维多利亚和阿尔伯特博物馆、苏格兰国家美术馆共同拥有。

文化遗产的观念

烈希望所有希腊的雕塑都聚集在雅典，因为文化归属对于他们很重要，所以大理石雕的回归会对他们的生活产生积极影响。希腊血统的人（包括生活在其他国家，如在澳大利亚的人）可能会因为希腊雕塑留在伦敦而感到愤怒，并对他们不能在雅典观赏到它们而感到遗憾。然而，这根本不足以产生一个书写于国际公约上的权利，也不足以产生一种回归的义务，除非大英博物馆的受托人选择将其视为一项义务。如果受托人做出这个选择，他们就必须寻求法律的改变，因为大英博物馆法案严格限制出售或交换博物馆收藏品。①目前，馆长和受托人都不认为有义务归还大理石雕。他们认为，大理石雕以及许多其他文化的特殊作品在这里继续存在，会更好地服务该机构的目标。我已经分享过阿皮亚的观点，大英博物馆有一种持续的责任——提供良好的参观，以及对大理石雕及其丰富历史信息的介绍；其他机构对于引起人们强烈兴趣的作品的责任也是如此。②

如果一种文化显而易见正走向消亡，但可以通过一件特定物品（例如属于另一国家的博物馆中的珍贵画像）的回归来获得新生，那么这能证明这种集体权利的合理性吗？莱丁认为，"个性"的角度可以帮助判断这样的要求——一方会失去"表达个性的有限机会之一"，而另一方则不会。③

---

① 2005 年 5 月 27 日，安德鲁·梅利特（Andrew Morritt）爵士接受高等法院裁定，虽然他们非常希望这样做，但是大英博物馆的受托人被法律禁止归还馆藏中已故的阿瑟·费尔德曼（Arthur Feldmann）收藏的四幅绘画大师的作品给其继承人，这些作品在 1939 年被盖世太保偷窃；*Attorney General v. Trustees of the British Museum*. 诺曼·帕尔默指出，2001 年颁布的《监管改革法案》的引言规定，允许部长免除人们（包括公司）现有法律规定的不相称的负担。参见与帕尔默的谈话，'How the British Museum Could Give the Elgin Marbles back to Greece'，*Art Newspaper*（October 2001）.

② 参见 Appiah，*Cosmopolitanism*，130. 尼尔·麦克格瑞格（Neil MacGregor）在一次采访中，果断否认了归还的可能性，*Sunday Telegraphy*，23 February 2003.

③ Margaret Jane Radin，*Reinterpreting Property*（Chicago：University of Chicago Press，1993），70.

物品的回归可能确实有助于重建该群体内个人的文化认同，因为这使他们能够恢复原本会终止的宗教习俗，从而大大扩充他们的生活选择。这种情况可能成为其他人采取行动的一个极佳理由，但即使在这个问题上，集体权利也缺乏依据。尽管如此，在上述讨论中我们可以看到，博物馆的受托人可能希望归还绘画作品，因为他们认为这样的行动，不仅对讨论中的群体有价值，对他们自己也有价值。他们为什么会这样做？也许，对他们而言，增加"自尊的社会基础"（罗尔斯语）是博物馆的重要工具价值，他们相信，申诉团体的每个成员的自尊将通过归还这些物品而得到提升。他们可能觉得，这样做是道德义务。换句话说，他们可能会这样做，是因为这样做与他们的使命一致，他们的全体支持者也会基于这个原因同意这么做。对于集体权利来说，归还是没有任何理由的；但是，当且仅当所有人希望将其作为理由时，这才可能有理由。当然，如果这样的请求伴之以提供公平的市场补偿，归还会更加顺利；这也是国家征用权的前提，但这一概念是在国内立法的语境下建构的。也有特殊情况，在这里我尤其想到了涉及人类遗骸的要求，博物馆珍视其对于人类学或科学研究的潜在贡献。这就可以根据康德关于尊重人之为人的价值的理由来判定，我认为它们被归还到文化群体并不是不合理的。我们越来越尊重这些要求，是因为我们对人的完整性的尊重。

关于这样的要求——建筑群应该被修复，因为当材料被见于它的原始形式或尽可能接近时，审美欣赏和知识都会给人深刻印象，也许这以类似的方式回答了对于遗产集体权利的要求。建筑群的完整性具有工具价值，服务于其他内在价值，例如审美体验、知识、社交和宗教价值。对于完整性的集体权利，并没有强有力的依据；但对于恢复一座建筑群或一组收藏的完整性，可能有很好的依据。这些依据可能成为采取行动的好借口，战胜所有者维持

照片17　雅典酒神剧场

现状的理由。然而，如果它们成为义务——希望以牺牲自己财产权为代价而履行的义务，那么，它们肯定是我们自己的选择，而不是与另一种权利相对应的强加的义务。

总而言之，德沃金和金里卡为共同语言作为维持公民选择语境的手段的重要性，提供了强有力的论证，这在赫尔德和黑格尔的著作中已有先例。在文化提供了个人做出生活选择的意义的基础上，金里卡（和其他人）已经为针对少数民族语言的适当的国家支持提出了一个案例。我在考虑，这个案例是否可以引申为适用于莫斯塔卡斯关于归还帕特农/埃尔金大理石雕的主张。然而，金里卡想要保护的实践——因为允许民主参与——是书面和口头语言，而不是艺术形式（或"艺术语言"）。我认为，还没有一项引人注目的案例是针对视觉实践的权利的。但是我们有强烈的理由要尊重它们，尊重通过它们创造的特殊的表达实例。

同样地，除了版权法赋予作者和继承人积极的道德权利之外，对建筑群完整性的道德权利也没有强有力的论据。但有充分的理由尊重有艺术和建筑价值的事物。我们可能不会总是选择保持原样（想想几个世纪以来欧洲建筑的适应性），但是在做出改变时，我们会注意到审美价值和知识价值。我对梅利曼的文化财产政策表示怀疑，他将文化财产的工具性保护置于真实性和使用权之上，正如我在第2章中所说，是由个人和机构来分配那些内在的但不一致的知识、审美经验和宗教价值的相对权重。因为，与内在价值的接触证明了保存的工具价值，一般而言，任何人都不可能以保存的需要去战胜内在价值（这里我们应该想到，祖尼人的宗教要求战神不被保护）。

6.4　有价值的实践：支持和调停

我们可以作为观众和行动者参与到重要的实践中。为了成功地表现自己，常常需要付出一定代价（在某些情况下是相当大的成本）。但是，我们可以免费享受其中的大部分（例如可参观的公共建筑，或公众电视、电台中的音乐和戏剧），或者以相对较低的成本享受（例如博物馆等）。文化机构的门票费用可能很低，但只是因为它们已经通过直接补贴或间接从鼓励慈善捐赠的税收制度中获得国家的大量资助。这个想法将我们带回到德沃金的问题，即国家是否应该补贴那些致力于有价值的实践及表现形式的文化机构？

如果我们所认同的人类学，给予我们（作为个人）在不太关心周围社会形势的情况下实现福祉的能力，那么补贴和规范艺术出口，以及认定历史建筑物的情况就会减弱。但是，如果自由派愿意接受一种"友好的"个人主义的观念，像金里卡、德沃金、霍利斯、奥哈根和拉兹一样，认为福祉取决于现有的社会实践，那么情况就会变得更加有利。在这种情况下，远远不需要保护文化产品，因为个人福祉依赖于它们。在这里，我同意约瑟夫·拉兹在《自由的道德》和其他著作中提出的观点，即个人自主权是由广泛的参与价值选择的有效性来保证的。[1]拉兹的自由主义及其与重要物品和习俗的关联，之所以吸引我，主要有三方面的原因。第一是价值多元论，即鼓励个体

---

[1]　Joseph Raz, *The Morality of Freedom* (Oxford: Clarendon Press, 1986). 关于拉兹的自主性和文化形式关系的讨论，请参见 Stephen Mulhall and Adam Swift, *Liberals and Communitarians* (Oxford: Blackwell, 1991), 172–80; 以及 O'Hagan, 'Hollis, Rousseau and Gyges' Ring', 67.

决定和追求他们自己的生活目标（尽可能多的目标），而且是在矛盾的、常常不一致的价值中选择。以自主为基础的自由原则，要求我们积极鼓励"多元不一致的和相互矛盾的追求、计划和关系的发展"。[1]

> 自主意味着，美好的生活是一种自由创造的生活。价值多元化意味着，将有多种可供选择的重要选项，以及有利的选择条件。[2]

第二是价值是社会化的存在，价值受到特定的持续实践的支持，这必然是社会化和共享的。[3]"遗产"的相关观念是，有价值的物品和有价值的行为是通过持续的实践（中国书法、佛罗伦萨家具、欧洲绘画等）浮现出来的，虽然物品本身和相关的价值，可能会超越其最初的持续实践和实践者群体。这种社会依赖的论点，不是一种与生俱来的保守的论述，因为我们的福祉确实"在很大程度上取决于由社会定义并确定的追求及行动的成功"，但我们仍然有解释和创新的空间。价值与实践之间的关系应被视为必定松散的，从而有利于重新解释（提供新旧之间的桥梁）。[4]

> 综合目标不可避免地基于社会存在形式的这一论点，意味着与实验过程一致，以及与具有共同主题的变化一致等。相对于界定一种表达的字面和隐喻手法之间关系的可能性，提前界定仍然基于社会形势计算的偏差范围，也不会有更多的可能性。[5]

相反，认为价值依赖于社会实践的罗杰·桑德尔，不会让我们相信相对论——只要它被某个人重视，那么任何东西都是有价值的，而这种观点引出

---

[1] Raz, *The Morality of Freedom*, 425, 以及 *The Practice of Value*, 43–4.

[2] Raz, *The Morality of Freedom*, 412.

[3] 参见 Raz, *Engaging Reason*, 144–60; 以及 Raz, *The Practice of Value*, 20–2, 33.

[4] "The contours of value are vague and their existence in flux", Raz, *The Practice of Value*, 21 and 58.

[5] Raz, *The Morality of Freedom*, 309.

了第三个原因：拉兹坚持体裁的重要性。体裁有自己的优秀标准，是随着时间的推移制定和修订出来的，这一标准可以让我们在一个特定的语境中判断作品优秀与否。并且，作品也随着文化而变化，正如我们在第4章中引用的中世纪晚期中国的例子。龚开的画与《临流涤衣》《格尔尼卡》和巴德明顿柜的评判标准都不同。评判的解释性质，论证中价值的测试（"使用我们处理时所有推论的观念、信息和规则"），加上标准对于体裁的依赖，都要求有一种"比普通情况更高的对于多样性的包容度"。①政府应支持文化活动，因为正如拉兹所说，由于我们对自主生活的兴趣，政府有义务创造一种环境——为个人提供充分的有价值的选择。但是，只要对范围的充分性有要求，关于推广哪些物品的决定就一定是本地解释的问题。②这似乎很好地解决了自由世界主义者对文化纯粹主义的担忧，国家对足够的和多样的有内在和工具价值实践的支持（这可以通过税收激励作为补贴来鼓励）给了他们答案。

我认为，在选择要推广什么，以及因此要留给自由市场什么的时候，政策制定者应该考虑到这样的事实，即参与审美经验价值的机会，通常通过独特的实例存在。德沃金否定特定的国家补贴（除了在市场无法承担的昂贵形式的情况下，例如完整的绘画收藏），是因为他担心父权制和精英主义。但是，如果参与价值的机会对于自主权是重要的，那么个人作品和行为通常不应该被排除在国家补贴之外，因为它们与艺术形式、文化机构和参与者本身

---

① Raz, *The Practice of Value*, 44 and 57.

② Raz, *The Morality of Freedom*, 417-18, 425. 同时参见 *Ethics in the Public Domain*, 34-5, 书中他认为政府和其他公共机构有义务保护社会的共同财产。威廉·加尔斯顿（William Galston）认为，自由国家承诺一种有限的至善论，目的是让儿童接触自己以外的生活方式，因为这样的承诺鼓励一个更宽容的社会，或者它有利于个人的发展；参见 *Liberal Pluralism: The Implications of Value Pluralism for Political Theory and Practice* (Cambridge: Cambridge University Press, 2002), 97-8.

文化遗产的观念

一样，都是重要的文化实践的一部分。

　　也会出现一些简单的例子和复杂的例子。当一个主流群体文化被特别关注时，其公民会从接触世界其他地方优秀文化的机会中获益。政府推广这些文化物件，不是因为要保留"国家遗产"，而是为了使我们能够成为更加自主和充实的个人。我们基于个人角度可能不会总是喜欢政府从税收中出资去赞助的文化物件，但这是生活在一个推进自主性的社会中的不可避免的后果。正是由于这个原因，州和地方政府可以管控艺术品的出口，或者监管可以对精美建筑的结构做什么保存。这种规则是由自主权和有价值的实践之间的关系来证明合理性。①自由意志论者对政府支持以及作品、建筑物等管理的抵制，应该受到以下论点的挑战，即民主政府有义务改善公民自主权的条件，从而促进其福祉。

　　英国的临时禁止反言制度，合理地尝试了平衡自由财产权制度的优势与支持机构的利益之间的关系；其中，后者使个人能够参与广泛的有价值的文化实践和表达形式。规范历史建筑的制度也在寻求类似的平衡。韦弗利体系不会严重阻碍物品所有者进入国际市场，但它会为英国机构出资购买优秀作品创造额外的时间。仅仅通过将重要的物品从私人领域转移到公共领域，大部分的购买行为也将增加英国公民参与价值体验的机会。这不是将效用最大化，而是为个人提供参与审美经验和知识价值体验的机会。这同样适用于历史建筑：在不受管制的环境中，更多的是失去接触精美建筑的价值的机会，而不是得到。接受"正在进行"的规则，不像确定的国际象棋规则一样，因为它的规则并不固定，我们因此被迫解释如何最好地保存和发展建设环境。然而，历史认定也需要有经验的人员，他们可以利用知识、判断和审美

---

　　①　通过购买津贴代替税收计划、彩票基金或建筑规章等。

226

来审查每个案例。

　　遗产（巴德明顿柜、蓝斯多恩肖像画、《梦花园》等）的流失有利亦有弊，因为我们也应该考虑如何最好地促进以及将有价值的实践和表现形式多样化，我们作为有自身利益的个体，也需要发展这些有价值的实践和表现形式。遗产是重要的，不是因为"就其本身而言"，而是因为它包含着对于个人福祉十分重要的东西。拉兹关于价值的社会化依赖的论点的逻辑，有难得的机会可以说服其他自由派，如同德沃金、金里卡和霍利斯。然而，即使考虑到舍夫勒"具有世界主义倾向的传统主义"的调节，所有自由派仍然忠于这样的信念——是个体，而不是社会，才是主要的文化参与者。[①]这不会令非自由派满意，非自由派将遗产本身视为一种价值，与其在促进任何特定个人的利益方面的角色不同。正如奥哈根所说，也许自由派可以期望最好的办法，实际上是一个"最小限度的，但和平的过渡办法"。[②]但是，由于宗教信仰在文化问题上起着相当大的作用，因此我们希望文化的悲剧不会重演。

---

① 参见 Scheffler, *Boundaries and Allegiances*, 129.
② 参见 O'Hagan, 'The Idea of Cultural Patrimony', 155.

中英文姓名对照（按中文音序排列）

A. W. 施莱格尔（A.W. Schlegel）

F. M. 巴纳德（F. M. Barnard）

J. A. 德尔瓦（J.A. del Vayo）

J. G. 冯·赫尔德（J.G. von Herder）

J. J. 温克尔曼（J. J. Winckelmann）

J. S. 穆勒（J. S. Mill）

J.G.A. 波科克（J.G.A.Pocock）

J.L. 大卫（J.L. David）

M. H. 艾布拉姆斯（M. H. Abrams）

P.W. 达夫（P.W. Duff）

阿尔伯特·威尔特（Albert Welter）

阿尔弗雷德·巴尔（Alfred Barr）

阿格纽斯（Agnews）

阿拉斯代尔·麦金泰尔（Alasdair MacIntyre）

阿兰·斯科特（Alan Scott）

阿瑟·沃尔夫（Authur Wolf）

阿维赛·玛格丽特（Avishai Margalit）

埃德蒙·伯克（Edmund Burke）

埃尔金勋爵（Lord Elgin）

埃尔斯沃斯·凯利（Ellsworth Kelly）

埃里克·吉尔（Eric Gill）

埃里克·斯帕尔（Erik Sparre）

埃里希·奥尔巴赫（Erich Auerbach）

埃里希·莱辛（Erich Lessing）

埃瑞克修斯（Erechtheuss）

埃斯特（Esther）

艾伯特·塔克（Albert Tucker）

艾莉森·怀廷（Alison Whiting）

艾莉森·英格里斯（Alison Inglis）

艾伦·弗恩（Alan Fern）

艾伦·拉姆齐（Allan Ramsay）

艾伦·迈尔斯（Ellen Miles）

爱德华·柯克爵士（Sir Edward Coke）

爱德华·伯恩-琼斯（Edward Burne-Jones）

爱德华·博克（Edward Bok）

爱德华·伦德尔（Edward Rendell）

爱德华·杨（Edward Young）

安德烈·马尔罗（Andre Malraux）

安德鲁·格雷汉姆-迪克森（Andrew Graham-Dixon）

安德鲁·劳埃德·韦伯（Andrew Lloyd Webber）

安德鲁·梅利特（Andrew Morritt）

安东尼·维德勒（Anthony Vidler）

安东尼斯·萨马拉斯（Antonis Samaras）

安吉拉·法尔科·霍沃（Angela Falco Howard）

安妮·威林·宾汉姆（Anne Willing Bingham）

安妮塔·布鲁克纳（Anita Brookner）

安瑟尼·布朗特（Anthony Blunt）

奥德丽·波普拉维斯基（Audrey Poplawski）

奥古斯都·普金（Augustus Pugin）

奥兰治威廉亲王（William of Orange）

奥利弗·萨克斯（Oliver Sachs）

奥斯伯特·希特维尔（Osbert Sitwell）

奥托·冯·基尔克（Otto von Gierke）

巴勃罗·毕加索（Pablo Picasso）

巴克利（Buckley）

巴乔·卡佩利（Baccio Cappelli）

芭芭拉·卡图斯（Barbara Katus）

芭芭拉·皮埃塞克卡·约翰逊（Barbara Piasecka Johnson）

拜伦（Byron）

班柯（Banquo）

邦尼王子查理（Bonnie Prince Charlie）

包弼德（Peter Bol）

保罗·巴托（Paul Bator）

保罗·加斯科因（Paul Gascoigne）

本杰明·拉什（Benjamin Rush）

本杰明·韦斯特（Benjamin West）

比尔克男爵夫人（Baroness Birk）

比特（Bute）

彼得·卡农–布鲁克斯（Peter Cannon-Brookes）

彼得·拉斯莱特（Peter Laslett）

彼得·赛勒（Peter Saylor）

彼得罗·德·格雷戈里奥（Pietro de Gregorio）

大卫·鲁登斯坦（David Rudenstine）

大卫·洛温塔尔（David Lowenthal）

大卫·梅洛（David Mellor）

大卫·苏格曼（David Sugarman）

大卫·沃特豪斯（David Waterhouse）

大卫·西尔维斯特（David Sylvester）

大卫·巴里（David Barrie）

大卫·洛文苏（David Lowenthal）

大卫·珀尔（David Pearl）

黛安·博诺夫·谢尔（Diane Bernoff Sher）

黛安·道尔顿（Diane Dalto）

黛博拉·克里姆伯格–萨尔特（Deborah Klimburg-Salter）

黛博拉·莱纳特（Deborah Lenert）

丹尼斯·唐纳利（Dennis Donnelly）

丹宁勋爵（Lord Denning）

德瑞克·吉尔曼（Derek Gillman）

登曼·罗斯（Denman Ross）

狄骥（Duguit）

迪·雷纳德（Dee Reynolds）

笛卡尔（Descartes）

蒂博尔·马坎（Tibor Machan）

蒂莫西·奥哈根（Timothy O'Hagan）

蒂莫西·波茨（Timothy Potts）

杜德桥（Glen Dudbridge）

敦福里斯（Dumfries）

顿·考德威尔（Don Caldwell）

多格蒂（Dalgety）

多琳达·埃文斯（Dorinda Evans）

厄奈斯特·巴克（Ernest Barker）

恩斯特·贡布里希（Ernst Gombrich）

法兹·艾哈迈德·法兹（Faiz Ahmed Faiz）

菲迪亚斯（Phidias）

菲利普·诺伦（Philip Nowlen）

斐迪南·德·美第奇（Ferdinand de'Medici）

斐迪南·滕尼斯（Ferdinand Tönnies）

费希特（Fichte）

弗郎切斯科·卡莱蒂（Francesco Carletti）

弗朗索瓦·弗兰克（François Vranck）

弗朗索瓦·霍特曼（François Hotman）

弗朗西斯科·佛朗哥（Francisco Franco）

弗雷德·史密斯（Fred Smith）

弗雷德里希·凡·根茨（Friedrich von Gentz）

伏尔泰（Voltaire）

富兰克林（Franklin）

高更（Gauguin）

格雷厄姆·萨瑟兰（Graham Sutherland）

格雷戈里·莱文（Gregory Levine）

格雷沙姆·莱利（Gresham Riley）

格里高尔神父（Abbé Grégoire）

古斯塔夫·费希纳（Gustav Fechner）

谷神刻瑞斯（Ceres）

圭多·雷尼（Guido Reni）

汉娜（Hannah）

汉斯·亚当二世（Hans-Adam II）

赫尔德（Herder）

赫尔西莉亚（Hersilia）

亨德尔（Handel）

亨利·柏格森（Henri Bergson）

亨利·萨默塞特（Henry Somerset）

亨利·斯佩尔曼（Sir Henry Spelman）

胡安·米罗（Joan Miro）

胡弗莱·雷普顿（Humphry Repton）

胡果·格劳秀斯（Hugo de Groot/Grotius）

花神弗罗拉（Flora）

华兹华斯（Wordsworth）

霍布斯（Hobbes）

霍华德·嘉吉（Howard Caygill）

霍勒斯·沃波尔（Horace Walpole）

霍林斯赫德（Holinshed）

基思·史蒂文斯（Keith Stevens）

吉尔伯特·斯图亚特（Gilbert Stuart）

济慈（Keats）

加雷斯·米勒（Gareth Miller）

杰弗里·格林（Geoffrey Green）

杰弗里·怀亚特（Jeffrey Wyatt）

杰奎琳（Jacqueline）

杰里米·边沁（Jeremy Bentham）

杰里米·沃尔德伦（Jeremy Waldron）

杰里米·沃伦（Jeremy Warren）

杰罗姆·布鲁纳（Jerome Bruner）

杰罗姆·提卡迪（Girolarmo Ticciati）

杰西卡·罗森（Jessica Rawson）

金姆·萨杰特（Kim Sajet）

酒神巴克斯（Bacchus）

君特·格拉斯（Günter Grass）

卡尔·波普尔（Karl Popper）

卡诺瓦（Canova）

卡特勒梅尔·德·昆西（Quatremère de Quincy）

凯伦·沃伦（Karen Warren）

凯文·F.多诺霍（Kevin F. Donohoe）

康定斯基（Kandinsky）

康柯德侯爵（Marquis de Concordet）

柯蒂斯（Curtis）

柯律格（Craig Clunas）

克莱尔·莫里斯（Clare Maurice）

克莱夫·贝尔（Clive Bell）

克劳德（Claude）

克蕾芒十一世（Clement XI）

克里斯·米勒（Chris Miele）

克里斯特曼（Christman）

克罗克（Croke）

肯恩·卡宾斯基（Ken Karpinski）

肯特·格林纳沃特（Kent Greenawalt）

库克子爵（Viscount Coke）

奎迈·安东尼·阿皮亚（Kwame Anthony Appiah）

昆德拉图拉赫·贾马尔（Qudratullah Jamal）

昆汀·斯金纳（Quentin Skinner）

拉尔夫·英格（Ralph Inge）

拉斯利特（Laslett）

莱奥·施皮策（Leo Spitzer）

莱布尼茨（Leibniz）

莱丝布莱克（Rysbrack）

莱斯特伯爵（Earl of Leicester）

勒·柯布西耶（Le Corbusier）

雷切尔·布坎南（Rachel Buchanan）

理查德·霍奇斯（Richard Hodges）

理查德·科克（Richard Cocke）

理查德·李（Richard Lee）

理查德·佩恩·奈特（Richard Payne Knight）

理查德·托马尔（Richard Tumor）

马克·帕赫特（Marc Pachter）

马克·齐卡（Mark Zecca）

马克斯·安德森（Max Anderson）

马克斯·佩希斯泰因（Max Pechstein）

马斯·劳顿（Thomas Lawton）

马修·黑尔爵士（Sir Mathew Hale）

玛丽娜·墨蔻莉（Melina Mercouri）

玛莎·赫特（Martha Hurt）

玛莎·露西（Martha Lucy）

迈克尔·布朗（Michael Brown）

迈克尔·弗彻德思（Michael Photiades）

迈克尔·赫塞尔廷（Michael Heseltine）

迈克尔·卡斯洛夫（Michael Sklaroff）

迈克尔·康佛提（Michael Conforti）

迈克尔·萨德勒（Michael Sadleir）

迈克尔·沃尔泽（Michael Walzer）

麦克斯菲尔德·派黎思（Maxfield Parrish）

梅耶·德·罗斯柴尔德（Meyer de Rothschild）

蒙德里安（Mondrian）

墨索里尼（Mussolini）

妮古拉·莱西（Nicola Lacey）

尼尔·麦考密克（Neil MacCormick）

尼尔·麦克格瑞格（Neil MacGregor）

尼古拉斯·古迪森（Nicholas Goodison）

让·穆赛特里（Jean Musitelli）

让-雅克·卢梭（Jean-Jacques Rousseau）

萨姆莱斯侯爵（Marquis de Somerueles）

塞缪尔·贝克特（Samuel Beckett）

塞缪尔·普芬多夫（Samuel Pufendorf）

塞缪尔·舍夫勒（Samuel Scheffler）

塞缪尔·泰勒·柯尔律治（Samuel Taylor Coleridge）

塞缪尔·威廉斯（Samuel Williams）

赛拉提斯·斯米雅农格娄（Sarantis Symeonoglou）

赛勒斯·柯蒂斯（Cyrus Curtis）

森本后凋（Morimoto Kōchō）

莎朗·威廉姆斯（Sharon Williams）

邵瑞琪（Richard Salomon）

圣马可（San Marco）

史蒂芬·格斯特（Stephen Guest）

史蒂芬 E. 韦伊（Stephen E. Weil）

史蒂夫·史密斯（Steve Smith）

史蒂文·康恩（Steven Conn）

斯蒂芬·索尔斯伯（Stephan Salisbury）

斯蒂芬·威尔（Stephen Weil）

斯蒂芬·永利（Steven Wynn）

斯蒂芬·尤赖斯（Stephen Urice）

斯坦·卡兹（Stan Katz）

斯坦霍普（Stanhope）

苏珊·克罗斯兰（Susan Crosland）

塔尼娅·哈罗德（Tanya Harrod）

塔提奥斯（Tatius）

滕尼斯（Tonnies）

特纳（Turner）

托马斯·巴宾顿·麦考利（Thomas Babington Macaulay）

托马斯·庚斯博罗（Thomas Gainsborough）

托马斯·库克（Thomas Coke）

托马斯·奇彭代尔（Thomas Chippendale）

托马斯·亚历山大（Thomas Alexander）

托尼·奥诺尔（Tony Honore）

威尔·金里卡（Will Kymlicka）

威廉·宾汉姆（William Bingham）

威廉·布莱克斯通（William Blackstone）

威廉·格林（Wilhelm Grimm）

威廉·汉密尔顿（William Hamilton）

威廉·加尔斯顿（William Galston）

威廉·康斯特布尔（William Constable）

威廉·科布特（William Cobbett）

威廉·肯特（William Kent）

威廉·鲁宾（William Rubin）

威廉·莫里斯（William Morris）

威廉·佩蒂（William Petty）

威廉·皮特（William Pitt）

威廉·圣克莱尔（William St. Clair）

薇薇安·王（Vivian Wang）

韦恩·史匹罗夫（Wayne Spilove）

维丽娜·韦多恩（Verena Widorn）

维罗妮卡·思库勒斯（Veronica Sekules）

沃尔特·洛夫（Walter Love）

沃尔特·迈克道格尔（Walter McDougall）

乌尔丽克·霍耶尔（Ulrike Heuer）

西蒙·杰维斯（Simon Jervis）

西蒙娜·戴丽（Simone Tery）

西塞罗（Cicero）

希欧多尔·罗杰斯（Theodore Rogers）

席勒（Schiller）

夏洛特皇后（Queen Charlotte）

萧勋爵（Lord Shaw）

小赫伯特·瑞班德（Herbert Riband Jr）

谢乐尔·克斯勒（Sheryl Kessler）

谢丽尔·雷伯德（Cheryl Leibold）

休·莱格特爵士（Sir Hugh Leggett）

休·蒙哥马利–马西伯德（ Hugh Montgomery-Massingberd）

薛西斯（Xerxes）

雅典娜·波利亚斯（Athena Polias）

雅各布·罗斯柴尔德（Jacob Rothschild）

雅克士–本尼金·博絮埃（Jacques-Benigne Bossuet）

约翰·杜威（John Dewey）

约翰·菲尼斯（John Finnis）

约翰·弗龙迈耶（John Frohnmayer）

约翰·福克斯·海斯（John Fox Hayes）

约翰·格洛弗（John Glover）

约翰·赫林（John Herring）

约翰·亨利·梅利曼（John Henry Merryman）

约翰·加蒂（John Gatti）

约翰·卡夫特纳（Johann Kräftner）

约翰·拉斯金（John Ruskin）

约翰·罗尔斯（John Rawls）

约翰·洛克（John Locke）

约翰·莫斯塔卡斯（John Moustakas）

约翰·纳什（John Nash）

约翰·塞尔登（John Selden）

约翰·斯图尔特·穆勒（John Stuart Mill）

约翰·威瑟斯庞（John Witherspoon）

约翰·凯里（John Carey）

约瑟夫·布朗（Joseph Brown）

约瑟夫·拉兹（Joseph Raz）

约瑟夫·路易·塞特（Josep Lluis Sert）

约瑟夫·萨克斯（Joseph Sax）

约瑟夫·斯特雷耶（Joseph Strayer）

詹巴蒂斯塔·维柯（Giambattista Vico）

詹姆斯·本齐格（James Benziger）

詹姆斯·邓恩（James Dunn）

詹姆斯·弗朗西斯·爱德华·斯图亚特王子（James Francis Edward Stuart）

詹姆斯·葛瑞芬（James Griffin）

詹姆斯·库诺（James Cuno）

詹姆斯·斯图亚特（James Stuart）

詹妮弗·莫斯兹尼斯基（Jennifer Moszczynski）

珍妮特·格林菲德（Jeanette Greenfield）

朱尔斯·达辛（Jules Dessin）